中公新書 2820

黒田祐我著

レコンキスタ

――「スペイン」を生んだ中世800年の戦争と平和

中央公論新社刊

はじめに

スペインは、ヨーロッパにあるが、アフリカでもある。西洋でありながら、東洋（オリエンタル）的な要素も併せ持つ。なぜスペインではこのように他のヨーロッパ諸国とは異なるエキゾチックな文化が育まれたのであろうか。本書は、その答えを求めて、中世の歴史を探訪していく。

ところで、サッカーの試合などで目にする機会も多いスペインの国旗がどのようなものであるか、あなたはご存じだろうか。赤・黄色・赤の三つの配色の旗まではイメージできる人が多いであろう（ヨーロッパの旗には三つに色分けされたものが多いので紛らわしいが）。しかし実際に見てみると、国旗の真ん中あたりに、よく分からない複雑なシンボルが描かれていることに気がつくはずである。

シンボルの上部には、十字架のついた王冠があり、赤帯が巻きついた二本の柱に挟まれた真ん中には、盾の型をした紋章がある。紋章には砦《とりで》、ライオン、黄色の地に四本の赤の縦線の入った盾、八方に広がる鎖状の盾があり、下の隙間にはザクロの実が小さく描かれている。これらは順にそれぞれ、カスティーリャ、レオン、アラゴン、ナバーラ、そしてグラナダという中世に興った五つの政治単位を象徴する。そして盾の真ん中には青地を背景に、一八世紀から続

スペイン国旗の紋章

く現在のスペイン王家ブルボン家の紋章（金のアヤメの花）が挿入されている。本書で扱う中世から現在に至るまでの、紆余曲折《うよきょくせつ》を経て成立したスペインの成り立ちが一目で把握できる紋章である。

ちなみに二本の柱は古代において「ヘラクラスの柱」と呼ばれた、ジブラルタル海峡を象徴する。赤帯には一六世紀のスペイン帝国を率いた、神聖ローマ皇帝カール五世（スペインのカルロス一世）の用いたとされるモットー「プルス・ウルトラ（PLVS VLTRA：より向こう側へ）」が記されている。いわゆる大航海時代、西欧内の勢力図を飛び越え外の世界へと躍進する気概を示す、野心あふれるモットーである。

七一一年、イベリア半島のほとんどが、ダマスクスを本拠とするイスラーム王朝、ウマイヤ朝の版図に組み込まれる。それまで半島を支配していた西ゴート王国は、滅亡する。しかし半島の北部には、ウマイヤ朝に服従しない人々の社会が形成され、次第にその力を増していった。こうして、現在スペインとポルトガルが位置するイベリア半島では、この中世と呼ばれる時代の八世紀から一五世紀末までの約八〇〇年の長きにわたって、キリスト教勢力とイスラーム勢力とがせめぎあった。この二つの宗教文明間のせめぎ合いは「レコンキスタ」という用語で総称されてきた。

こうしてイベリア半島の北と南に分かれて、相争った中世レコンキスタの時代、確かに政治的な思惑と宗教的な熱意が複雑に絡み合いながら、激しい対立が繰り返された。これは間違いない。しかし対立と並行して、多岐にわたる政治的、経済的、文化的な接触と交流も繰り返された。一見すると、二つの異なる宗教勢力が同じ半島を二分したように見えるが、そう単純ではない。複数乱立したキリスト教徒とムスリムの諸政権はどちらも入り乱れて一枚岩ではなく、同じ信仰を持つ「同胞」を排除するために異教徒と手を結ぶことは日常茶飯事であった。このような中世スペインのダイナミックな歴史を経て、現在のスペインはヨーロッパのなかで最も奇妙、かつ光と影のコントラストが激しい魅力的な国へと仕立てあげられた。

アーモンドと砂糖を練り合わせたトレードの伝統菓子マサパン　日本ではマジパンあるいはマルチパンの名称のほうが有名かもしれない。その起源は諸説あるが、東方伝来という点ではほぼ一致している（筆者撮影）

ヴァリエーションのある甘すぎるお菓子、柑橘類《かんきつるい》を多用するレシピの多さは、本書で扱うイスラーム世界との様々な接触の結果である。スペイン料理として誰もが知るパエリアで、なぜ米が使われるのか考えたことはあるだろうか。またこの料理は、なぜ黄色く色づけされているのだろうか。それは、イスラーム教徒の故地であった中東からアンダルス（イスラーム・スペイン）に持ち込まれた米やサフランという食材が中世に定着した結果なのである。

言葉も同じである。スペイン語は、古代ローマ帝国時代の公用語ラテン語が俗語化したものであり、フランス語やイタリア語とは近しい姉妹関係にある。しかしスペイン語には、おびただしいアラビア語からの借用語が組み込まれており、その数が四〇〇〇語にのぼるというのが定説となっている。日本でも有名なハリウッド映画『ターミネーター2』のなかで、ターミネーターに扮《ふん》するアーノルド・シュワルツェネッガーが「アスタ・ラ・ビスタ（Hasta la vista）」というスペイン語（「また会うときまで」の意味）を話すが、この「〜まで」を意味する前置詞「アスタ（Hasta）」もアラビア語起源である。この前置詞がないと、私たちはスペイン語で別れの挨拶を交わせなくなってしまうのである。

さあ、いまのスペイン文化を心から堪能するために、中世八〇〇年間の歴史をひもとく旅に出よう。

目次

はじめに　i

第一章　レコンキスタ前史――1

1　地理環境とたどった歴史との深い関係　1
東西南北の結節点　分断され多様性を育んだ場

2　古代ヒスパニアの歴史　6
諸民族のるつぼ　属州ヒスパニア　西ゴート王国の盛衰

第二章　アンダルスの成立と後ウマイヤ朝の栄華――15

1　イベリア半島の征服　15
「フリアン伝承」――西ゴート王国社会の分断を示すエピソード　イベリア半島への上陸と征服

2　アンダルスの成立　22
征服か併合か？――アンダルス成立をめぐる議論①　アラブ化・イスラーム化の是非――アンダルス成立をめぐる議論②　アンダルスの社会構造

3　後ウマイヤ朝治下のアンダルス　30
後ウマイヤ朝の成立　アンダルス社会の変容（八世紀〜九世紀）　コルドバの殉教運動――九世紀後半の社会的危機①　反乱の激化――九世紀後半の社会的危機②　辺境領域の動向
4　カリフ制の成立　43
アンダルス社会の成熟　寛容の理想郷？　最盛期の明暗

第二章　レコンキスタのはじまり――――59
1　アストゥリアス王国の成立　59
レコンキスタとは？　コバドンガの戦い　脱神話化
2　レコンキスタの開始？　68
もうひとつの神話：「ノーマンズ・ランド」？　アストゥリアス王国の拡大　聖ヤコブ崇敬とレコンキスタ・イデオロギー
3　様々な「レコンキスタ」のあり方　76
イベリア半島北東部の特徴　ナバーラ王国のはじまり　カタルーニャ諸伯領のはじまり　キリスト教諸国の確立と分岐

第四章　力関係の逆転　87

1　マクロ視点から見た一一世紀——西欧世界と地中海　87
社会的な「革命」　経済的な「革命」　宗教的な「革命」

2　第一次ターイファ時代　93
後ウマイヤ朝の滅亡　ターイファ諸国の「栄華」　歪な蜜月関係——パーリア制

3　キリスト教諸国の優位　104
カスティーリャ・レオン王の覇権　皇帝を名乗ったアルフォンソ六世
合従連衡——半島北東部情勢

4　劇的な状況変化　112
それぞれの思惑——ターイファ諸国とアルフォンソ六世　直接支配の開始
ムラービト朝の介入

第五章　一進一退の攻防　123

1　キリスト教諸国の混乱と成長　123
カスティーリャ・レオンの危機　カスティーリャ・レオンの再編　エブ

ロ川流域の征服活動　アラゴン連合王国の成立

2　風雲急を告げるマグリブ・アンダルス　136
ムラービト朝の滅亡　第二次ターイファ時代と征服活動の進展　ムワッヒド朝の登壇とアルフォンソ七世の夢

3　「私利私欲」で動く国々　145
ムワッヒド朝によるアンダルス支配　相争うキリスト教諸王国　ラス・ナバス会戦

4　「大レコンキスタ」　157
第三次ターイファ時代　キリスト教諸国の動静　カスティーリャによる大征服　レコンキスタの完了？

第六章　征服活動の実態

173

1　「宗教戦争」をめぐる本音と建て前　174
非妥協的な宗教対立の時代？　戦争の実態　征服が成功した時期の短さ

2　征服活動　180
強襲――征服活動の類型①　強制退去――征服活動の類型②　残留許可

——征服活動の類型③　征服がもたらした結果——トレードの事例より

3　共存の実態　192
モサラベ　ムデハル　ユダヤ人　「寛容」なのか？　「不寛容」なのか？——二者択一では把握できない実態

第七章　中世後期の危機——207

1　「フロンティアの閉鎖」　207
ナスル朝グラナダ——最後のアンダルス王朝　アルフォンソ一〇世時代の明暗　中世後期の危機とその影響

2　「海峡戦争」　216
ジブラルタル海峡に目を向ける諸勢力　目まぐるしく展開する合従連衡　アルフォンソ一一世の征服活動　「海峡戦争」の終結

3　危機の本格的到来　226
トラスタマラ内戦　カスティーリャ王国の立て直し　アラゴン連合王国の地中海進出と停滞　ナスル朝の最盛期——奇妙なねじれ現象

第八章　アンダルスの黄昏——243

1　攻勢に出るカスティーリャ王国　243

第一次グラナダ戦役——摂政フェルナンドの時代　第二次グラナダ戦役——ファン二世の時代　第三次グラナダ戦役——エンリケ四世の時代

2　近隣諸国と辺境の動向　253

ナスル朝の衰退とカスティーリャの介入　アラゴン連合王国とその他の諸国　カスティーリャ辺境領域

3　「グラナダ戦争」（一四八二～一四九二年）　263

歴史の偶然か必然か？——カトリック両王の登壇　対異教徒認識の変化？　ナスル朝の滅亡

終　章　レコンキスタの終わり？——275

中世と近世のはざまにあった戦争　同化か移住か？　「近世化」——ナスル朝滅亡後の急激な変化　モリスコ問題を経て、いま

あとがき　286

本書に関連する時代の略年表　296
参考文献　304
事項索引　313
人名索引　318

図版制作・関根美有

（立石博高他編『スペイン・ポルトガル史（新版世界各国史 16）』山川出版社、2000 年、巻末の地図等を参考に作成）

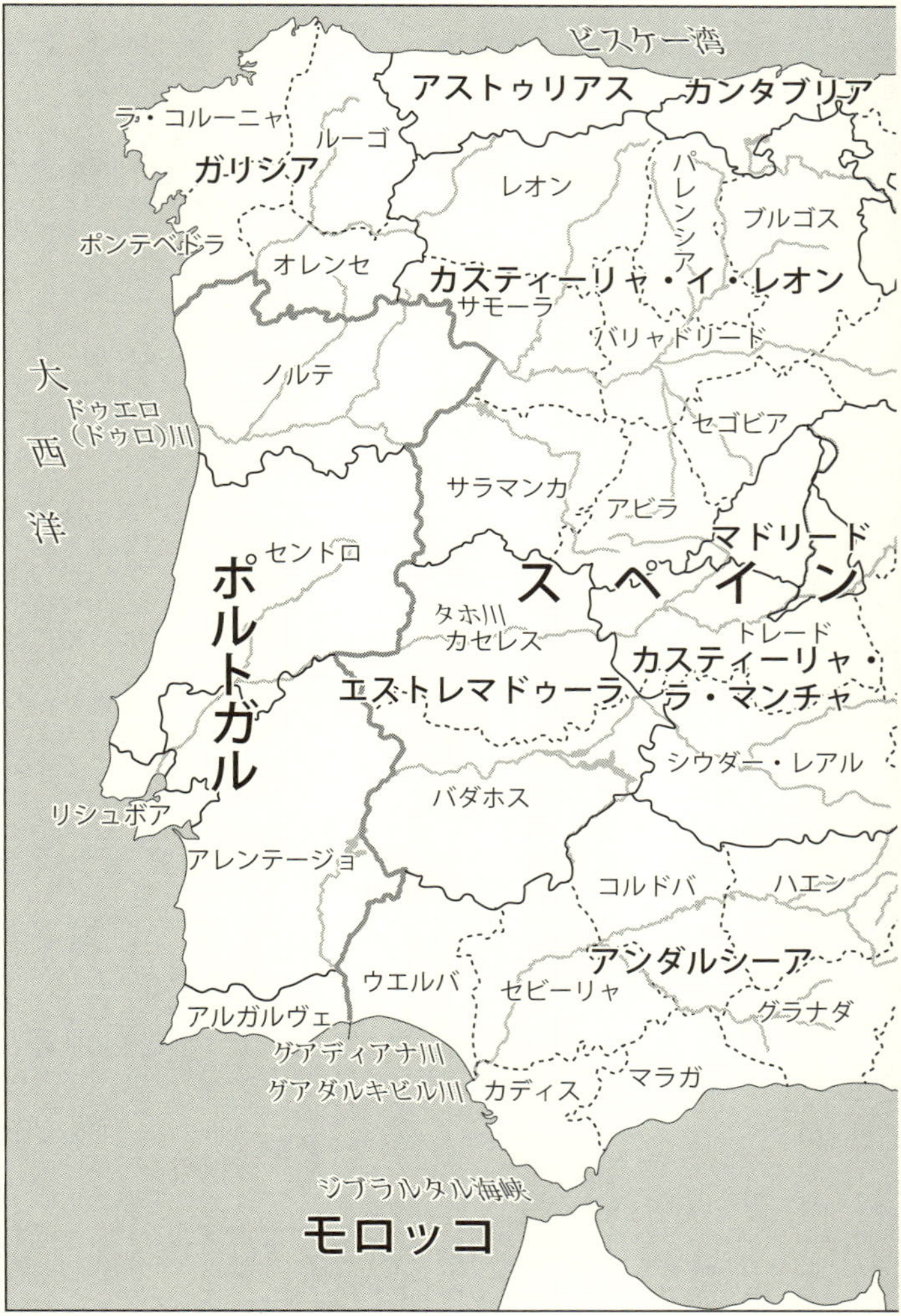

現在のスペイン・ポルトガル

凡例

（　）内の年号は、生没年を表す。基本的に君主に関しては、初出の際に（在位年）を示す。

史料引用中の［　］は著者による補足を表す。

スペイン語のカタカナ表記の原則については、立石博高・内村俊太編『スペインの歴史を知るための50章』（明石書店、2016）を執筆するにあたっての共通基準を用いた。ただし日本語で発音するにあたって誤解を招きやすいものなどは、筆者の判断で、長音を強調するため、この基準を適用しなかったものもある（例：ヒメネス・デ・ラーダ、ロドリーゴ・ディアス・デ・ビバール）。

アラゴン連合王国（1137年成立）の歴代君主については、アラゴン王（カスティーリャ語表記）ではなく、バルセローナ伯（カタルーニャ語表記）としての称号で統一する（例：ハイメ１世→ジャウマ１世、ペドロ４世→ペラ３世）。

用語説明

アンダルス　イスラームを奉ずる政権が君臨する、イベリア半島内の領域。時代によってその面積が変化するため、定まった領域とはいえない。語源についてもいまだ論争があり決着を見ていないが、８世紀初頭のイベリア半島の征服の直後に登場している。ラテン語の「ヒスパニア（＝ローマ時代のイベリア半島属州全体）」にほぼ相当する概念と考えて差し支えない。

マグリブ　「日の沈むところ」を意味する北アフリカの地理区分。おおむね、現在のエジプト以西を指す。本書では、このうち現チュニジアからリビアにかけてを「イフリーキヤ（アラビア語の「アフリカ」)」と呼ぶ場合もある。

モサラベ　「アラブ化した者」を意味するアラビア語「ムスターリブ」に起源を持つとされる。アンダルスに居住する旧西ゴート王国のキリスト教徒住民たちとその子孫を指す。

ムワッラド　アラビア語で「イスラームに改宗した者」を意味する。本書ではモサラベのうち、イスラームに改宗した者たちとその子孫の総称として用いる。

ムデハル　「残留者」を意味するアラビア語「ムダッジャン」がスペイン語化した用語。キリスト教諸国によるアンダルス征服が進展するのに伴って、キリスト教諸国社会のなかに住み続けた旧アンダルス・ムスリムとその子孫の総称として用いる。

モリスコ　元来は「モーロ人風（の服装・物品・習俗など）」を意味する中世スペイン語。ムデハルのうち、近世の追放令発布後にキリスト教へ改宗して住み続けた者たちとその子孫の総称として用いる。

コンベルソ　スペイン語で「帰依していたものとは異なる宗教へ改宗した者」を意味する。本書ではユダヤ教徒からキリスト教徒へと改宗した者たちとその子孫の総称として用いる。

第一章　レコンキスタ前史

1　地理環境とたどった歴史との深い関係

東西南北の結節点

本書の舞台となるイベリア半島は、地理的条件において特殊であった。スペインで最も観光客を惹《ひ》きつけ続けている宮殿を世に知らしめた文学作品『アルハンブラ物語』（一八三二年）のなかで、作者であるアメリカ人作家アーヴィングは「アジアでも、アフリカでもない、この隔絶された新しい地」（平沼孝之訳）とイベリア半島のことを表現する。言いえて妙である。とはいえ「隔絶された」というアーヴィングの表現を、私は正しいとは思えない。なぜなら、歴史上この半島は、東西にも南北にも常に開かれ、周辺のどの文化や文明にも完全に染まることのない独自の文化を花開かせた、東西南北の結節点であったからである。

記念碑的著作『地中海』で、二〇世紀フランスの大歴史家ブローデルは、地中海とそれに面する陸地の地理的な環境こそが、そこに暮らす人々の歴史を根底で規定してきたと強調する。表面上では激しく文明が衝突するように見えても、実は同じ地理的な環境に暮らし、似通った文化とメンタリティを持つ人々が暮らす世界の総体は、「地中海世界」と名付けられる。

この地中海世界の一角を占めるイベリア半島でも、地理的な環境がもたらした影響の大きさは計り知れない。キューバ生まれのカリフォルニア州立大学ロサンゼルス校（UCLA）歴史学教授テオフィロ・ルイスの言葉を借りれば「多元性、多様性、そして例外主義が、スペイン史を扱う際、常に当てはまる表現である。そしてこれらの特徴は、信仰形態、政治組織、言語使用状態にも当てはまる」のである。

東西南北のうち、まず東西について考えてみよう。イベリア半島は、本章でこれから述べるように、古代文明の揺籃《ようらん》の地である東地中海の影響を非常に強く受けた。中世においては、この東地中海の三大啓示宗教、古い順に言えば、ユダヤ教、キリスト教そしてイスラームを信仰する者たちが活躍する舞台となった。話題を先取りすれば、本書で扱う中世アラゴン連合王国の拡大路線は、地中海に向けてであった。中世のこれらの地中海交流が近世の大航海時代を準備して、この半島から、外洋である大西洋を横断してアメリカ大陸へと漕《こ》ぎ出された。

南北では、ヨーロッパ大陸とアフリカ大陸を繋《つな》ぐ結節点となった。確かに両大陸はジブラルタル海峡で隔てられている。しかし天気が良ければ対岸を見渡せるほど狭いこの海峡において、古代のイベロ人から現代の不法移民に至るまで、人々の往来が止《や》むことはなかった。そして本書のメインテーマのひとつとなるアンダルス社会を担った主役のひとりは、アフリカ出身のベルベル諸部族であった。またイベリア半島はヨーロッパとは、ピレネー山脈を挟んで現在のフランスと境を接しているが、この山塊は想像されているほど交流の障害にはならない。山脈の北に位置する南仏と、山脈の南のスペインに属するナバーラ、アラゴン、カタルーニャの諸地域は、歴史的にも同質の社会を形成していた。

イベリア半島には、陸からも海からも、あらゆる方向から諸民族と諸文化が流入した。支配者として、同盟者や協力者として、商売人として、はたまた奴隷として半島に来訪した人々が有する文化同士の対立と、同化、吸収、混淆《こんこう》のプロセスが、歴史上繰り返されていまに至る。

分断され多様性を育んだ場

いま述べたばかりのことと一見矛盾するが、イベリア半島の地理的な条件は、もうひとつの特質を永続的にもたらす。半島の内部をミクロに眺めてみると、常に地域的多様性が各地で残存し、場合によってはその多様性がさらに促進されて遠心力が働く場、つまりは、ひとつにまとまり切れない場所こそ、イベリア半島であった。

第一の特徴としてまず挙げるべきなのは、イベリア半島は全体として山国であるという事実である。国別に色分けされたものではなく、標高差や平野と山地・山脈を可視化した地図を見

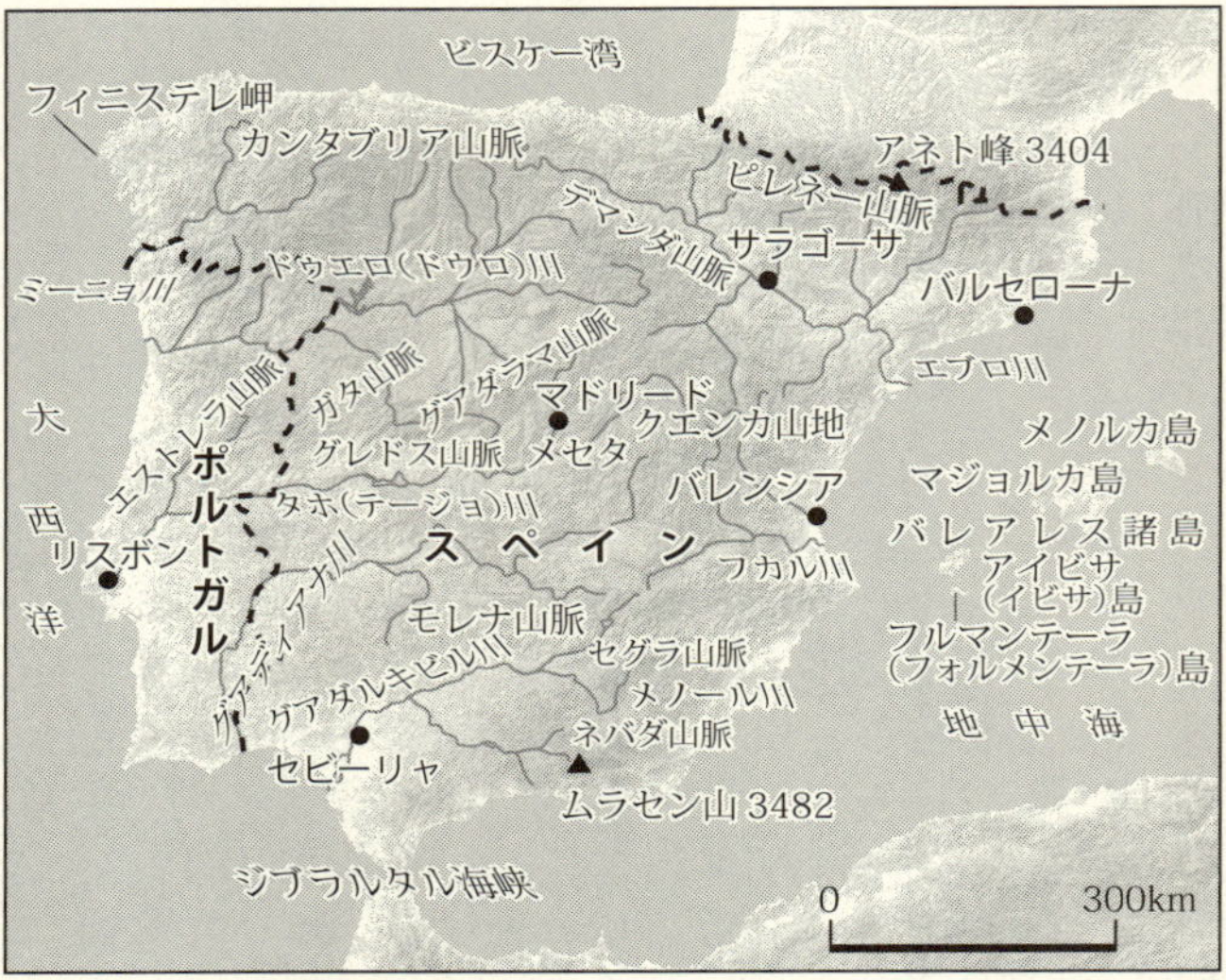

イベリア半島の主要な山脈と河川　山脈と並行して、河川が東西に流れているのが分かる。南北に移動するのに複数の山脈と河川を越えねばならない地形である

てみれば、それは一目瞭然となる。とりわけ目を引くのは、半島中央部のほとんどを山地、メセータと呼ばれる台地状の高地が覆いつくしている点である。現在のスペインの首都マドリードも、この山地内の、標高約六五〇メートルに位置する。これに比べると、大きな河川に沿って形成される平地は少ない。中央部を占める高地と、沿岸部の数少ない平野部との標高差が激しく、双方の間での交流は困難であった。

　第二に、この地形のコントラストを反映するかたちで、気候的なコントラストも見てとれる。半島北西部のガリシア・北ポルトガル地方から、大西洋・ビスケー湾沿いのアストゥリアス、カンタブリア、バスク・北アラゴンにかけては、西岸海洋性気候に該当する。「グリーン・スペイン」あるいは「湿潤スペイン」と呼ばれるこの北端地域で、本書のテーマとなる中世のキリスト教諸国が誕生した。先に述べたメセータで占められる半島中央部の高地は夏冬の寒暖の差が激しく、移牧が盛んな乾燥地帯、いわば「乾燥スペイン」である。この中央部は、本書の主役のひとりカスティーリャ王国の本拠地である。ポルトガル南部のアルガルヴェ地方から、スペインのアンダルシーア地方を経て東の地中海沿岸部にかけての領域は、地中海性気候に属する。地中海の周辺で勃興し鎬《しのぎ》を削る諸文明の影響を常に受ける場であった。現在のアンダルシーア地方を流れる大河グアダルキビル流域の肥沃な大地、そして地中海に面する東海岸部は、本書の別の主役たち、それぞれアンダルスとアラゴン連合王国の本拠地となった。

第三に、イベリア半島を流れる河川にも特徴があり、歴史の動きに大きな影響を与えた。五大河川（北からドゥエロ川、エブロ川、タホ川、グアディアナ川、グアダルキビル川）は南北ではなく東西に流れる傾向があり、高低差があり流れが速く、水量が比較的少ない。エブロとグアダルキビルの下・中流域は例外として、ドイツのライン川のように運河として離れた地方の間を繋ぐ交通の要としてではなく、逆に地方を分断する方向に働いた。河川と河川の間には、複数の山地・山脈が東西に並行してはしり、南北の陸路でのコミュニケーションがさらに分断される傾向にあった。

起伏の激しい山がちな地形、コントラストが激しい気候、そして運河に適さない河川の多さというイベリア半島の地理的環境は、たどった歴史に確実に影響をもたらす。

分断された地形は、たとえば中世においては地方分権的なアンダルスの支配体制を決定づけた。キリスト教諸国もひとつに統合されることはなく、同じ信徒勢力同士で仲違《なかたが》いを繰り広げた。一方で近代一九世紀はじめの対ナポレオン戦争で、スペインが各地で個別に粘り強く武力抵抗を繰り広げることが可能であったのも、その地形ゆえであった。ちなみにこのときの戦術が、我々にもおなじみの「ゲリラ」という言葉（スペイン語で「小規模・局地的な攪乱《かくらん》闘争」を意味する）を普及させるに至る。

複数の政治単位がイベリア半島内に併存し、固有の地域文化も色濃く残存することになる。カタルーニャやバスクといった、歴史に根差した地域主義の問題が現代でもくすぶり続けていることに、その傾向がはっきりと表れていよう。また食文化の多様性を現代まで残すことになったのも、地理環境に理由がある。日本のスペイン史研究を牽引《けんいん》している立石博高の言葉を借りれば、スペイン料理とは「郷土料理の寄せ集めでしかない」のである。

2　古代ヒスパニアの歴史

諸民族のるつぼ

古代地中海と本書の舞台となるイベリア半島との繋がりは、非常に深い。「イベリア」という半島の名称自体、古代ギリシア人たちによる呼び名からきている。「スペイン」という現在の国名は、古代ローマ人らによるこの半島を指す名称「ヒスパニア」に由来するが、さらに遡れば、この名は東地中海の海洋民フェニキア人の言葉に行き着く。スペイン語であれポルトガル語であれ、イベリア半島の現在の諸言語は古代ローマ人の用いたラテン語から派生した言葉である。

古代イベリア半島のたどった歴史にも、先に述べた地理的特徴が色濃く反映されている。古代とは、地中海全域に共通する文化的基盤が形成された時代である。しかし同時に、汎地中海的な文化と土着文化との混淆が完全には達成されず、半島内の地域的多様性が既に顕在化しはじめた時代でもあった。言語系統不明のバスク語を話す人々は、この古代の時点で既にこの半島に居住していたことは明らかである。この状況が、本書のテーマである中世イベリア半島の地域単位への歴史の分岐を準備したともいえる。ちなみに「ポルトガル」の語源ははっきりせず諸説あるものの、ケルト系先住民「ガライクス」の「ポルトゥス（港）」というラテン語に由来するという説が有力である。さらにいえば、「ガライクスの住む地」を指すラテン語の「ガラエキア」が、現在のスペインのガリシア地方の名へと繋がる。

イベリア半島へ波状的に諸民族が来訪し、彼らの持つ文化が混淆していった。ケルト人、イベロ人が半島に定着して、中央部では両者の混淆が進んでケルティベリア人となる。山国であ

エルチェの貴婦人像　ギリシャ彫刻の影響が見られる（国立考古学博物館〔マドリード〕所蔵。筆者撮影）

るイベリア半島には鉱産資源が豊富に眠っており、金や銀、銅や錫《すず》、あるいは鉄を求めて東地中海からまずフェニキア人が、次いでギリシア人がやってきて、半島の海岸部に植民都市を築いていった。「西欧最古の都市」として一般に知られる、現在のスペイン最南端部の大西洋に面した港湾都市カディスの起源は、遅くとも前八世紀よりも前に創られたフェニキア人の城砦《じょうさい》・交易拠点である。前六世紀には、現在の北カタルーニャ、二〇世紀スペインを代表する画家サルバドール・ダリの故郷フィゲラスにほど近い海岸沿いに、ギリシア人たちが植民拠点エンポリオンを創設している。フェニキア文化やギリシア文化の影響は、海岸沿いで数多く出土するフェニキア神像に、そして東海岸部のバレンシア南部で発見された、ギリシア・ヘレニズム様式の影響を強く受けた「エルチェの貴婦人像」（前五世紀～前四世紀）

にはっきりと見てとることができる。

続いてイベリア半島に目を付けたのは、フェニキア人が北アフリカに築いた植民都市カルタゴである。ローマとカルタゴが西地中海の覇権をめぐって繰り広げた前三世紀の第二次ポエニ戦争（前二一八〜前二〇一年）で、有名なカルタゴの将軍ハンニバルが象をひきつれてイタリア半島に向かったのは、イベリア半島南部の都市カルタゴ・ノヴァ（「新カルタゴ」の意。現カルタヘーナ）からであった。結局、激戦の軍配は、ローマに上がる。こうしてイベリア半島の支配権は、当時は共和政だったローマが掌握することになった。

属州ヒスパニア

前二世紀、ローマはイベリア半島すなわちヒスパニアの属州化を推進した。シチリア島に続き、イタリア半島外での本格的な属州統治を実験する場として、半島先住民に対して懐柔と戦争を使い分けつつ、ローマ型都市を建設して入植を進める。しかし、土着文化と外来文化の混淆が進んで、ローマの支配を受け入れた地中海沿岸部と違い、標高の高い中央部への進出には苦心した。先に指摘したように、地中海沿岸部領域と中央部を占める高地との間のコントラストは大きかった。

ルシタニア戦争（前一五五〜前一三九年）では、首魁《しゅかい》ウィリアトゥスによって率いられた半島西部の先住民ルシタニア人が、ローマの進出に激しく抵抗した。半島中央部ケルティベリア人は、要塞都市ヌマンティア（現ソリア県）で抵抗を繰り広げたが、一五か月間に及ぶ包囲戦ののち、前一三三年の夏に陥落した。激しい抵抗にもかかわらず、ローマは中央部への進出を粘り強く続けた。

前一世紀のヒスパニアは、共和政ローマの歴代有力者が競って自身の権力基盤にしようとした場所であり、かの有名なユリウス・カエサルとポンペイウスも、半島の支配をめぐって激しく争っている。カンタブリア戦争（前二九〜前一九年）を経て、最北端のアストゥリアス・カンタブリア地方を平定した初代皇帝アウグストゥスは、ついに半島の全土を支配下に収めた。彼はヒスパニアを三つの属州へと分割して統治する。

半島北部のタラコネンシス属州は、平定間もない北部領域から地中海沿岸部までを含み、中心はタッラコ（現タラゴーナ）に置かれた。また皇帝は、エブロ川中流域に自らの名を冠した都市カエサル・アウグスタ（現サラゴーサ）を創設する。半島西部のルシタニア属州の中心はエメリタ・アウグスタ（現メリダ）とされた。そして最もローマ化が進んだ半島南部のバエティカ属州の中心は、コルドゥバ（現コルドバ）に置かれた。

地中海世界は「パックス・ロマーナ」（ローマの平和）の時代を迎え、イベリア半島もその庇《ひ》護下《ごか》で繁栄する。現在のスペイン、ポルトガルの各地に残る街道跡、ローマ橋、城壁、そしてセゴビアのものが特に有名な水道橋が、ローマ帝国時代に整えられたインフラの洗練度合いを余すところなく示す。また各地の都市に残る神殿跡、半円形劇場、円形闘技場は、当時の都市生活の活気を垣間見《かいまみ》させてくれる、不朽のモニュメントである。

しかしながら、南のバエティカ属州と、北のタラコネンシス属州の最北端カンタブリア山脈地帯では、「ローマ化」が開始された時期に二〇〇年近くのズレがある。北部では民族的、文化的な多様性を色濃く残したままであったし、ローマ軍団が駐屯する北部は、いまだ反乱の危険がある、決して予断を許さない領域であった。一方で南部は、政治・文化面で帝国をリードする人材が多く輩出する。ネロ帝の養育係でもあった哲学者セネカはコルドゥバ出身である。五賢帝のうちの二人トラヤヌスとハドリアヌスは、現セビーリャ近郊の都市イタリカに強固な権力地盤を有していた。

ローマ帝国の繁栄を享受したヒスパニアであったが、二世紀の後半以後、帝国全域が社会経済的に停滞し、政治的にも内憂外患の時代を迎えると、混乱期に突入する。帝国は東西に分割され、属州も再編されて効率よい徴税制度の導入が試みられるも、治安維持と外敵防衛のためのローマ軍の維持費は膨らむ一方であった。四世紀にこの苦境を打開するために採られたのが、次第に力と数を増すキリスト教徒を公認することであった。帝国領外に居住するゲルマン諸部族を軍事力として利用するため、領内に積極的に移住させる政策も採られた。

帝国領内へ時に平和裡《へいわり》に、時に暴力を伴って定住したゲルマン諸部族のうちのひとつが、西ゴート族である。五世紀の初頭、西ローマ帝国はいまだかろうじて存続（正式な滅亡は四七六年）していたが、ガリア（現フランス）南部に定住したアタウルフ王率いる西ゴート族は、ヒスパニアをも実効支配するほどの影響力を行使した。ローマの後継者を自任する西ゴート族がイベリア半島に君臨する時代を迎えた。

西ゴート王国の盛衰

西ローマ帝国領ヒスパニアの後継国家として成立した西ゴート王国の支配も、既に述べたイベリア半島の地理的な要因に深く左右された。到来した支配者としての西ゴート族の数は、八万から二〇万人程度と見積もられているが、これはイベリア半島全体の人口から考えると、ごく少数派にすぎない。

西ゴート族は、安定した統治を目指したが、様々な分野にわたる分断状態に苦悶《くもん》し続けた。政治的には、西ゴート王国が採用した選挙王制というシステムでは、王位継承時に生じる不安定さを完全に避けることが難しかった。宗教的には同じキリスト教ではあるが、ヒスパノ・ローマ人（属州ヒスパニア時代からのローマ系住民）の信仰するカトリックと、西ゴート族のアリウス派への分断が顕著であった。法社会的にも、ローマ帝国以来の法制度に服するヒスパノ・ローマ人と、部族法に服する西ゴート族との間には分断が見られた。当初は両者の間に通婚は認められず、服装の面でも差別化が図られていた。さらにヒスパニアは、古代ローマ時代以来の人的多様性を受け継いでいたので、ユダヤ人も多数居住していた。

続く六世紀にも王の暗殺や、有力者間の党派抗争が常態化し、王国政治は極度に乱れた。とはいえレオヴィギルド（在位五六八〜五八六年）以降の歴代西ゴート王は、この状態を解消しようと積極的に動いた。北西部のスエヴィ王国領域を併合し、南部に残されていた東ローマ帝国（ビザンツ帝国）の影響力の排除を試みるとともに、北部山岳地帯のアストゥリアス、カンタブリアからバスクにかけての「未開地帯」にも自らのプレゼンスを認めさせた。七世紀には宗教的にも法的にも統一が達成され、トレードに宮廷を置いて、王国全土ににらみを利かせた。

王位の継承を安定化させるため、皆がカトリックへと改宗した西ゴート王国が選択したのは、カトリック教会と連携して王権を神聖化することであった。また王国有力者の利害調整機関として教会会議をたびたび開催することで、各地に根を張っていた在地の教会・修道院勢力をうまく利用しながら統治を行ったとされる。

とはいうものの、絶対的な王の権力がここで確立したとはいえず、体制の維持には、各地で実質的権力を担う教会・修道院勢力、そして西ゴート系とヒスパノ・ローマ系の俗人在地豪族の持つ権力との間で、絶妙な政治的駆け引きを常に必要とした。

七一〇年、西ゴート王国のウィティザ王が死去した。王位継承をめぐり、イベリア半島の北部から南仏にかけての領域（ナルボンヌ、タラコネンシス）を治めるアギラと、イベリア半島の中・南部領域に地盤を持つロデリック（ロドリーゴ）の両名の間で内乱が勃発した。この王国を二分した内乱が、アフリカ側の新興勢力の軍事介入と西ゴート王国の滅亡、そして極めて迅速なウマイヤ朝によるイベリア半島の征服に直結する。

第二章　アンダルスの成立と後ウマイヤ朝の栄華

1　イベリア半島の征服

七世紀の東地中海では、東ローマ帝国（ビザンツ帝国）とサーサーン朝とが鎬を削っていた。このとき、アラビア半島で勃興した新たな信仰イスラームを掲げる勢力が、破竹の勢いで西アジアから北アフリカまでを支配領域に組み込んでいった。その勢いはとどまるところを知らず、八世紀初頭の時点でこのイスラーム勢力（ウマイヤ朝）は、イベリア半島の対岸の北アフリカ沿岸部にまでその力を及ぼすようになる。このイスラーム勢力の半島上陸も、時間の問題のように思われた。このようなときに西ゴート王国は内乱状態に陥ってしまった。

「フリアン伝承」——西ゴート王国社会の分断を示すエピソード

対岸の新興イスラーム勢力、すなわちウマイヤ朝の介入を招くきっかけとして語り継がれてきた「フリアン伝承」と呼ばれるものが、アラビア語史料とラテン語史料の双方で伝わっている。この伝承の概略を、一〇世紀のムスリム著述家で西ゴート王ウィティザの末裔《まつえい》であるイブン・アルクーティーヤの歴史書から引用したい。

ヒスパニアの商人たちのうちのひとり、ユリヤン［フリアン］と呼ばれる者は、アンダルス［＝イベリア半島］とベルベル人の地［＝北アフリカ］との間を頻繁に行き来していた。（中略）この商人の妻が亡くなり、彼には美しい娘が残された。［西ゴート王］ロデリックは、アルウドワ［＝北アフリカ］に赴くようユリヤンに命を下したが、ユリヤンは妻が亡くなり、娘の面倒を見る者がいないことを理由に、これを辞退した。そこでロデリックは、彼の娘を王宮に連れてくるよう命じた。ロデリックが彼女を見るや大いに気に入り、彼女を凌辱《りょうじょく》した。（中略）ユリヤンは［北アフリカの］ターリク・ブン・ジヤードのもとへ向かい、かの地［＝イベリア半島］の輝き、その住民の持つ欠点、そして住民が勇気を持ち合わせていないことを説明し、アンダルスに対する興味を煽《あお》った。ターリク・ブン・ジヤードが書状でムーサー・ブン・ヌサイルにこの情報を伝えるや、彼にアンダルス侵略の命が下った。ターリクは軍を招集した。

自身の娘（後の伝承で「深紅のフロリンダ〔Florinda la Cava〕」と呼ばれる）を凌辱した西ゴート王ロデリックに対する復讐《ふくしゅう》を誓ったフリアンが助力を求めた人物こそ、ジブラルタル海峡対岸に進出してきていたウマイヤ朝西方前線のベルベル人将軍ターリクであった。このターリクが、総督ムーサーとともに西ゴート王国を滅亡させ、同王国領域を征服する。凌辱行為という罪に対する神の罰として、ムスリムがキリスト教徒の西ゴート王国を滅ぼしたという筋書きである。

このエピソードは、現在のところエジプトの別の逸話と合体させた創作と考えられている。またこの罪を犯した人物はロデリックではなく、ウィティザであったとする別の伝承もあり信《しん》憑性《ぴょうせい》に欠ける。しかしユリヤンは、対岸の都市セウタを地盤とし、ジブラルタル海峡の両側に影響力を行使する実在のキリスト教徒の有力者（ビザンツ帝国北アフリカ域を管轄していた人物であったのか、西ゴートへの協力者なのか、有力商人なのか定かではない）をモデルとしている可能性が高い。そしてこの人物がウマイヤ朝部隊の海峡渡航を手助けしたことは、当時の西ゴート王国の内乱状態から考えて、十分にありうることである。西ゴート王国の滅亡とウマイヤ朝による征服を「キリスト教対イスラーム」という宗教対立の単純な図式で理解してはならないことだけは、明らかではないだろうか。

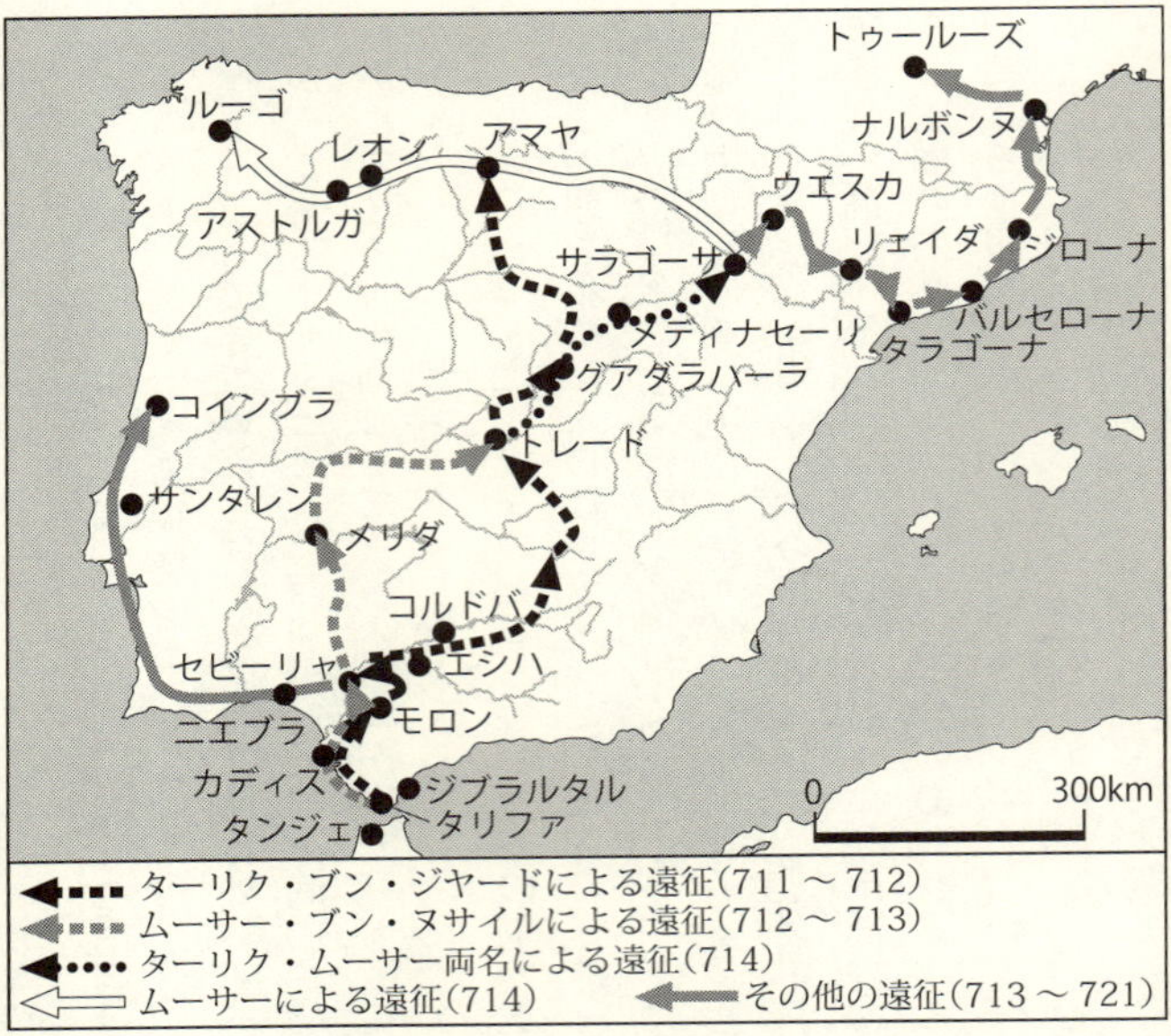

ウマイヤ朝によるイベリア半島の征服経路　数年でイベリア半島のほぼ全域がウマイヤ朝の支配下に組み込まれた（立石博高、黒田祐我『図説 スペインの歴史』河出書房新社、2022年、26頁を引用）

イベリア半島への上陸と征服

ちょうど西ゴート王国の勃興した時代は、北半球規模で俯瞰《ふかん》すると寒冷化の時期、いわゆる「古代末期小氷期」に相当する。それまで長らくユーラシア大陸東西で続いたローマ帝国と漢帝国の双方が崩壊した後、複数の政治文化圏が鎬を削る時代を迎えた。そのなかで七世紀の地中海世界では、信仰としてのイスラームが勃興し、その信徒共同体が中核を担う世界（イスラーム世界）が急速に拡大して勢力地図が激変した。

預言者ムハンマドとその後

継者の正統カリフ時代を経て、六六一年に成立したウマイヤ朝のもと、イスラーム世界はさらなる領域拡大を見た。北アフリカからビザンツ帝国の影響を着々と排除し、ワリード一世（在位七〇五～七一四年）治世下、イベリア半島の対岸にまでその影響圏を拡張させていた。イベリア半島征服の主役は、先に引用した史料にも登場した総督ムーサー・ブン・ヌサイルとベルベル人の将軍ターリク・ブン・ジヤードである。

ターリクは、タンジェを拠点としてベルベル諸部族を統率していた。西ゴート王の交代に伴う混乱に乗じて、先のフリアンに該当するような協力者を得た彼は、ヒジュラ暦九一年のラマダーン月（西暦七一〇年の七～八月）、先遣隊としてタリーフ・ブン・マーリク率いる四〇〇名の歩兵、一〇〇名の騎兵からなる部隊にジブラルタル海峡を渡らせた。その上陸地点は、彼の名をとって現在タリファという町になっている。

続いてターリク自身、約一万二〇〇〇名の兵を率いて渡海した。史料によれば、七〇〇〇名の黒人兵もいたとされる。彼の率いる本隊の上陸地こそ「ターリクの岩山」と呼ばれるようになる地、すなわちジブラルタルであった。上陸日時は歴史書により相違があるが、多くは九二年ラジャブ月（七一一年四月）としている。兵站《へいたん》を確保した後、アルヘシラス近郊を支配下に収めた。

この動きに対して南部に根を張る西ゴート王ロデリックは迎撃部隊を送り込む。対立国王アギラとの抗争のため北部戦線にいた彼自身も南下し、コルドバに集結するよう家臣に命令を発する。両軍は、アンダルシーア地方南部のグアダレーテ川河畔で衝突した。ある史料は、ロデリックの軍勢は裏切りに遭い、混乱をきたして敗北したと伝える。対立していた先王ウィティザの息子とその派閥が裏切ったのかもしれない。後代の史料は、ウィティザの二名の子息がターリクに内通し、厚遇を受けたと伝える。敗走による混乱のなか、ロデリックは殺害されたか、あるいは河で溺死したとされ、消息は不明となる。これによって西ゴート王国軍の指揮系統は完全に崩壊し、各個撃破を待つのみとなった。

ターリクは勝利を重ねつつ北上し、コルドバの征服に成功する。ここで都市に居住していたユダヤ人をムスリムとともに防備に就かせた後、ターリクはさらに北上して、王都トレードを陥落させた。同地で越冬したのか、あるいはさらに北方遠征を続けたのか、史料により証言にばらつきがある。

翌七一二年の初夏、北アフリカのカイラワーンに駐在していた総督ムーサーも、約一万八〇〇〇名のアラブ・ベルベル軍を率いてイベリア半島に上陸し、セビーリャを征服した。やはりユダヤ人と自身の兵団を守備に残して、彼自身は、西のニエブラ地方の征服後、北上してメリダを攻略した。ムーサーの息子アブド・アルアジーズは南東部領域の征服に向かい、後述する西ゴートの現地豪族テオデミル（トゥドミール）を服属させる。半島西側を攻略しながら北上したムーサーは、ターリクとトレードで合流、同市で冬を越した。七一四年、ムーサーとターリクはともに北東エブロ川流域へ遠征した後、西へと向きを変え、カスティーリャ、バスク、さらにレオン、ガリシア領域へと進出していった。こうしてわずか三年足らずで、イベリア半島の大部分がウマイヤ朝の軍門に降《くだ》ったのである。

ところでターリクやムーサーは、なぜイベリア半島の征服に躍起になったのか。アラビア語歴史書に複数登場する逸話から推測するに、イベリア半島の豊饒《ほうじょう》さに魅了され、略奪による一攫千金《いっかくせんきん》を夢見たのかもしれない。いずれにしても、イベリア半島と北アフリカでは人の行き来が途絶えることはなく、彼らウマイヤ朝の兵たちも西ゴート王国末期の分裂状態を把握していたことは明らかである。こうしてウマイヤ朝「アラブ帝国」は、東はインダス川流域、西はイベリア半島にかけての全域を支配下に収める。以後、西方戦線の拡大は、かの有名なトゥール・ポワティエ間の戦い（七三二年）まで継続することとなる。

なお、征服の立役者ターリクとムーサーは、ウマイヤ朝カリフとの確執により、七一四年九月にはダマスクスに召還され、多くの財宝とともにシリアへと向かった。しかし、彼らが半島に再び戻ることはなかった。以後、北アフリカとイベリア半島の統治権をめぐって、軍司令や総督の間で派閥争いが数十年続いた。

2　アンダルスの成立

征服か併合か？——アンダルス成立をめぐる議論①

イベリア半島のウマイヤ朝によって征服された領域は、アンダルスと呼ばれた。アンダルスの語源について、かつてはイベリア半島南部に一時的に定着したゲルマン系部族のひとつであるヴァンダル族に由来するという説が有力であったが、諸説ありいまだ定まっていない。いずれにしても、ウマイヤ朝による征服初期から「ヒスパニア」に相当する領域概念として「アンダルス」が用いられていたことだけは明らかである。

このアンダルス史のはじまりをどのように解釈するかは、残存する史料の少なさもあって、いまだに議論の尽きないテーマである。この問題は、現在の国民国家スペインとイスラームとの関わりにも直結する問題であるため、歴史解釈は複雑に入り組んでしまっている。ここではそれらの議論のうちで特に重要なものを紹介しながら、アンダルス社会の成立意義について考えてみたい。

第一は、ウマイヤ朝による西ゴート王国領域の征服の実態をめぐって展開する議論である。イスラーム勢力の拡大過程において「剣かコーランか」という、改宗か死かの二者択一が迫られたとかつては信じられてきたが、これが稀《まれ》であったことは、既によく知られている。イベリア半島征服についてもまた、比較的平和裡に展開したのか、あるいは凄惨な殺戮《さつりく》を伴ったものであったのかがこれまで議論されてきた。征服活動の詳細を伝える同時代の証言は存在せず、残されているのは、後代に当時の証言としてまとめられたものでしかない。それでもこれらの断片的史料をつき合わせると、さらに後述するように八世紀から九世紀にかけての後ウマイヤ朝時代の社会状況から遡及《そきゅう》的に推測すれば、その征服は、旧西ゴート臣民や豪族を降伏させつつ進む、比較的穏健なものであったと見るべきであろう。アラビア半島から急速に拡大していった正統カリフ、ウマイヤ朝の歴代カリフらによって推進された征服と同じく、征服地の民と社会をそのまま吸収していく形態をとったと思われる。

多くの都市や農村が、降伏・併合条件を話しあってウマイヤ朝軍に帰順することが多かったと多くの歴史家は推測している。またメリダのように当初抵抗を示した場合であっても、教会財産と死亡あるいは逃亡した者らの財産の没収のみにとどめ、住民の生命と財産を保障するという寛大な措置が採られている。

アラビア語史料が残されている事例を紹介したい。総督ムーサーの息子アブド・アルアジーズが別動隊を指揮して、半島南東部の征服を担当したことは先に触れた。彼はヒジュラ暦九四年ラジャブ月（七一三年四月）に、地方豪族「ガブドゥーシュの息子トゥドミール」との間で契約を交わしている。豪族トゥドミールがそれまで行使してきた権益はそのまま維持されること、彼の支配する領域の住民には一切危害が加えられず、キリスト教信仰と教会を維持することが保障された。その対価としてウマイヤ朝の敵と内通することが禁じられて、トゥドミールと彼の領民のそれぞれに金銭・現物の貢租が課された。この貢租は、いわゆるジズヤ（人頭税）に相当する。

このような協定を介して、ウマイヤ朝は、迅速に支配領域を拡大することができたばかりか、西ゴート王国社会の各地に根を張っていた豪族や教会勢力とその支配に服する領民をそのまま取り込むことができた。西ゴート王国社会の有力者も、積極的にウマイヤ朝に帰順することで、既得権益を維持できる。当初はキリスト教徒やユダヤ教徒といった非ムスリムからの税収に頼る体制であったため、ムスリムへの改宗を征服者が積極的に促すこともなかった。征服者・被征服者ともにメリットがあるかたちであったからこそ、イベリア半島の征服を極めて迅速に成功させることができたのであろう。

アラブ化・イスラーム化の是非——アンダルス成立をめぐる議論②

第二の論点は、イベリア半島の征服のために北アフリカから上陸した兵の数と、初期入植者の構成である。前項で述べたように征服活動は西ゴート社会をそのまま取り込むかたちで極めて迅速に行われた。ここで支配階層となるムスリム、とりわけアラビア半島をはじめとする中東世界から入植したアラブ人の数と彼らの影響力が、どの程度であったのかをめぐって議論がなされてきた。西ゴート系とヒスパノ・ローマ系住民を中心としたキリスト教的西ゴート王国社会が、七一一年を境に、どの程度アラブ化・イスラーム化を遂げたのかを解明することは、人種的、民族的な歴史上の断絶をここに見出《みいだ》すべきか否かに直結する。ひいては、国民国家スペインの掲げる歴史的アイデンティティにも関わってくる重要なテーマである。

国民国家イデオロギーとして「永遠のスペイン」が前提とされた時代にあっては、来訪するアラブ系支配階層の流入を低く見積もった。西ゴート王国時代からの血統的な連続性があるばかりか、ムスリムの数も圧倒的少数派にすぎず、ゆえに「スペインは征服されなかった」と真面目に論じられていた。現在では、支配者層としてのアラブ人の数自体は、想定されていた以上に多かったのではないかと判断されている。とはいえ、イベリア半島の全土で数百万の人口を擁していたとされるなか、八世紀に数回にわたって流入したとされるアラブ系ムスリムの推計は、せいぜい数万人にすぎなかった。

しかし、より重要なのは、アラブ系ムスリム支配階層がイベリア半島に持ち込んだイデオロギーや社会的価値観、そして何よりも親族関係原則によって、アンダルス社会が以後変容を遂げていった点である。近年の考古学調査によっても、考えられてきた以上に、先住民のムスリムへの改宗が急速であったことが明らかになりつつある。このテーマについては今後も議論が続くはずだ。

征服後、即座に「アラブ化」あるいは「イスラーム化」が達成されたとは考えにくい。為政者層にその意図がなかったのに加えて、自分たちが少数派であることを理解していたアラブ系

バイリンガル金貨　「アンダルス」でヒジュラ暦98年（716年）に作られた、アラビア語とラテン語が打刻された貨幣（国立考古学博物館〔マドリード〕所蔵。Ariza Armada, A., “The coinage of al-Andalus,” *Shedet: Annual Peer-reviewed Journal of the Faculty of Archaeology - Fayoum University*, 4 (2017), pp.68-90, p.71より引用）

ムスリムは、旧西ゴート豪族や領民に対し積極的な歩み寄りを見せたからである。先に登場したムーサーの息子アブド・アルアジーズはダマスクスに向かう父に代わってアンダルスの統治権を得るが、彼は最後の西ゴート王ロデリックの寡婦《かふ》エギローナ（エヒローナ）と結婚している。伝承によれば、このエギローナはアブド・アルアジーズにウマイヤ朝からの独立を唆《そそのか》したとされるが、結局アブド・アルアジーズは何者かに暗殺されている。旧西ゴート王国女性との婚姻関係を積極的に推奨し、現地社会と同化する戦略の先例を、彼は作ったともいえる。数百年かけて、アラブ系・ベルベル系ムスリム社会と、旧西ゴート社会とが融合していく過程のはじまりでもあった。

もうひとつの興味深い事例は、貨幣の変遷である。古今東西、鋳造あるいは打造（刻印用の金型をハンマーで打ち下ろして製造）される通貨には、政治的・宗教的イデオロギーの流布という役割もあったが、七世紀に新たに勃興した「新参者」のイスラーム世界は、それまでの地中海世界の通貨経済システムに順応せねばならなかった。たとえばムーサーは、自らの胸像を刻印した銅貨を北アフリカ側のタンジェで発行しているが、これは征服以前の西地中海圏の通貨体系をそのまま維持する意思を明確に示すフォルムであった。

さらに興味深いのは、アンダルス征服前後（七一〇年頃〜七二〇年頃）の貨幣の変化である。当初はイスラームのシャハーダ（信仰告白）を含めて、地中海西部の共通言語であったラテン語のみを用いた金貨を打造しているが（七一二年頃）、シャハーダのみをアラビア語にして残りをラテン語にした貨幣、片面ずつアラビア語とラテン語を用いたものを経て、最終的にすべてアラビア語を用いた貨幣へと変化していった。ちなみに同様のケースは東地中海圏でも生じており、ギリシア語とアラビア語のバイリンガル貨幣が当初は作られていた。イスラーム信仰体系の根幹に関わるはずのアラビア語の利用においてすら、被支配者側の社会への一定の配慮がうかがえるという、面白い事例といえよう。

アンダルスの社会構造

七一一年からわずか数年で、西ゴート王国領域を、征服というよりも併合するかたちで成立したウマイヤ朝治下アンダルスの統治体制は、戦略上重要となる都市や拠点同士を繋ぎ合わせた、いわば点と点を線で結んだものでしかなかった。軍事・防衛に特化した支配階層であるアラブ系ムスリムが、旧西ゴート系の豪族や教会・修道院が自治を行う領域から租税を徴収する、いわば間接統治体制がとられたと考えられる。当初のアンダルスは、社会を構成する人々の出自、血統、言語、習俗、何よりも信仰の面で多様性が際立っていた。

人口の圧倒的多数を占めたのが、旧西ゴート系住民である。後代使われた用語を用いて研究上、旧西ゴート系のキリスト教徒は「モサラベ（アラブ化した者）」と呼ばれている。このモサラベ最上層に西ゴート王を数多く出してきた有力家門、たとえばウィティザの息子らが君臨した。先に引用した歴史書を執筆したイブン・アルクーティーヤは、ウィティザの孫娘サラの女系子孫である。また、先に登場したトゥドミールのように地域社会を統率する俗人豪族や有力修道院が既得権益を維持し、都市部では司教層がその統治を担った。

実態として法的にも宗教的にも、西ゴート王国時代と変わらない体制が維持されたわけである。とはいえ西ゴート系の俗人豪族のなかにはイスラームに改宗することで自らの支配階層としての地位を維持あるいは向上させることを望む者も現れた。またコルドバをはじめとする大都市とその周辺農村部では、ムスリムとなり「改宗者（ムワッラド）」と呼ばれる者が次第に増加していった。キリスト教徒にとどまった者たちも、代を経るごとに、言語や習俗の面で「アラブ化」していくことは避けられなかった。

西ゴート王国支配時代から居住していたユダヤ人もまた、アンダルスの重要な社会構成員であった。カトリック教会によって神聖化された王権が確立し、法的統一と政治的安定がもたらされるのと引き換えに、西ゴート王国時代の後期、異教徒としてユダヤ人は宗教的迫害の対象となった。過酷な状況に置かれたユダヤ人が、ウマイヤ朝軍へ積極的に協力したことをにおわす記述が、アラビア語の歴史書にはたびたび登場する。商才に加えて、多言語を操る才能を存分に発揮するユダヤ人が、アンダルスの歴史のなかで果たした役割は非常に重要である。

イスラーム世界である以上、アンダルス社会の上層は、当然ながらムスリムによって構成された。しかしムスリムのなかにも多様性が見られる。まずアラブ系ムスリムも一枚岩ではなく、出身地と部族単位、さらに入植時期の違いから党派抗争に発展することが多かった。ベルベル系ムスリムはアラブ系と同じ地位とはみなされず、イベリア半島北部のガリシア、アストゥリアス、レオンといった当時「ジッリーキーヤ」とアラビア語で呼ばれた人口の少ない辺境地帯、あるいは南部の険しい山岳地帯を入植地として割り当てられたため、不満をいだいてたびたび反乱を起こした。とりわけ七四〇年代のベルベル人反乱は、北アフリカ情勢と連動して大混乱をもたらした。この結果、ジッリーキーヤのベルベル人のなかには領地を捨ててドゥエロ川以南に移動したり、あるいは故郷のアフリカに帰る者が多数現れた。

キリスト教徒（モサラベ）、ユダヤ人、そしてムスリムという三つの一神教徒を抱えながら、さらに各々の信徒共同体の内部でも、地位と身分の格差が著しい場として、アンダルスの歴史が始まったのである。

3　後ウマイヤ朝治下のアンダルス

後ウマイヤ朝の成立

父ムーサーの不在によってアンダルス総督に任じられたアブド・アルアジーズ（在任七一四～七一六年）の暗殺以来、アンダルス社会は極度の政治的不安定さに苦しんだ。混乱の渦中であっても、歴代総督によって北方遠征は継続されて、ピレネー山脈以北への侵攻が推進された。北方のフランスへの進軍途上、有名なトゥール・ポワティエ間の戦い（七三二年）を迎え、退却を余儀なくされたことはご存じであろう。この後、七四〇年代にはイベリア半島に入植したベルベル人らの大反乱が起きている。

七五〇年、ダマスクスに本拠を置いていたウマイヤ朝宮廷で政変が起きる。アッバース朝の誕生である。ウマイヤ朝カリフの一族の生き残りアブド・アッラフマーンは、母の出身ナフーザ族をはじめとするベルベル人の助力を得ながら、七五五年の夏、アンダルスの港町アルムニェカルに上陸した。ベルベル人に加え、党派抗争を続けるアラブ系ムスリムの一派を味方につけた彼は、アンダルス総督を打ち破ってウマイヤ家による支配を取り戻した。このアブド・アッラフマーン（一世。在位七五六～七八八年）を初代とするイベリア半島独自のイスラーム王朝、後ウマイヤ朝のはじまりである。ウマイヤ家に忠誠をつくす旧来の庇護民（マウラー）に支えられ、正規軍（ジュンド）と雇用兵（奴隷、傭兵《ようへい》、キリスト教徒）からなる軍を編制したアブド・アッラフマーン一世は、アンダルスの全域にアミール（君主）としての自らの権威を認めさせるために、その生涯を費やさねばならなかった。

アンダルスの全土の要衝にアラブ系やベルベル系の兵を駐屯させ、地方有力者の忠誠を確保し、ひとまずの安定を見た後ウマイヤ朝政権であったが、かといって中央集権的な体制がここで確立したとはいいがたい。依然として西ゴート王国由来の政治・行政機構に頼り、また西ゴート王国時代の有力者の子孫も、社会的にも経済的にも、その力を喪失してはいなかった。西ゴート王ウィティザの子息のひとりといわれるアルダバストは、この時代になっても広大な領地を保有していた。彼は「王朝の存続を望むのであれば、臣民の不満に配慮すべきである」とアブド・アッラフマーン一世に助言したという。

大司教座も西ゴート王国時代のまま、トレード、メリダ、セビーリャに置かれていた。外部の西欧キリスト教世界との接点が激減しても、キリスト養子説（イエス・キリストは本来人間であったが、神の養子になることではじめて神性を獲得したとする解釈）を唱え、アンダルスの教会は活発な知的活動を展開したし、地方教会組織も存続していた。その代表である司教が在地勢力の代表を担い、後ウマイヤ朝の政権運営の仲介役として不可欠な役割を果たした。多数派を占める旧西ゴート臣民、すなわちモサラベ社会を統制するには、行政・司法・徴税の権限を委ねられたモサラベ有力者らとの対話が不可欠であり、この意味では軍事・民事の両面で後ウマイヤ朝治下のアンダルスは、間接統治体制に置かれていたともいえる。

宮廷が置かれたコルドバで、アブド・アッラフマーン一世が当初建造したモスクは、いま現在、我々が目にしているメスキータ（スペイン語でモスクの意）の大きさとは比べものにならないほど小さなものにすぎなかった。これは、支配宗教であるはずのイスラームを奉ずるムスリムの数が、圧倒的に少なかったことを示している。しかしながら、次第に「イスラーム化」が進展していったことも事実である。支配の核となる裁判官（カーディー）は、司法のみならず、行政・統治の面でも幅広い権限を付与される存在として活躍した。

アンダルス社会の変容（八世紀～九世紀）

アンダルスでは、支配階層ではあるが少数派にすぎず、都市や拠点に集住するアラブ系・ベルベル系ムスリムと、とりわけ農村部で多数派を占めるキリスト教徒（モサラベ）臣民とが住み分けており、両者間での接触は限定されていた。しかし九世紀になるとモサラベやユダヤ人を徴税吏や行政官、あるいは衛兵として恒常的に用いるようになり、社会的・肉体的接触が増えると、支配階層の保有する新奇の文化に順応、同化する者も増えていった。この同化には、宗教的なそれ、すなわち改宗も含まれる。既に征服直後、とりわけ西ゴート有力者の女性たち、たとえばロデリックの寡婦エギローナ、ウィティザ王の孫サラ、トゥドミールの娘は、アラブ系ムスリム最上層を構成する男性と結婚し、早々に血統的に同化していた。ムスリム男性との結婚の結果、その子息は法的にムスリムになるわけで、いわば女性を介して、社会がアラブ化・イスラーム化していくのである。

次第に庶民も、前記のような婚姻やアラブ系、ベルベル系ムスリムとの庇護関係といった人的繋がりを通じて、または立身出世、人頭税の免除といった社会経済的なメリットを考慮し、積極的にイスラームへ改宗していった。モスクや墓といったイスラーム関連施設の増加傾向が、考古学の発掘調査によって明らかとなってきているが、これは、アラビア語を受容し、イスラームへと改宗するプロセスが、都市部か農村部かを問わずに進行していたことを裏付けている。

この草の根からの社会変化を、トップダウンで後ウマイヤ朝政権が進めるアラブ化・イスラーム化政策がさらに促した。ハカム一世（在位七九六〜八二二年）は、中央政権の支配を貫徹させようとして、増税をはじめとする強権的姿勢を打ち出すが、一方で、彼の政策に反発して、王都コルドバの郊外区では宗教と出自を問わず多くの者が参加する深刻な反ウマイヤ朝暴動（八一八年）が起きている。

続くアブド・アッラフマーン二世（在位八二二〜八五二年）とムハンマド一世（在位八五二〜八八六年）時代の政策が、大きな転機となった。交易重要品目である絹の専売制を布き、独自の貨幣発行を促進して経済的繁栄を迎えたこの時代、行政システムも整備された。イスラーム四大法学派のひとつマーリク派を正式に導入して、知識人（ウラマー）を育てて取り立てるシステムも整備された。これは、イスラームへの改宗をさらに後押しした。同じくこの時代に、アッバース朝宮廷を模範としながら、アラブ文学、アラブ詩を振興して、支配言語たるアラビア語の普及と定着を完了させようとした。当代随一の音楽家で弦楽器ウードの名手ジルヤーブがバグダードを去り、八二二年から後ウマイヤ朝宮廷に仕えたのも、有名な逸話である。アンダルス出身ムスリムは、メッカやバグダード、カイラワーンに留学してその成果を祖国に持ち帰る。西ゴート王国以来の文化と社会が、アラブ・イスラーム的なそれらとの融合を始めた。

この結果、文化変容と人口構成の変化が急激に進んだ。経済発展は都市部へのモサラベ農民の流入をもたらし、彼らはイスラームへの改宗を選択する。九世紀半ばの時点で、コルドバ近郊の農村七七三のうち、五六〇がムスリムの、そして二一三がモサラベのコミュニティで構成されていることを示す史料も残っている。つまりは、少なくとも王朝の中枢コルドバ周辺では、ムスリム人口が多数派となったと推測されるのである。

しかし、イスラームへの改宗者の増加は、後ウマイヤ朝政権にとって諸刃《もろは》の剣であった。なぜならジンミー（啓典の民）としてのモサラベ人口の減少は、人頭税の税収の減少に直結するからである。この不足分を補うためモサラベにさらに重税がかけられ、これがさらなる改宗を招いてしまう。モサラベ人口の急激な減少は、主として農村部を支配するモサラベ有力者の力を削《そ》ぐこととなり、結果として彼らは危機感を抱くようになる。他方でムワッラドの急激な増加は、支配階層のアラブ系・ベルベル系ムスリムとの「パイの奪い合い」になる。

急激な社会変化は、九世紀の後半、後ウマイヤ朝自体を滅亡の一歩手前にまで追い込むほどの危機的状況を引き起こした。

コルドバの殉教運動——九世紀後半の社会的危機①

八五一年、タバノス修道院の修道士イサークが、コルドバの裁判官の面前でイスラームと預言者ムハンマドを非難し、改悛《かいしゅん》を拒否して殉教することをあえて選択した。アブド・アッラフマーン二世と、コルドバ司教レカフレドゥスは、モサラベを刺激しないように穏健に対応し、殉教運動の拡散を抑止しようとした。しかし次代ムハンマド一世は、宮廷内モサラベ有力者を抑圧する方向に動いた。これに対抗するかたちで、五〇名を超える男女が次々と自発的に殉教した。これは八六〇年、二名の姉妹が処刑されたのを最後に、実質終息を迎えた。歴史上、「コルドバの殉教運動」と呼ばれる事件である。

この運動を引き起こした原因は何であったのか。かつては、「スペイン」を背負ったモサラベらの「イスラーム化」への絶望的抵抗としてこの運動は美化された。しかしこれは、単なる宗教的な、ましてや「スペイン人」としてのイスラーム文化全般に対する抵抗運動ではない。その背景にあったのは、先に述べた急速なアラブ化・イスラーム化に伴って生じたモサラベ社会と聖職者内部の深刻な意見対立である。

既に述べたように、イスラームへの改宗が進むということは、モサラベ共同体に対するキリスト教徒有力者、とりわけ聖職者らの既得権が脅かされることを意味する。これに加えて、モサラベの文化アイデンティティの変化に対する危機感の高まりも考慮せねばならない。モサラベの若者たちは、西ゴート王国以来の文語としてのラテン語あるいは口語としてのロマンス語を用いず、アラビア語に傾倒した。服装文化でも名前でも、生活スタイルでもアラブ化したモサラベたちは、次第にラテン的文化を忌避するようになっていた。

アラブ化に好意的なモサラベ多数派と、それに強硬に反発する少数派の聖職者、特に修道士とのいがみ合いが、後者のヒステリックな殉教を生み出したと推測される。後者は、古代の使徒たちが行った公の場での説教と続く殉教のストーリーを模範とし、また同時期に地中海圏全体で起きていた殉教に関する伝聞にも触発されて、あえて殉教を望んだ。

殉教を選んだのは、主として修道士からなる聖職者であったが、俗人もいる。出自や境遇も様々で、ムスリムへの改宗後に再び転向した者も存在した。公の場で彼ら（女性もいる）は、イスラーム信仰は多神教であり、ムハンマドは偽預言者で反キリストであり、コーランの啓示は悪魔によると訴え、ムスリムは戦争において残忍にふるまうと公言した。後ウマイヤ朝当局は彼らを捕らえ改悛を促したものの、「キリストの戦士」として悪すなわちムスリムと戦うという信念を持った彼らは、殉教する道をあえて選んだ。いわば、後ウマイヤ朝社会に同化傾向を示すモサラベたちに対して「アイデンティティ・クライシス」を抱く一部のモサラベたちの苦悩の結果であった。

反乱の激化――九世紀後半の社会的危機②

アラブ化・イスラーム化が進行した結果、改宗者すなわちムワッラドの数は急速に増加した。とりわけこの動きが顕著であったコルドバ近郊のモサラベの危機意識が、殉教運動を引き起こしたことは既に述べた。対等の扱いを求めて、あるいは立身出世を望んで改宗を選択したムワッラドであったが、既得権益を持つ旧来のアラブ系・ベルベル系ムスリムと利害が衝突することは避けられず、猜疑《さいぎ》の目で見られ、また権力の座にのぼろうとするムワッラドは警戒された。このような背景のもと、対等に扱われないムワッラド有力者が権力の中枢コルドバに近い地帯で大規模な反乱を起こしはじめた。

地方でも、アラブ系・ベルベル系ムスリムと新興ムワッラド、そしていまだ力を持つモサラベが、各々の権益の確保あるいは拡大を目指して、はたまた租税の支払いをめぐって党派抗争を激化させた。中央と地方の双方で同時に生じたこの危機的状況は、王朝の存続そのものを危うくさせるほどの規模となった。

八八〇年代から各地で一斉に火の手が上がった反乱のうち、後ウマイヤ朝政権を最も苦しめたのは、長期にわたって継続したウマル・ブン・ハフスーンによるそれであった。アンダルシーア地方南部のロンダ渓谷を故地とする西ゴート貴族の末裔で、ムスリムへと改宗した一族を祖先に持つ彼は、ロンダからマラガにかけての領域を本拠として、グラナダからハエン、そしてセビーリャといった現在のアンダルシーア地方の主要部分に自らの影響力を誇示し、王都コルドバを孤立させるほどの勢いを示し続けた。

ウマルの反乱と連動するかたちで、アブド・アッラー（在位八八八～九一二年）の時代になると、ニエブラ、グラナダ、セビーリャでも反乱が深刻化する。セビーリャでは、裕福なムワッラドとアラブ系ムスリム有力者との権力闘争の様相を呈するなか、後者の出自を持つイブラーヒーム・ブン・ハッジャージュが事実上の独立を果たした。彼は、五〇〇名に及ぶ兵を有して裁判官を自ら任命し、独自の宮廷を組織して文芸を保護しつつ、先のウマル・ブン・ハフスーンと連携して動いた。いわば、後ウマイヤ朝の政治・宗教的権威を真っ向から否定したのである。グラナダでも同じくムワッラドとモサラベ、そしてアラブ系ムスリムの間の不和が極限に達した。さらに東部ムルシアでは、ウマイヤ朝に帰順した西ゴート貴族トゥドミールの子孫ともいわれるダイサム・ブン・イスハークが反乱を起こした。

政権の中枢コルドバ自体が脅かされるという危機的状況のなか、ましてや遠く離れた辺境領域では、後ウマイヤ朝政権の威光はまったく及ばなくなってしまった。このような状況は、経済史や古銭学研究からも傍証できる。国庫財政の状態は、ムハンマド一世時代の後半から悪化し、とりわけムンジル（在位八八六～八八八年）、アブド・アッラーの両治世期にそれが顕著となった。後ウマイヤ朝の貨幣としての銀貨打造の突然の停滞にも明白に反映されている。事実、ヒジュラ暦二八一年（西暦八九四～八九五年）から三一六年（西暦九二八～九二九年）までのほぼ四〇年間にわたって銀貨が作られていない。後ウマイヤ朝は、ここで滅亡していてもまったく不思議ではなかった。

とはいうものの、アンダルス南部の各地で同時多発的に生じた党派抗争の主役ムワッラドが示した大義は、アラブ系ムスリムに集中していた権力の再分配要求であった。この意味で彼らは、かつてのウマイヤ朝時代から続くアラブ系を優遇する後ウマイヤ朝の政策に反発したのであって、反イスラームであったわけでは決してない。彼らの祖先は確かにキリスト教徒ではあったが、アラブ化・イスラーム化の潮流に完全に順応していた。彼ら独自のアイデンティティを構築することはできず、反乱ムワッラド勢力が糾合されることもなく、次代アミール（君主）のアブド・アッラフマーン三世（在位九一二～九六一年）の時代になると各個撃破され、鎮圧され、もしくは再服属していった。ウマル・ブン・ハフスーンは最後の手段としてモサラベ勢力を味方につけるためキリスト教に改宗するものの、この窮余の策も無駄に終わった。

辺境領域の動向

後ウマイヤ朝政権の中枢が置かれ、生粋のエリートであるアラブ系ムスリム有力者が腰を落ち着けた南部、すなわち現在のアンダルシーア地方は、既に述べたように急速なアラブ化・イスラーム化を経験し、その反作用として同時多発的な反乱に苦しめられた。同様の混乱は、アンダルスの北、アラビア語で「サグル」と呼ばれる辺境領域にも波及したものの、その内実は大きく異なっていた。

このサグルの北には、次章で扱うように、キリスト教徒が中心となって形成された社会が形成されており、彼らがサグルに侵入し略奪や小競り合いが生じた。この辺境防衛のため後ウマイヤ朝政権は、親族あるいはウマイヤ家に忠実な庇護民（マウラー）を代理として派遣するか、あるいは在地豪族を懐柔して対応した。辺境としての性質上、北方前線では、軍事を司《つかさど》る者が主役となって社会が運営されていった。アンダルスという一語で済ませられないほど、多様な地理・社会空間であったのである。ここではモサラベの勢力もいまだ健在であり、さらに外部のキリスト教徒勢力と連携しながら、後ウマイヤ朝政権に抵抗を示した点に特徴がある。

まず、サグルのうちでも最も遠い上辺境区が置かれた半島北東部のエブロ川流域の状況を見てみよう。古代より肥沃な地として知られ人口が多かったこの地帯には、アラブ系・ベルベル系ムスリムも早々に入植している。八世紀のうちに、後述するカシー家を代表として、豪族・庶民問わず、ムワッラドの数も増えていったものと推測される。とはいえ、中枢のコルドバからは最も地理的に遠い領域が上辺境区であり、安定した統制がとれたかというとそうではなく、極めて自律性の強い場であり続けた。とりわけ九世紀の半ばから後半にかけて、旧西ゴート豪族の末裔のムワッラドであるカシー家とアムルース家、そしてアラブ系のトゥジーブ家が割拠して、実質上独立状態にあった。

もともと西ゴート王国の辺境に住むバスク系住民に対する防衛を担う役を担っていたカッシウス家は、征服時、早々に総督ムーサー・ブン・ヌサイルに帰順した。以後イスラームに改宗し、エブロ川流域のリェイダ（レリダ）を地盤に、歴史上カシー家として知られるムワッラド有力者として勢力を維持した。このカシー家の威勢が絶頂を迎えたのが、九世紀の半ば、ムーサー・ブン・ムーサーが当主であった時期である。八四〇年代には、後述するバスク系キリスト教徒勢力と連携しながら、後ウマイヤ朝に対して反旗を翻し、事実上の独立を維持した。イベリア半島北西部に割拠する別のキリスト教徒勢力アストゥリアス王国とも覇を競い、後述する歴史書『アルフォンソ三世年代記』において彼は、アストゥリアス王、後ウマイヤ朝アミールと対等の「ヒスパニア第三の王」と評されている。彼の死後も一族は勢力を保ちつつ、一〇世紀初頭まで歴史の表舞台に立っていた。ただし、ここで一点協調しておきたいのは、境域民の後ウマイヤ朝政権に対する反抗意識は政治的な利害対立に由来するものにすぎず、文化的、宗教的なアイデンティティを掲げてのものではないという事実である。

　タホ川の中上流域を中心とした中辺境区、タホ川の下流域からグアディアナ川流域にかけての下辺境区では、七四〇年代の大規模ベルベル反乱を契機として生じた混乱と移住によって、人口過疎地帯となった。ただし、かつての西ゴート王国の宮廷が置かれたトレードとその近郊などは例外といえ、モサラベ有力者が残存し続け、統治の実権を握っていた。後ウマイヤ朝に表面上は帰順しながら、その水面下では「新参」のアラブ系やベルベル系のムスリムとムワッラド、そして「古参」のモサラベとの間で派閥争いが展開していた。

　ちょうど王都で殉教運動が起きていた八五二年、トレードは公然と反旗を翻した。都市のモサラベ有力者は、八五四年に北方のキリスト教諸国のひとつアストゥリアス王国の国王オルドーニョ一世（在位八五〇～八六六年）と盟約を結び共闘して、後ウマイヤ朝の鎮圧軍に対処している。モサラベの多いトレードは、このときの連携を契機として、歴代のアストゥリアス王と同盟を結びながら、後ウマイヤ朝に抵抗し続けた。最終的に九三二年にアブド・アッラフマーン三世に服従するも、それすら表面的なものであり、交渉の主導権はトレード側にあったとされる。

下辺境区の中心拠点であるバダホスやメリダでは、アラブ系ムスリムが定住せず、八世紀にはベルベル系ムスリムと、ムワッラド、そしてモサラベが割拠する場であった。九世紀に後ウマイヤ朝に対し反乱と服属を繰り返し、モサラベ有力者もいまだ健在であった。それは、八二八年、カロリング朝フランク王国のルイ敬虔帝《けいけんてい》から、メリダのモサラベ共同体宛に書状が送られていることからも推察できる。ムハンマド一世時代には対立が激化し、メリダは破壊され、反抗したムワッラドはコルドバへ連行され、モサラベも四散した。一部のモサラベは、北のアストゥリアス王国領域に移住した可能性もある。いずれにせよ考古学調査は、モサラベの居住の痕跡がメリダ地方で九世紀末から一〇世紀の初頭までの間に消滅したことを示す。他方、バダホスでは、ムワッラド貴族の指導者であったイブン・マルワーン・アルジッリーキーが反旗を翻し、後に袂《たもと》を分かつものの、アストゥリアス王アルフォンソ三世（在位八六六～九一〇年）と同盟を結んでいる。

私たちは、イベリア半島の南から中央にかけて君臨する後ウマイヤ朝治下アンダルスと、半島北のキリスト教諸勢力の支配圏との間に、明確な一本の境界線を引いて色分けしてしまいがちである。しかし当時の辺境とは、自らの政治的思惑に則《のっと》って「北」にも「南」にも鞍替《くらが》えできる、柔軟かつしたたかな民が暮らすあいまいな領域であった。

4　カリフ制の成立

アンダルス社会の成熟

九一二年に即位したアブド・アッラフマーン三世がまず取り組んだのは、コルドバ近郊の平定であった。九一八年に宿敵ウマル・ブン・ハフスーンが亡くなるものの、彼の一族はその後も抵抗を続ける。九二八年、一族の根城ボバストロの征服に成功、ついにアンダルス南部の各地で生じていた反乱を、おおむね鎮圧することに成功した。

これを祝うかのように九二九年一月一六日、コルドバの金曜礼拝の場で彼は自らを「信徒たちの長（アミール・アルムーミニーン）」と呼ばせる。これは事実上のカリフ宣言であった。「ムハンマドの後継者」を意味するこの称号を名乗れる者は本来ひとりのはずであるが、アッバース朝、ファーティマ朝に続いて後ウマイヤ朝も名乗りをあげたことによって、カリフ鼎立《ていりつ》時代が始まった。この時期の地中海情勢をマクロに俯瞰すれば、彼がカリフを自称した背景には、

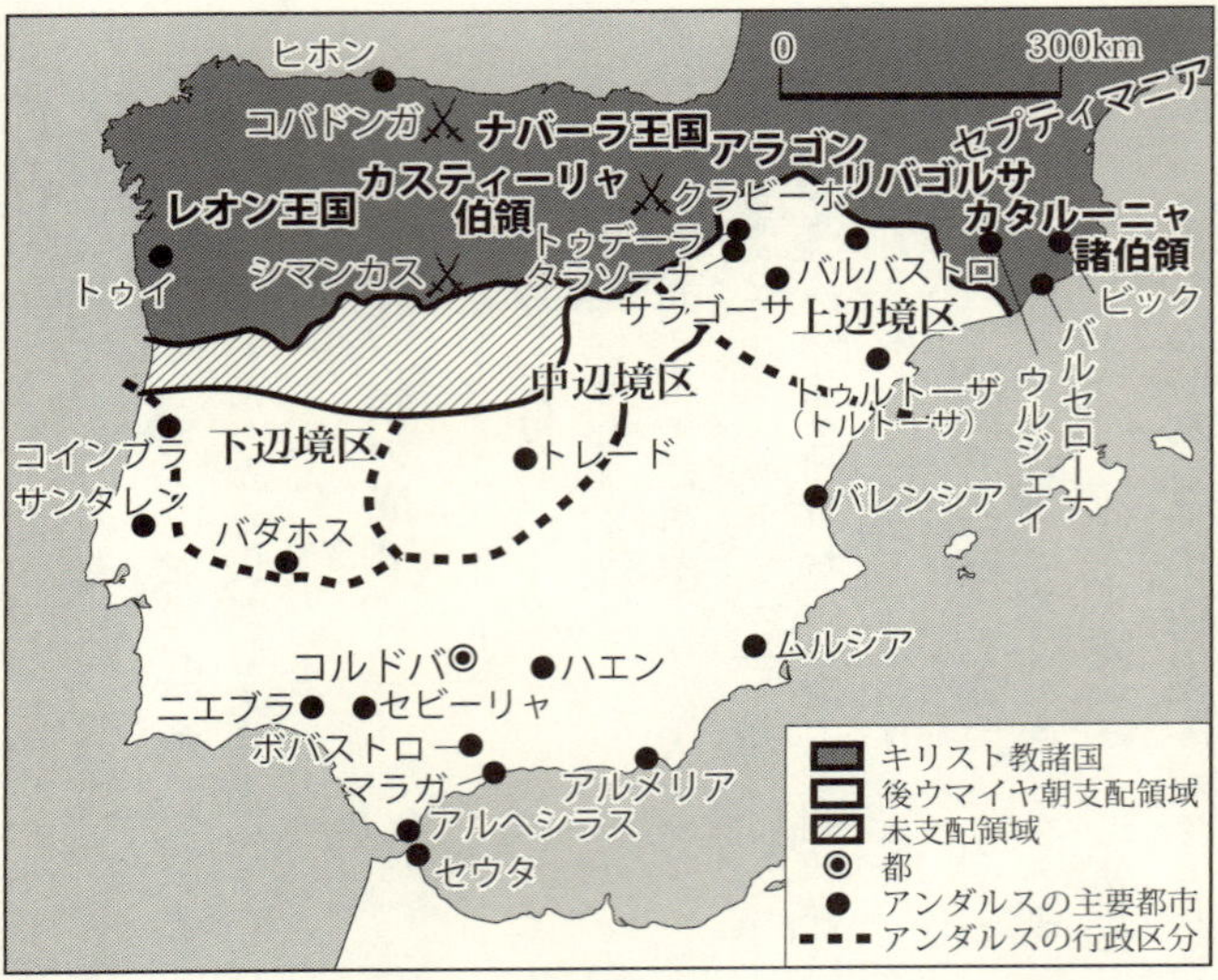

10世紀のイベリア半島の諸政治勢力　アンダルスの中枢グアダルキビル川流域の北方には、キリスト教諸国の台頭に対応する辺境区が設けられた

エジプトのファーティマ朝に対する対抗意識が強くあったのであろう。続いて彼は辺境領域の平定を目標に掲げ、自ら遠征を行って武力で鎮圧、あるいは現地有力者を懐柔して、九三〇年代にはほぼアンダルス全域の再統合を実現することができた。

　こうして世界史上有名な、後ウマイヤ朝の最盛期が現出されるに至った。国内的には、アンダルスのアラブ化・イスラーム化がおおむね完成したことを意味する。またそれは、九世紀後半から一〇世紀初頭にかけて生じた危機を克服したということでもあった。かつてのアラブ系・ベルベル系・西ゴート系領民間でいがみ合ってきた過去を清算し、多数派になりつつあったムスリム領民によって支持された精神的指導者たるカリフのもと、統一されたアンダルス社会が、ここではじめて生まれたのである。同じスンナ派イスラームを奉ずるアッバース朝領域が混乱をきたしているなか、シーア派イスラームを奉ずるエジプトのファーティマ朝とは袂を分かつ、自己完結的なイスラーム国家が完成したのである。あるいは、ここで、西ゴート王国社会の後継としてではない、新イスラーム王朝体制が完成したといえるのかもしれない。

支配領域全域をめぐる行政管区が細かく整えられて、派遣される行政官を定期的に転任させて在地有力者との癒着を防ぐかたちで、中央集権的な行政システムが編み出された。農業面では、西アジアから伝来した米や柑橘類をはじめとする新規作物の栽培を推奨し、灌漑《かんがい》設備をさらに拡充、増産態勢を整えた。工業面でも、質の高い織物や陶器が地中海圏への輸出のために作られた。また銀貨（ディルハム）に加えて金貨（ディーナール）を新規に打造して、金銀交換比率も整えた。考古学研究によると、農村集落が、高地での防備に適した形態から平野部での分散形態へと変化していくことが分かっている。これは経済的に繁栄し、政治的にも平穏な時代を迎えたことを示唆しているのであろう。アンダルス経済の中枢コルドバは、この時代、一〇万から一八万近くという、当時としては巨大な人口を抱える大都市に変貌を遂げた。

軍制においても、集権化が進められた。反旗を翻してきた者たちを積極的に「政府軍」に登録して俸禄《ほうろく》を支払うとともに、外国人奴隷兵や傭兵の充実を図った。ウマイヤ朝以来の庇護関

コルドバのメスキータ　メッカの方角を示すシンボル（ミフラーブ）が奥に見える（筆者撮影）

係や部族的紐帯《ちゅうたい》に基づく忠誠心に頼る兵ではなく、国庫から支出される給金で養われる軍制へと転換しようとしたのであろう。

　広範な自治権のもと自立運営される豊かな農村共同体が中央政権に租税を提供し、中央政権はその財源でもって外敵からの防衛義務を果たすという互恵的な関係、すなわち「貢納社会」と研究上呼ばれているモデルを、アンダルス社会は選択した。しかしこれは逆にいえば、社会全体の「非軍事化」を招いたともいえ、地方で自弁できる防衛力の脆弱《ぜいじゃく》さに直結するという欠点も抱えていた。この欠点は、後ウマイヤ朝が崩壊した一一世紀に、なぜ人口規模でも経済力でも圧倒的に優位に立っていたはずのアンダルス社会が、半島北のキリスト教諸勢力に蹂躙《じゅうりん》されたのかという難問に、ある程度の答えを用意してくれる。

さて、一〇世紀アンダルスに話を戻そう。ビザンツ帝国や神聖ローマ皇帝オットー一世との外交関係も、この時期に活発となった。ヒト・モノ・情報が地中海圏で活発に行き交っていたことは明らかである。たとえば港湾都市として名高いアマルフィを介して、ビザンツ帝国の影響下にあるイタリア半島との交流が盛んであったことが、考古学遺物の発掘状況からうかがえる。かの有名なコルドバのメスキータ内のミフラーブ（メッカの方角を示す装飾空間）は、アブド・アッラフマーン三世の息子ハカム二世時代（在位九六一～九七六年）に、ビザンツ皇帝ニケフォロス二世との交流のなかで生み出された傑作である。

文化的には、「アンダルス人」としてのアイデンティティが形成されたこの時期、どれかひとつに統合されることのない、多元的なハイブリッド社会が誕生した。言語面では、政治的・宗教的な公用語としてのアラビア語と、日常言語としてラテン語が俗語化したロマンス諸語とを使い分ける二言語併用社会であった。ラテン語の知識と教養も保存され、ヘブライ語もユダヤ人の儀礼言語として用いられた。

そしてこのイスラーム社会内でジンミーとして、モサラベやユダヤ人も社会の維持と発展に寄与することが期待された。とはいえ、逆に「反イスラーム化」と解釈できる文化領域もあった。教義上禁止されているはずのワインを嗜《たしな》む社会であったのである。この意味では、モサラベの持つキリスト教的食文化の伝統を選択的に取り入れた混淆状態となったとも解釈できる。

アラブ化・イスラーム化が完遂された社会であるが、後ウマイヤ朝歴代アミールやカリフは、母による、あるいはハーレムでの養育時代、異なる文化環境のもとで育てられていた。彼らの母親は半島北のキリスト教徒出自のものが多く、この意味で、ハイブリッドな文化環境を体現した存在こそ、後ウマイヤ朝カリフであったといえる。

もうひとつ興味深いのは、ユダヤ人の動向である。八世紀から九世紀にかけてのユダヤ人の動向は不明であるが、一〇世紀、アンダルス系ユダヤ人が活躍する時代を迎えた。「アンダルス人」らしくアラビア語に順応しながらも、自らの信仰であるユダヤ教と、神聖言語としてのヘブライ語を保持し続け、アンダルス・ユダヤ文化の黄金時代が到来した。アブド・アッラフマーン三世と次代ハカム二世に仕えた宮廷医であり、要職を務めたハスダイ・イブン・シャプルートが、代表的人物として著名である。

寛容の理想郷？

中世スペイン文献学者であったイェール大学のメノカルは「多様性に根差し、宗教的寛容によって形作られた非凡なる中世文化」として、イベリア半島の、とりわけアンダルスのそれを高く評価した。彼女に限らず、後ウマイヤ朝の最盛期であった一〇世紀は、イスラームを掲げつつも、ユダヤ教徒臣民もキリスト教徒臣民もその庇護のもとで、自らのアイデンティティを維持しながら存分に活躍できた黄金時代であった――このように評価されてきた。九・一一のニューヨーク同時多発テロにより「ヨーロッパ対イスラーム」という「文明の衝突」が激化するのではないかという危機感の強まったアメリカ合衆国では、中世に花開いていた寛容文化に範を求めようとする傾向が特に強まったのも頷《うなず》ける。

一〇世紀アンダルスは、三宗教の信徒が共に暮らす場であったことは疑いない。ただし、軋《あつ》轢《れき》や憎悪、反目もなく、皆が平和裡に生きることのできる理想郷であったと安易に判断してはならないのも、また確かである。というのもムスリム人口が増大した結果生み出されたアンダルスの最盛期とは、マイノリティに転落した西ゴート以来の伝統を保持するモサラベにとって、逆に生きにくい時代であったからである。

コロンビア大のイスラーム史研究者ブリエは、その先駆的研究で、八世紀半ばには約一〇パーセントであったムスリム人口が、九世紀半ばには二〇パーセントに、そして一〇世紀半ばには五〇パーセントへと増加したと推測した。近年はより速いムスリム人口比率の増加スピードが想定されている。もちろん地域差を考慮せねばならないものの、とりわけ政権中枢が置かれたアンダルシーア地方でムスリムが多数派になるのは、他の地方に比べてはるかに早かったのではないか。

この改宗スピードを明白に反映しているのが、ダマスクスのウマイヤ・モスクを彷彿《ほうふつ》とさせるコルドバの大モスク、かの有名なメスキータの拡張工事である。八世紀の時点では手狭なモスクにすぎなかったが、九世紀前半のアブド・アッラフマーン二世期、一〇世紀に後述するハカム二世期と侍従マンスールの専制時代の三度にわたって拡張工事が推進された結果、総面積約二万平方メートルを超える、世界最大規模のモスク建造物へと変貌を遂げた。

宗教的に少数派となりつつあるばかりか、アラブ化・イスラーム化に積極的に順応しようと

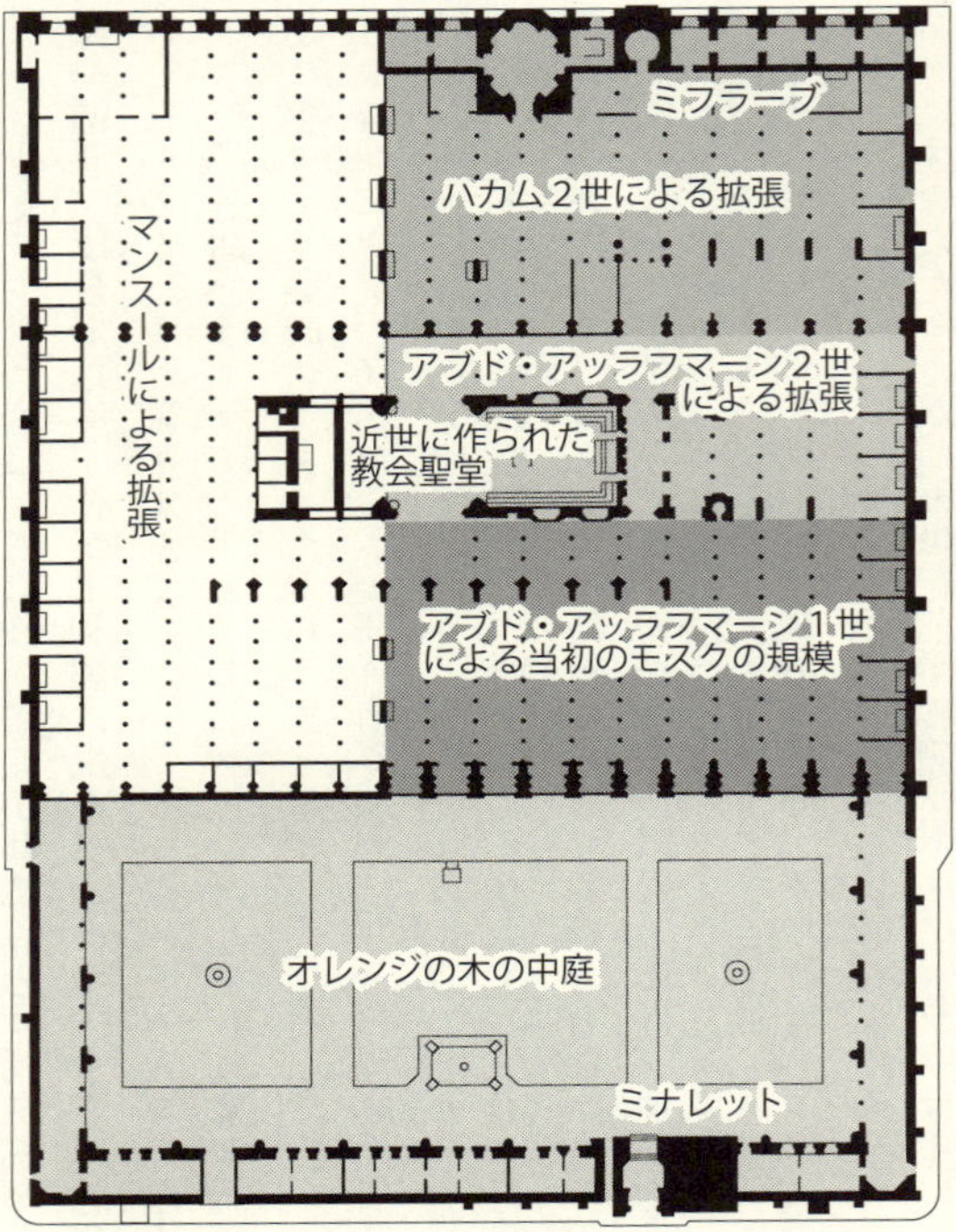

コルドバのメスキータの拡張プラン　幾度も拡張がなされている事実が、ムスリム人口の増加を端的に物語っている

する時代に生じたのが、既に述べた殉教運動であった。モサラベ聖職者のうちの非妥協派が処刑されると、アラビア語を通じたラテン文化とキリスト教の保持を掲げることで全面対立を避けようとする順応派が台頭した。教会の修復や新設が禁止され、教会の鐘楼が破壊されたとの証言もあり、少数派に転落したモサラベに対する宗教的規制が強まったことは否定できまい。宗教的に決して平等ではなく、また社会的にも「二級市民」の扱いを受けざるをえなかったことが、後代のアラビア語史料に端的に描写されている。

ナーシル［＝アブド・アッラフマーン三世］の治世は、五〇年間に及んだ。この間、キリスト教徒らは彼に恭《うやうや》しく四か月ごとに人頭税を支払い、誰も牡馬《おすうま》に騎乗することもなく、また武器を携帯することもなかった。

聖アルヌルフ修道院長ヨハネス著『ゴルツェ修道院長ヨハネス伝』にも、一〇世紀コルドバ宮廷に仕えるモサラベ聖職者の示唆的な証言が引用されている。

我々はただひとつの慰めとともに、とどまっている。というのは、このように邪悪な災難のなかで、ムスリムが我ら自身の律法［＝キリスト教］を奉じることを禁じていないという慰めである。彼らはユダヤ人を深く軽蔑しているのに対して、我々がキリスト教の勤勉な守り手であると思っており、彼ら自身の親友から喜びを得るかのごとくに、我らを称《たた》え、敬意を表する。よって当面の間は、我々は次のような助言に従おうと思う。つまり、彼らが我々の信仰に危害を加えない限りにおいて、我々も他のすべてのことにおいて彼らに服従し、そして彼らが我々の信仰を妨げない限りにおいて、彼らの命令に服そう。

このような状態に生きづらさを感じ、アンダルスの北すなわちキリスト教諸国への移住を選択する修道士や聖職者も増えたと思われる。事実、移住のピークはちょうどアブド・アッラフマーン三世の時代にあたる九一〇年から九四〇年代にかけてと想定されており、北のキリスト教諸国の修道院において九五〇年代から九六〇年代にかけて、過剰なほどのアラブ由来名が見出される。

危ういバランスで成り立っていた新生アンダルス社会の最盛期、なおモサラベは居住し続けたが、一一世紀の後ウマイヤ朝の滅亡後、さらにその人口を減らし（一～二割程度の人口比率と推測）、ムラービト朝支配時代の一二世紀前半、実質的に消滅した。

最盛期の明暗

九三六年にアブド・アッラフマーン三世は、生まれ変わったアンダルス社会を統べるカリフのシンボルとして、新たな宮廷都市「マディーナ・アッザフラー」（「光輝の都市」の意。現在は

マディーナ・アッザフラー　コルドバ郊外に建設された宮廷都市。現在は廃墟となっている（筆者撮影）

廃墟《はいきょ》）をコルドバ近郊に新規造成するという一大事業に着手した。

アラブ化・イスラーム化によって支えられた後ウマイヤ朝カリフ制は、イスラーム信仰の擁護と拡大を、王朝の大義として掲げた。いや、掲げざるをえなかったともいえる。これまで見てきたように、伝統的に後ウマイヤ朝政権の持つ求心力は強いものではなく、常に不服従の姿勢を示す豪族や地方勢力に悩まされてきた。カリフの責務と解釈された対外戦争としてのジハード（聖戦）は、イスラーム世界の拡大を目指す戦いではなく、イスラーム化を成し遂げたアンダルス人民の社会的統合を維持するために必要な、極めて政治的な政策のひとつとなった。敵として設定されたのは、アンダルスの北方、すなわちキリスト教諸国であった。

アブド・アッラフマーン三世は、「自ら指揮し戦う君主」としてのイメージを定着させるべく、大軍を率いて自ら戦地に赴いた。これは、反乱を起こす国内の諸豪族を服従させ、彼らを束ねるという辺境政策を兼ねてもいた。九三九年八月のシマンカスの戦いでレオン王に大敗北を喫するまで彼は陣頭指揮を執り、それ以後は将軍に辺境防備を任せ、基本的にはキリスト教諸国との休戦締結に重点を置いた。

ハカム二世もまた、父の政治路線を継承した。北アフリカ支配をめぐるファーティマ朝との抗争で、大きな犠牲を出しながらもベルベル諸部族を懐柔すると、彼らを「常備軍」として利用しはじめる。加えて奴隷軍団を拡充し、陣頭指揮は執らずとも、ジハード理念に基づいた積極的な北方侵攻政策を志向した。

ヒシャーム二世（在位九七六〜一〇〇九、一〇一〇〜一〇一三年）が弱冠一一歳で即位すると、側近のムハンマド・ブン・アビー・アーミル（九三八〜一〇〇二年）が、ハージブ（侍従）として幼少のカリフを傀儡《かいらい》として実権を掌握した。彼は、カリフ権力を簒奪《さんだつ》しているという負い目があるからこそ、なおのことイスラームの原点回帰を志向せねばならなかった。

彼はメスキータ最後の増改築工事を行い、正統イスラーム教義に合致する学問を選別して奨励し、コルドバの東に自らの宮殿「マディーナ・アッザーヒラ」（「華麗な都市」の意）を建造する。この豪奢《ごうしゃ》を極めたとされる宮殿が、カリフ宮殿「マディーナ・アッザフラー」を意識していることは明らかである。残念ながら、この宮殿の位置はいまだ特定されていない。

元来、文人官僚として出世してきた彼に、最も足りないのが武勲であった。そこで政治的アピールとして対異教徒世界への軍事侵攻、すなわち、カリフの担うべき責務としてのジハードの定期的な実践を、自らに課したのである。この北方遠征の途上の九八一年、カスティーリャ、ナバーラといったキリスト教諸国を巻き込んだ戦いで、唯一残っていた軍事指導者であった義父ガーリブとの全面対立に発展した。義父を排除して、後ウマイヤ朝唯一の権力者となった彼は「マンスール」すなわち「勝利者」の尊称を名乗り、名実ともに第一人者となった。

一〇〇二年の遠征中に亡くなるまでマンスールは、北方キリスト教諸国の領域に対して、実に五〇回を超える遠征を実施している。頻度にして、一年に一回以上となる。攻撃目標はアブド・アッラフマーン三世時代と変わらず、当初は半島中部を流れるドゥエロ川流域であったと思われる。しかしその目的は、領域の征服ではなく、可視化の容易な略奪と戦利品の獲得であったと考えられ、事実、彼は戦利品と捕虜を誇示するためコルドバに凱旋《がいせん》を繰り返している。対外的には示威行為として、国内に対しては自らの地位の維持を目的とした遠征であったと判断するのが妥当であろう。

遠征はその主目的が略奪ではあったものの、前線の戦略拠点を征服した後、そこに守備兵を駐屯させ、次年度の遠征の攻撃起点として利用しており、戦略家マンスールの面目躍如といったところであろうか。快進撃を続ける彼は、キリスト教諸国の内部まで深く攻め入り、九八五年にはカタルーニャ諸伯領の中心地バルセローナを陥落させた。九九七年には、アストゥリアス・レオン王国の宗教的中心、アラビア語史料で「我らムスリムにとってのカーバ神殿」と称された場サンティアゴ・デ・コンポステーラを征服した。しかし彼は聖ヤコブの墓所を荒らすことなく、代わりに教会の鐘を戦利品としてコルドバまで運ばせ凱旋帰国している。

自らの権力簒奪の正当化のため、恒常的に実施されるジハード遠征を支えたのが、彼に仕える「常備軍」であった。部族単位であれ管区単位であれ、それまでの徴兵制を廃止したマンスールは、北アフリカのベルベル諸部族と、地中海経由で流入するスラヴ系（とされる）白人奴隷からなる軍団を中核に置いた。一一世紀初頭には七〇〇〇名近くとなったとされる彼らはマンスールのみに忠誠を誓う、いわば私兵として動いた。そしてこの軍団を維持するための金銭が、国庫から支払われたのである。この軍制改革は、先に触れたアンダルス社会の「非軍事化」を不可逆的なものにしてしまった。

それでも最盛期の後ウマイヤ朝アンダルスは、マンスールの望みに応える力を示し続けた。リオハ領域への遠征の帰途にあった一〇〇二年八月九日、おそらく疫病に罹患《りかん》して亡くなった。父の勢威を継いだアブド・アルマリクは父の路線、すなわち、カリフの傀儡化と正統イスラームの堅持、そして北方へのジハード遠征の継続を通じて、やはり自らの権力の正当化を意図する政策を続けた。後代の年代記作者イブン・イザーリーによると、計七回の北方遠征を実施した彼は、その七度目の遠征中の一〇〇八年一〇月に亡くなった。

遠征先で亡くなったアブド・アルマリクの弟アブド・アッラフマーン（シャンジュール／サンチュエロ）は、コルドバで長らく傀儡にされてきたヒシャーム二世を廃して自らカリフ位に就く野望を抱くものの、一〇〇九年に殺害された。

一〇〇九年が、実質的に後ウマイヤ朝の滅亡を決定づけた。マンスールとその息子に忠誠を誓った軍団、とりわけ北アフリカ出身のベルベル人軍団は、自らカリフを擁立しようと画策したが、これに対して「アンダルス派閥」は対抗馬を出し、両陣営の間で後ウマイヤ朝宮廷は真っ二つに分裂してしまった。正式に王朝が滅亡したのは一〇三一年とされるが、この時点で命運は決していたといえる。そしてこの内紛状態を利用したのが、アンダルスの北で自らの地歩を整えてきていた、キリスト教諸国社会であった。

第三章　レコンキスタのはじまり

1　アストゥリアス王国の成立

レコンキスタとは？

わが国でも世界史教科書やスペインの観光ガイドブックなどで、レコンキスタに言及されることがある。スペイン語の「コンキスタ（征服）」の頭に「レ（再び）」を付けたこの語には、かつては「国土回復運動」、近年ではよりニュートラルに「再征服運動」という訳語があてられている。スペイン語圏で権威のある「王立スペイン語アカデミー」の辞書は、これを「七一一年のムスリムによって侵入されたスペイン領域の奪還を指し、一四九二年のグラナダ獲得とともに終結する」運動と説明する。

ストーリーの大筋を次のように理解している方が、わが国では多いのではないだろうか。

「イベリア半島の西ゴート王国を滅ぼしたムスリムに対して、その支配に抵抗するカトリックを信仰するスペイン人が、祖国すなわち西ゴート王国の再興とキリスト教の復権のために、一致団結して戦った。ついに一四九二年、ナスル朝の都グラナダを陥落させて国土を統一し、スペインは大航海時代を切り開く先駆者となった……」。それは現在のスペイン人も同じであり、八世紀から一五世紀の末まで、祖国を不当に簒奪したムスリムを駆逐・追放するための国民的運動とみなしている。ゆえに「国土回復運動」と、わが国で訳されたのであろう。

しかし、「レコンキスタ」という語を、実は当事者である中世の人々は一度も使っていない。近代の一九世紀に、国民国家の形成に利するために創られた造語なのである。この事実を、メキシコ国立自治大学のリオス・サロマが明らかにした。本書で以後述べていくように、中世においで誕生した複数の政治勢力は決してひとつにまとまることはなく、このような状況は近世になっても根本的には変わらなかった（複合君主政と呼ばれる政治形態）。であるからこそ、それまでのわだかまりを捨ててひとつの祖国を共有する「スペイン人」を育成するために、共有すべき過去としての中世の「レコンキスタ神話」が編み出された、このように考えるほうが自然なのである。

前章で論じたように、当初アンダルスの人口の多数派は、モサラベであれムワッラドであれ、西ゴート王国臣民の子孫たちで構成されていたわけで、この意味では彼らも「スペイン人」とすべきである。アンダルス社会は一枚岩であったわけではなく、常に内部で利権争いが絶えることはなかった。とりわけ北の辺境に住む人々は、自らの生き残りをかけ、本来敵であるはずの北方キリスト教徒勢力と頻繁に同盟を結んだ。そして、それは本章で扱うキリスト教諸国の社会も同様である。故国の奪還のために一致団結する「スペイン人」のイメージからは大きく乖離《かいり》し、地域間、勢力間での対立と反目が絶えることはなかった。

とはいうものの、祖国の奪還のためにアンダルス社会と戦うことを目標とするイデオロギーが中世に存在しなかったわけでもない。この理念は、イベリア半島の最北端に誕生したアストゥリアス王国の宮廷で、九世紀の末に創られた。当初は辺境の国王とその取り巻きが細々喧伝《けんでん》していたにすぎないこのイデオロギーが、以後、様々な要素が付け加えられながら受け継がれ、後代の歴史書の言説のなかで定着し、最終的にはスペイン中世史を総括する歴史概念となった。

コバドンガの戦い

たとえ「レコンキスタ」が一九世紀の造語であったにせよ、また中世の人々が「スペイン」への愛着を抱いていたわけでもないにせよ、イベリア半島北部のキリスト教徒を主体とした社会と、南のイスラームを奉ずるアンダルス社会との間で政治的かつ軍事的な対立があったことは紛れもない事実である。わずか数年で、かつての西ゴート王国領域のほぼ全域がウマイヤ朝に併合された後、通称コバドンガの戦いと呼ばれている衝突において、最初の反撃の狼煙《のろし》があがったとされる。

コバドンガの戦いが起きた日時については、史料情報が錯綜《さくそう》しており確定できないが、七一八年か七二二年、あるいは七三三年という説が提起されている。第一か第二の説が有力である。その年、何らかの反乱・騒擾《そうじょう》に対応するべく、半島最北のカンタブリア山脈地帯にアンダルス軍が派遣された。この動きに対して、後述するアストゥリアス王国の初代国王となるペラーヨ（在位七一八～七三七年）という人物が、アンダルス軍の撃破に成功したという。

まず問題なのは、この戦いに関する同時代の証言が一切存在しないことである。この戦いで勝利とともに勃興するアストゥリアス王国のラテン語公式年代記に、この戦いが記載されるのは、アルフォンソ三世の時代を待たねばならない。つまり実際の戦いが起きてから一五〇年以上の間、史料は沈黙し続けていることになる。

この公式年代記（いわゆる『アルフォンソ三世年代記』）の記述を引用・抜粋しながら、戦いの全容を把握したい。まず反乱に至った経緯について、次のように説明する。

> ターリクの同胞でもあったムヌーサという人物が、アストゥリアス領域の行政官としてヒホンという町にいた。彼がその職にある間に、ペラーヨという［西ゴート国王］ウィティザとロデリックの剣持ちであった人物が、イシュマエル人［＝ムスリム］らの支配に疲れて、自身の姉妹を伴ってアストゥリアスに移住してきた。前述のムヌーサは、ある偽りの命令を口実にペラーヨをコルドバへ派遣したのであるが、彼の真意はペラーヨの姉妹に

あったのである。ペラーヨが帰還する前に、ムヌーサは策を講じてこの姉妹と結婚した。戻ったペラーヨはこのことに賛意を示さず、大いなる決意を持って、教会の救出のために、かねてより計画していたことを急ぎ実行に移した。

あまり我々には聞きなれない都市名であろうが、古代から西ゴート王国時代にかけて、ビスケー湾に面する港町ヒホンは拠点都市として繁栄していた。これを受けてウマイヤ朝もまた、ここに征服の立役者ターリクと友誼《ゆうぎ》を結んでいたとされるベルベル人ムヌーサ（ナイッサ）にこの拠点の統治を委ねたのであろう。西ゴート最後の二名の王に仕えたペラーヨは、当初アンダルスに帰順していたが、嫌気がさして北の僻地《へきち》に移住した。彼の姉妹を策略で強奪するムヌーサの好色さが際立たされ、これが引き金となって、ペラーヨは反旗を翻した。

この反逆行為を受け、彼を捕縛しようと小隊が派遣されるが、ペラーヨは逃亡に成功した。彼はアウセバ山の中腹にある洞窟（コバドンガ）に立てこもり、近隣のアストゥリアス地方の住民を味方につけ、反乱の規模はさらに拡大した。ここに至ってコルドバの総督（史料では王）は大軍を派遣して洞窟を包囲した。籠城戦のなか、降伏するよう説得に赴いた西ゴート王族の司教オッパスに対して、ペラーヨが叫んだ次の台詞《せりふ》こそ、後述するように、レコンキスタ・イデオロギーのエッセンスをすべて含んでいる。

キリストは我らの希望である。おぬしが見つめているこのとるに足りない小さな山から、ヒスパニアが救済され、ゴート族の軍が再興されるであろう。ダヴィデを介して宣告された主の約束が、我らのもとで成就されると私は信じている。「私は杖《つえ》をもって彼らの背きの罪を、鞭《むち》をもって彼らの咎《とが》を罰しよう。しかし、私は恵みを彼らからもぎ取らない」。ゆえにいま、イエス・キリストの慈悲を信頼して、私はこの多勢を軽蔑し、恐れることもない。おぬしが我らを脅しているところの戦いにおいて、父の面前にてひとりの代弁者、すなわち我らの主イエス・キリストがついておられる。その御方は我らを、これらのとるに足りない者たちから解放してくださるのだ。

降伏の交渉は決裂し、戦闘が始まった。しかし立てこもる洞窟のなかにある聖母マリアの祭壇が起こした奇蹟《きせき》により、攻囲しているアンダルス軍は混乱に陥って大損害を受け、退却を余儀なくされた。退却の途上でも神罰が下り、山崩れが起きて彼らを飲み込み、一八万を超えるアンダルス軍は全滅した。ヒホン代官ムヌーサも逃亡を試みるが、途中で捕らえられて殺された。こうしてウマイヤ朝支配の軛《くびき》から脱した領域に「人々が入植し、教会が復興されて、皆口々に『信じる者たちを強固にして、邪悪な人々を打ち倒す主の御名《みな》に祝福あれ』と言いながら、神に感謝を示した」(『アルフォンソ三世年代記』)。

コバドンガの戦いでの勝利で地歩を固めたアストゥリアス王国は、支配領域を拡大していき、後にカスティーリャ王国となる。このカスティーリャ王国こそが、ペラーヨの悲願を継承して、最終的にその目的を達成する主人公である。

脱神話化

一方、敗北を喫したはずのアンダルス側の証言はどうだろうか。こちらも同時代史料は存在せず、後代の証言は複数残存しているが、その内容はおおむね一致している。一一世紀アンダルスの歴史家イブン・ハイヤーンは、「ジッリーキーヤのアストゥリアス人のバラージュ（ペラーヨ）」という人物の反乱を伝える。先にも登場したが、「ジッリーキーヤ」とはガリシア地方を含むイベリア半島の北部を漠然と示す、アラビア語の地域呼称である。

ペラーヨは、コルドバから逃亡し、他のキリスト教徒らとともに反乱を起こした。しかし都市拠点はすべてアンダルス政権に服属していたため、三〇〇名の男女とともに岩山に籠城した。多くの者が餓死し、三〇名の男と一〇名足らずの女性のみが「岩の裂け目」に立てこもり、食べ物ははちみつしかない状況で抵抗を続ける。疲弊したアンダルス鎮圧部隊は、この者たちを脅威とみなさずに放置した。この放置から年月が経《た》ち、このときに抵抗を示した者たちの子孫がジッリーキーヤを征服していくことにアンダルスが後悔することとなる未来を示して、記述は終わる。

事件が起きてから三〇〇年近く経ってからの記述であるが、アストゥリアス側史料との落差が激しい。実際は、いったんアンダルスに服属した領域で勃発した小規模の反乱と考えられ、統治のため北部に駐屯するベルベル人部隊との対立が引き金になったのではないかと考えられる。

レコンキスタのはじまりを示すコバドンガの戦いが、スペインという国民国家の建国神話の最重要パーツとなることは、想像に難くない。ゆえにその内実についての議論はスペインで長らくタブー視されたが、二〇世紀、フランコ体制の末期である一九七〇年代になると状況が変わる。マドリード中央大学で学ぶ古代・中世史家であったアビーリオ・バルベロとマルセーロ・ビヒルの両名の研究が、その嚆矢《こうし》となった。彼らによれば、レコンキスタと後に称されることとなるキリスト教徒の南下拡大・征服運動の初期は、ローマ化せず、ましてや西ゴートにも服属していなかった半島北部山岳民のささやかな抵抗にすぎなかったことになる。

事実、コバドンガの戦いが起きた場所は、カンタブリア山脈であり、東でピレネー山脈と接続する峻厳《しゅんげん》な山岳の連なる僻地である。先史時代より独自の文化を保有し、前二世紀より地中海の覇者となるべくイベリア半島への進出を試みるローマ勢力に対して、また中世初期の西ゴート王国に対しても、最後まで抵抗を続けた地域でもあった。このように「独立不羈《ふき》」の傾向を示すバスク系とされるカンタブリア人あるいはアストゥリアス人らが、年代記によれば西ゴート王の剣持ちであったとされるペラーヨを指導者に戴き、アンダルスに服従しない領域となったのではないか。

もっとも「脱神話化」が始まってから五〇年が経ち、研究が進んだ現在、レコンキスタのはじまりをアストゥリアス・カンタブリア山岳民の自発的運動に帰する傾向は弱まっている。北の山岳地帯に暮らす人々の社会は、考えられてきた以上にローマ化・キリスト教化されていた。そして古代末期から西ゴート王国時代にかけて、この地帯の高地や渓谷といった自衛しやすい場所に、教会と城砦・塔を核にした防備を施した集落が形成され、地方豪族が割拠する場になっていた。そして彼らは西ゴート王国にある程度服従していた。七一一年の危機に際しても、この西ゴートに服属する地方豪族たちの指導下で、ウマイヤ朝の進撃に対する防御網が早急に整備されているさまが、近年の考古学発掘によって明らかになっている。

アストゥリアス建国をめぐる情報は少なく、また錯綜しており、事実の確定はおそらく永遠にできない。しかし建国の意義が大きいことだけは確かである。いくら小規模であろうとも、それは、ウマイヤ朝と、続く後ウマイヤ朝治下のアンダルス政権に服さない独立領域が、イベリア半島の北部に誕生したということを意味する。キリスト教信仰によって補強され、王位継承が世襲化されて、ある程度安定した政治権力となると、その支配に服する領域も少しずつ大きくなり、人口も増加した。既に述べたように、南のアンダルスで反乱を起こした者や、当局の迫害を危惧して新天地を求めるモサラベたちが亡命できる場所としても機能するようになっていく。

2　レコンキスタの開始？

もうひとつの神話：「ノーマンズ・ランド」？

二〇世紀最大の中世スペイン史家サンチェス・アルボルノスは、第三代アストゥリアス王アルフォンソ一世（在位七三九〜七五七年）期に、アンダルスへ向けた拡大政策が開始されると論じた。遠征の途上で出会ったドゥエロ川流域の西ゴート系住民を、より北方の自らの支配領域に大量移住させて、戦略的にアンダルスとの間に無人地帯（「ノーマンズ・ランド」）を設置したという。以後、状況に応じてこの無人地帯には、王権の主導によって移住が推進される。こうして、戦争と入植を指揮するカリスマを持つ王権が生まれ、フランスなどのような封建制が根付かず、貴族や領主の束縛から相対的に自由な農民層が王に直属した。これが後のカスティーリャ社会のメンタリティや価値観を規定した。このように彼は論じた。

通称「デスポブラシオン・レポブラシオン」（無人化・再植民）テーゼと呼ばれるこの歴史像もまた、先のバルベロ、ビヒルに始まる脱神話化の洗礼を受けざるをえなかった。既に論じたように、ジッリーキーヤに入植したベルベル系ムスリムが七四〇年代に反乱を起こし、その多くが故郷に帰還したり、ドゥエロ川以南に移動したことによって、人口過疎状態が生じたのはおそらく事実であろう。また七五〇年代のウマイヤ朝からアッバース朝へ、そして後ウマイヤ朝へという目まぐるしい政権移行劇によって、アンダルス北方の支配が脆弱になったことも十分に想定できる。

現在のところ、ドゥエロ川流域は、ローマ・西ゴート時代の大土地所有制（ラティフンディオ）から解放された、放牧と農業を混合させた自由農民の暮らす場であり続けたと推測されている。西ゴート王国の崩壊後も、たとえ人口密度が低いにせよ、アンダルスに名目上帰順しながら城砦や修道院などを核として、固有の在地社会を築いていたことが、中世考古学や地名学からも明らかとなってきた。

アストゥリアス王によってトップダウンで行われた戦略的無人地帯の創設と、のちの入植を想定するサンチェス・アルボルノスのテーゼは、歴史的事実とはいえない。他方で、この流域社会についてアラビア語史料は何も言及しないが、このことは逆に、後ウマイヤ朝もまた、この地域を統制できていなかったことを示しているのかもしれない。細々と人が住み続けているドゥエロ川流域は、北にも南にも属さない、いわば政治権力の空白地帯であった。

人口過疎状態ながらも、人が住み続けていた集落に、北方から農民たちが自発的に移住していった。なかには教会や修道院を核とする集落も現れ、土地集積が進み、貧富の格差が生じ在地豪族も現れる。在地豪族、教会、修道院、そして自由農民たちと、アストゥリアス王とが合意に達して、王の庇護のもとに入っていくゆっくりとしたプロセス、それが八世紀後半から一〇世紀にかけて、このドゥエロ川流域で起きたことであった。

研究上「空間の社会的組織化」と呼ばれる、この封建社会への移行プロセスは、キリスト教徒勢力とムスリム勢力（アンダルス）との単純な軍事的せめぎあいの結果ではなかったのである。

アストゥリアス王国の拡大

イベリア半島の北で誕生したアストゥリアス王国は、積極的に周辺領域への拡大を試み、状況に応じてアンダルスの影響圏へと略奪に赴くこともあった。八世紀末、後ウマイヤ朝治下でアンダルスがひとまず安定したことにより、アンダルスの北方防衛も意識されるようになると、直接的な軍事衝突も起きるようになった。

しかし対立ばかりではなく、和平を結ぶこともあった。後代のアラビア語史料には、七五九年の六月五日付で、後ウマイヤ朝初代アミール、アブド・アッラフマーン一世と北のキリスト教徒共同体との間で和平を締結していたと推測される文書が挿入されている。ここで北のキリスト教徒らは、多額の貢納金、馬、ラバ、武具の供出と引き換えに、五年間にわたる和平を獲得したという。真偽のほどは定かではないが、和平が結ばれた結果、いまだその権威が確立しているとはいえないアストゥリアス王は、内政に専念する余裕ができたのであろう。アストゥリアスから西のガリシア、東のカンタブリア、リオハ、バスク域へと影響力を拡大しようとしている。また、人口が増大したこの領域から、南部のドゥエロ川流域へと自発的な移住も始まった。この一方で後ウマイヤ朝政権も、先述したように、中央集権化（アラブ化・イスラーム化）を最優先に取り組むべき政策と位置づけて、国内統治を優先させた。

アルフォンソ二世（在位七九一～八四二年）は、アストゥリアスのオビエドに宮廷を構えて、教会建造をはじめとする都市整備にも着手した。また後述するように、聖ヤコブ（スペイン語名でサンティアゴ）信仰のもと、集権的な王権を作り上げようとする彼は、後ウマイヤ朝の君主の交代で辺境領域が混乱をきたすと即座に軍事介入し、現在のポルトガルのリスボンあたりまでの遠征を成功させている。またこの時代にはマハムート（マフムード）と呼ばれるアンダルスの有力者がアストゥリアスに亡命して厚遇されるものの、ガリシアで反旗を翻したという逸話もアラビア語史書は伝えており、アンダルスの辺境領域の人々にとっても、アストゥリアス王国の存在はよく知られていたのであろう。

次のラミーロ一世（在位八四二～八五〇年）の時代から、本格的な南下拡大路線、すなわち、少ないながらも先住民、ベルベル、アラブ、モサラベや亡命者など雑多な人口構成になっていたドゥエロ川流域を支配域に組み込む動きが本格化する。アンダルスの混乱に乗じて、カンタブリア山脈地帯とドゥエロ川流域とを繋ぐ要衝で、かつてのローマ軍団の駐屯地を起源に持つ都市レオンまで確保しようとするも、失敗する。この時期のクラビーホの戦いでは、聖ヤコブ自らが降臨して戦闘に参加するという奇蹟が起きたと、後に語られるようになった。これを事実と信じるかはさておき、後ウマイヤ朝からリアクションがあって武力衝突に発展した可能性は高い。

続くオルドーニョ一世の時代は、前章で扱ったコルドバの殉教運動を端緒として、アンダルスの社会的危機が一気に表面化したときに相当する。アンダルスの辺境に位置するトレードが後ウマイヤ朝政権に反旗を翻すと、彼はこれと連携する。モサラベ有力者が多く住むこの都市や、北東部のムワッラド有力豪族カシー家との接触を通じて、アンダルスの内情を深く知ることができたであろう。この関係を通じて、ドゥエロ川流域へのモサラベ住民の移住も促進された可能性がある。レオンやアストルガ、現在スペイン・ポルトガル国境沿いのトゥイといった、古代以来の歴史を有する重要拠点を手中に収めることにも成功した。

九世紀後半、アストゥリアス王国は、支配領域を急速に拡大させ、何よりもアンダルス社会との情報交流の結果として、次代アルフォンソ三世（在位八六六～九一〇年）の時代に独自のアイデンティティを「発明」する。

聖ヤコブ崇敬とレコンキスタ・イデオロギー

八二〇年代に聖ヤコブの遺骸が「発見」され、この場所に教会が建立された。巡礼地として名高いサンティアゴ・デ・コンポステーラの歴史のはじまりである。聖ヤコブ崇敬を盛り立てたのが、アストゥリアス王アルフォンソ二世であった。

イエスの十二使徒のひとり、ゼベダイの子ヤコブあるいは大ヤコブとも称される聖ヤコブには、イベリア半島に伝道し、殉教の後、その遺骸が同半島に移送されたという伝承があった。

サンティアゴ・デ・コンポステーラ　聖ヤコブの墓所に創建された大聖堂。増改築を繰り返していまに至る（筆者撮影）

それが歴史的事実であるか否かは、ここでは重要でない。考えるべきなのは、この時期にその遺骸が「発見」されねばならなかった必然性である。

ちょうどこの時代は、カロリング朝フランク王国がシャルルマーニュ（在位七六八～八一四年）のもとで最盛期を迎え、後述するように、イベリア半島北東部に影響を及ぼしてきている頃にあたる。カロリング朝はローマ教皇と手を携え、西ローマ帝国の復活を目論《もくろ》んだ。そこでアストゥリアス王国教会は、聖ペテロの後継者を主張するローマ教皇、そのローマと結託したカロリング朝教会、そして西ゴート王国時代の伝統を継承するアンダルスのモサラベ教会とも異なる、自立した教会組織を模索した可能性が高い。であるからこそ、ローマと比肩しうる使徒として、イベリア半島に所縁《ゆかり》のある聖ヤコブを盛りたてる必要があったのであろう。

聖ヤコブの遺骸が「発見」され教会が建てられた場所は、本来、ガリシアの土着信仰に関連する聖地であった。アルフォンソ二世が聖ヤコブ教会をガリシアに建立したのには、いまだアストゥリアス王権に服従しているとはいいがたいガリシア社会を聖ヤコブ信仰のもとに統合して取り込み、その支配を安定化させる意図もあった。つまりは、国内をまとめ上げ、対外的にも固有の精神的かつ宗教的な支柱として、聖ヤコブが必要とされたのである。

続く諸王のもとで、先述したようにドゥエロ川流域への進出と、武力衝突も含めてアンダルスとの交流が活発となったが、これは九世紀後半アンダルスの社会情勢と深く関わっていた。後ウマイヤ朝治下アンダルスの各地で勃発した反乱は、特に辺境領域で深刻なものとなるが、反乱者たちは後ウマイヤ朝政権に対抗するため、積極的にアストゥリアス王国と連携した。そしてアラブ化・イスラーム化の進行するアンダルス社会で、自らが政治的・社会的マイノリティに転落してしまうことへの危機感を抱くモサラベもまた、自発的にアストゥリアス王国領域に移住した。かつて存在した西ゴート王国の歴史と伝統をよく知るモサラベ聖職者と接触し語らうことで、アンダルスと対峙《たいじ》し自らの戦う意義に「覚醒」した王、それがアルフォンソ三世であった。そしてこの王の宮廷で編纂《へんさん》された歴史書によって、レコンキスタ・イデオロギーが生み出されたのである。

ではなぜアルフォンソ三世の時代であったのか。彼の治世期に、後ウマイヤ朝の中央政権が極度に混乱するのを傍目《はため》に、アストゥリアス王国の版図は急激に拡大した。現時点での支配領域を確保し、将来的にさらなる領域拡大を正当化するためのツールが必要とされたと考えるのが妥当だろう。王の宮廷では、主に八八〇年代、黙示録的な予言に近いものから、国王自身が執筆した形跡のある草稿に至るまで、複数のヴァリエーションの年代記が編纂された。そのなかでレコンキスタ・イデオロギーを反映しているのが、先のコバドンガの戦いについて叙述している、いわゆる『アルフォンソ三世年代記』である。

そこでは、洞窟での戦いで指揮を執ったペラーヨのヒロイズムと、西ゴート王国との連続性が強調された。イベリア半島全土をかつて支配していた西ゴート王国を継承したということは、同半島の全域を統べる正当性があることになる。ゆえにアンダルス支配領域を征服することは、祖国の奪還となり正当なものとなる。不法に奪われたものを取り返すことは、暴力の行使に制限をかけるはずのキリスト教の理念に則っても、正当な戦争、すなわち「正戦」として合法となる。

その「正戦」を行うべき相手アンダルスは、イスラームを奉ずる領域である。すなわち異教徒に対する戦争と解釈される。ペラーヨは、洞窟でキリストへの献身を強調したとされ、歴代のアストゥリアス王の実施した対アンダルス戦争もまた、キリスト教の復権という観点から美化されうる。これは、異なる神同士が対立するという意味での聖なる戦争、すなわち「聖戦」でもあった。これを聖ヤコブ崇敬が、さらに補強する。一一世紀以降になると聖ヤコブは、対アンダルス戦争時の守護聖人としての地位を得る。当時のイベリア半島の政治情勢に合わせて、自らに利するかたちで、現状の支配と未来の侵略行為の双方を正当化することができるレコンキスタ・イデオロギーの原型（プロトタイプ）が、こうして完成を見た。

しかし、理念と現実との乖離は常にある。このイデオロギーの「反イスラーム」という側面を過度に強調すると、中世の実態を大きく見誤ることになってしまう。一例のみを挙げよう。アルフォンソ三世は、子息で次代の王となるオルドーニョ二世（在位九一〇～九二四年）を有力ムワッラド、後述するカシー家の統治するサラゴーサに送り出して教育を受けさせている。そこには、我々の想定するようなムスリムに対する蔑視は存在しない。

3　様々な「レコンキスタ」のあり方

イベリア半島北東部の特徴

キリスト教世界すなわち西欧世界と、アンダルスすなわちイスラーム世界という二項対立の図式で中世の情勢を把握できないことは、これまでもたびたび述べてきた。これが最も顕著であったのが、アンダルス政権の中枢から最も遠い場所であり、かつ、ピレネー山脈の北側フランスからの影響の混ざりあう場所、エブロ川流域を中心とする、イベリア半島北東部の情勢であった。この地域の北部は、急峻《きゅうしゅん》な山岳地帯で孤立した場を形成する。しかし東部の地中海沿岸部に顕著なように、陸路・河川路・海路ともに交流が容易な地域も存在した。

西に位置するバスク・ナバーラ地方には、古来バスク系住民が定住していた。カンタブリア山脈地帯と同様に、同地方からピレネー山脈の麓《ふもと》にかけての地帯は、ローマとも西ゴートとも距離を置き、先に述べたアンダルスにも、アストゥリアス王国にも、そしてピレネー山脈の北に君臨したフランク王国にも服従せず、かと思えばこれらすべてと交流する特異な緩衝地帯となった。ピレネー山脈中央部の麓に成立したアラゴン地方にも、同じ特徴を指摘できる。

いちばん東に位置するカタルーニャ地方は、古来諸文明のるつぼとなってきた。なぜなら東で地中海に面するばかりか、沿岸部では陸路でも容易に行き来することができるからである。古代から地中海沿岸部・島嶼《とうしょ》部をネットワーク化した海洋ルートが発達し、以後の歴史においても、南フランスからイタリア、そして東地中海世界へと繋がることのできる条件がそろっていた。これが、後述するアラゴン連合王国、とりわけカタルーニャの歴史を決定づけたといっても過言ではない。

ピレネー山脈の南にはエブロ川が流れる。その川の中下流域には沃野が広がり、人口稠密《ちゅうみつ》地帯となる条件を備えていた。七一一年に始まるウマイヤ朝勢力による征服に伴って、この流域はアラブ系ムスリムも入植する戦略上の要地となった。そのままカタルーニャからバスク・ナバーラ地方までをも押さえたウマイヤ朝部隊は、七二〇年代から矛先を、南仏アキテーヌ・プロヴァンス地方に向ける。しかし前述のとおり、さらに北上するなか、七三二年のトゥール・ポワティエ間の戦いの敗北で進撃を断念した。

南仏から半島北東部は、キリスト教徒の在地豪族とウマイヤ朝勢力の双方が割拠する混乱した状態となるが、この地に影響力を行使しようと南下してくるのが、カロリング朝フランク王国であった。その進出が本格化するのはシャルルマーニュ治世期、西ではアストゥリアス王国が、南では後ウマイヤ朝が地歩を固めていく時代に相当する。

ナバーラ王国のはじまり

七七八年、シャルルマーニュは、後ウマイヤ朝に反抗するアンダルス豪族勢力と結託して、イベリア半島エブロ川流域の中心都市サラゴーサへの遠征を決断した。しかしこのときは成果を上げることなく撤退、その途上で追撃に遭う。有名なフランス武勲詩『ローランの歌』で名高いロンスヴォーの戦いである。武勲詩は多くの脚色や誇張、はたまた歪曲《わいきょく》が含まれており、事件そのものを忠実に反映したものとは考えられない。とはいえ、いまだその権威が確立してはいなかった後ウマイヤ朝政権に対して半島北東部のムスリム豪族が、ピレネー山脈の北で「帝国」の建設を進めていたフランク王と手を結ぼうとしたことは明らかである。フランク軍の撤退の際に殿《しんがり》を務めるローランの部隊を急襲したのが、バスク系の民であったといわれる。ピレネー山麓に定住する彼らは、どの勢力にも与《くみ》せずに、自立していたのかもしれない。

八二〇年頃に、ナバーラ地方の中心都市パンプローナで、新たな政治単位としてパンプローナ王国が誕生した。後にナバーラ王国と呼ばれることになるこの新勢力は、キリスト教にとって共通の敵すなわちイスラームに対して、土着のバスク系住民と西ゴート系住民が手を携えた結果として誕生した――かつてはこう解釈されていた。

しかし事実は異なっていたようだ。ウマイヤ朝勢力によって征服された都市パンプローナでは、二〇〇名近くのムスリムの埋葬された墓地が近年の考古学発掘によって発見された。中世考古学の進展によって、パンプローナ近郊にベルベル系ムスリムの一団が入植したこと、そして先住民（バスク系かもしれない）のなかでもイスラームへと改宗する者が出ていたことが判明した。かつて想定されていた以上に、八世紀の征服後にこの地域は支配者たるアラブ・イスラーム的文化を積極的に受容していた可能性がある。

九世紀初頭の遠征の結果、後述するカタルーニャ地方から、半島北東部のピレネー山麓地帯に至るまでの全域が、フランク王国の影響圏に名目上入ったとされる。しかしながら、バスク系先住民が独自の文化を継承しながら、旧西ゴート系、フランク系住民とその有力者、そしてアンダルスからの入植者も多少加わるという、雑多な人口構成を持つ場であり続けたというのがこの地域の実情であろう。それは、北のフランク王国、南の後ウマイヤ朝のそれぞれに対し必要に応じて庇護を求め、時に自立を志向しながら相争う不安定な領域であった。

パンプローナの「独立」に最も寄与したのは、アンダルス上辺境区社会との連携であった。同都市のバスク系有力者アリスタ家のイニーゴ（イニーゴ・アリスタ。ナバーラ王在位八二〇頃

〜八五二年）は、たびたび登場するムワッラド豪族カシー家と縁戚関係にあったからである。トゥデーラとタラソーナを支配するカシー家は、エブロ川流域で第一人者となろうとして、バスク系有力者のアリスタ家と同盟を結び、後ウマイヤ朝政権へ反抗を繰り返した。ついに八四八年頃、三者間で協定が結ばれ、カシー家・アリスタ家ともに事実上の独立を勝ちとった。イニーゴを継承した息子ガルシア・イニゲス（在位八五二〜八七〇年）のもと、パンプローナ王国はひとつの政治単位として、その地歩を固めていく。

カタルーニャ諸伯領のはじまり

地中海に面したカタルーニャ地方もまた、ウマイヤ朝勢力によって征服されるものの、実効支配がどこまで行き届いていたのかは不明である。西ゴート王国社会がそのまま残り、ムスリム守備兵が交通の要衝に駐屯する程度であった可能性もある。

八世紀後半のウマイヤ朝から後ウマイヤ朝への移行期、在地のムスリム（あるいはムワッラド）豪族の思惑と南仏在地豪族のそれ、そして七五九年に南仏のセプティマニアを征服したフランク王国の南下拡大政策が錯綜するなかで、七七八年にシャルルマーニュによる遠征が敢行され、挫折したことは既に述べた。これに懲りず彼の息子ルイ（後の敬虔帝。在位八一三〜八四〇年）によって行われた七八五年から八〇一年にかけての遠征によって、ジローナ、ウルジェイ、そしてバルセローナをはじめとする領域が、現地キリスト教徒すなわちモサラベの協力も得ながら、フランク王国の支配下に組み込まれた。

「ヒスパニア辺境領」と名付けられた新征服地は、これ以後、複数の伯によって管轄される管区の集合体として統治機構が整えられていった。カロリング朝君主によって任命される王代理としての伯は、所属管区の防衛と司法を担った。しかしながら、在地豪族（西ゴート系）とフランク系統治官との間で利害は一致せず、政治的に安定した領域にはならなかった。事実、八二六年には謎に包まれた人物、ウゾーナのアイッソが反乱を起こしているし、セプティマニア公ベルナールを代表とする南仏在地勢力と深刻な対立も生じている。西ゴート系の伯、フランク系の伯との間の仲違いが頻繁に発生することになる理由としては、カロリング朝の求心力の低下も大いに考えられる。

さて、カロリング帝国の分裂に伴い、西フランク王シャルル（禿頭王《とくとうおう》）により辺境領統治官として任命された者のうちのひとりが、旧西ゴート系とされるギフレ一世（多毛伯、八四〇～八九七年）であった。彼は八七〇年にウルジェイ・サルダーニャ伯となり、その後複数の伯位を兼任することでその地歩を固めた。その役職のひとつが、バルセローナ伯位である。

有力都市バルセローナを管轄する伯位を兼ねてヒスパニア辺境領の第一人者となり、ビック平野への入植をはじめとする領域統治にも手腕を発揮したとされる彼を、「カタルーニャ独立の祖」と考える研究者もかつて存在した。しかし彼は最後までカロリング朝君主に服していたし、辺境領の全体が固有の地域的アイデンティティを抱く、単一にまとまった政治勢力と呼べるものではなかった点は、強調しておくべきである。ちなみに、現在のカタルーニャ自治州旗をはじめとして、旧アラゴン連合王国領に関わりのある場で用いられるシンボル「サニェーラ」は、彼の戦功を称えてカロリング朝君主から授与された四本の赤の縦線が入った紋章に由来する――このように伝説では語られる。

とはいえ、地政学的観点から考えて、このヒスパニア辺境領が固有の特徴を備えていたことも事実である。これまで述べてきたアストゥリアスやナバーラと大きく違うのは、地中海沿岸部で陸路・海路を通じて南仏諸侯と密に繋がり、双方向での交流が容易であった点である。この意味で、南仏とカタルーニャ地方はひとつの運命共同体といえ、たどっていく歴史も似通っている。

キリスト教諸国の確立と分岐

レコンキスタ・イデオロギーを創りあげたアストゥリアス王アルフォンソ三世の時代は、後ウマイヤ朝の最混乱期であったこともあり、確かに王国の支配領域は大きく拡大した。この結果、宮廷はかつてより南方に置かれることが多くなる。次代のガルシア一世（在位九一〇～九一四年）以後、「アストゥリアス王国」は「レオン王国」と呼ばれることが多くなる。では、このレオン王国は、どのような国家になったのか。完成したばかりのレコンキスタ・イデオロギーを掲げたレオン王が、広大な支配領域の臣民を集権的に束ねる国家に変貌を遂げたのか。

実際にはそうではなく、むしろ急激な領域拡大の結果、逆に王権の力が隅々に及ばなくなった。王の代理たる伯の任命状況を見ても、地域政治に王権が関与できる案件は、実は多くなかったことが判明している。地域的に極端にムラのある領域を、何とか繋ぎ止めるためにこそ、レコンキスタ・イデオロギーがむしろ切望されていたとも解釈できよう。

地方分権化の方向に向かうレオン王国では、事実としてこの時期、各地で軍事的指導力を発揮する領主や豪族が台頭して自立姿勢を見せ、王権を脅かした。この状況に拍車をかけたのが、前章で述べた後ウマイヤ朝侍従マンスールが繰り返す北方遠征であった。レオン王に反旗を翻す伯をはじめとする有力者たちは、マンスールと手を結ぶことも厭《いと》わなかった。逆に考えれば、レオン王国社会が分裂状態にあったからこそ、ここまでマンスールの遠征が勝利に満ちたものになったとも推測できる。

このなかで、特に戦禍を被ったカスティーリャ地方では、伯によって、マンスールによる遠征後に荒廃した地域への入植と防衛体制の再編が自律的に試みられた。カスティーリャ地方とは、レオン王国の東部辺境地帯を指すが、当初より武装を自弁できる自由農民が多く住む領域であった。ここでは、城砦や防備集落、修道院という細分化されたかたちで地域防衛が試みられ、有力者間の権力闘争を含みながら、新たな国家形成へと繋がる再編成が進む。

その結果、自由農民の上層であった平民騎士（カバリェーロ・ビリャーノ）や下級貴族（インファンソン）を軍事力の中核とする、比較的「平等」な社会の最上位に、伯フェルナン・ゴンサレス（在位九三二～九七〇年）が君臨するようになった。以後、伯位は世襲となり、防衛と戦争を自立して遂行できる事実上の独立領域が生まれた。カスティーリャ伯領の成立である。他方、レオン王国という枠は存続するものの、地域ごとに所領を保有する有力貴族層のパワーバランスでかろうじて一体性が成り立つ、いわゆる封建社会の色彩が強くなった。

一〇世紀になるとナバーラ（パンプローナ）王国では、それまでのアリスタ家ではなくヒメノ家が台頭する。サンチョ・ガルセス一世（在位九〇五～九二五年）以降の歴代ナバーラ王は、レオン王国のレコンキスタ・イデオロギーを模倣したのか、西ゴート王国由来の法制度を用いていることを根拠に西ゴート時代との連続性を主張し、アンダルスに対して融和ではなく強硬路線を採りはじめた。

ナバーラ王国の威勢が最も強まったのが、「大王」とあだ名されるサンチョ三世（在位一〇〇四頃～一〇三五年）の時代である。彼はキリスト教諸国間の婚姻政策を積極的に展開し、縁戚関係を通じて、近隣諸国へ硬軟おり交ぜた政治介入を繰り返した。王の交代によって混乱するレオン宮廷でカスティーリャ伯が暗殺されると、自身の妻が殺された伯の姉妹にあたるため、伯位の継承権を主張、カスティーリャを実効支配することに成功する。さらに辺境領の西一角を構成していたアラゴン・リバゴルサ両伯領も支配し、彼の庶子ラミーロ一世のもとで、アラゴン王国が誕生する下地を整えた。一一世紀に勢力を急速に拡大するカスティーリャとアラゴンは、サンチョ三世の息子たちによって導かれていくことになろう。

ヒスパニア辺境領では、ギフレ一世の子孫によって、バルセローナに重心を置いた領域統治が志向された。バルセローナ伯家の主導によって、あるいは自発的に、アンダルスとの辺境地帯へ入植が進められていった。この伯家は、修道院と司教からなる教会権力と、伯の権力の双方を一族で牛耳り、次第に勢威を増していくローマ教皇の庇護を得ながら、いわば聖と俗の権力を密接に結びつける独自の政治秩序を志した。

ギフレの孫ブレイ二世（在位九四七～九九二年）のもとで、事実上カロリング朝からの独立を果たすものの、彼は決して王を名乗ることはなかった。「カロリング帝国」の名目上の庇護が、自らの支配を盤石なものとするためには必要であったからであろう。一〇世紀末、カロリング朝の断絶とカペー朝の成立によって、その繋がりが切れる。この意味で、いまだ「カタルーニャ」とも「フランス」ともいえない領域にとどまっていたのである。

こうして紀元千年前後、マンスールによる北方遠征が続くなかで、イベリア半島の北では、それぞれ個性のある政治勢力が複数確立した。この状態をマクロに俯瞰すれば、西欧キリスト教圏とイスラーム圏という宗教文明間の衝突に見えるのかもしれない。北が西ゴート的伝統やキリスト教の復権を主張し、南はイスラーム世界の義務としてのジハードを喧伝して、正面衝突しているように見えるのかもしれない。しかしミクロに見ていくと、それぞれの政治単位が、いやむしろ、それぞれの地域や個々人に至るまでが、自らの支配権、生き残りをかけて、場合によっては宗教上の敵勢力ともためらうことなく同盟を結んでいた。

さらに実態を摑《つか》みにくくしているのは、対立を繰り返しながらも、文化的あるいは経済的な交流が繰り返されていたという事実である。そもそもが前章で述べたように、西ゴート王国社会をそのまま継承したのが、アンダルスであった。社会は次第にアラブ化・イスラーム化していくとはいえ、血統や民族の面で、南北で大きな違いはない。そして後ウマイヤ朝宮廷には、積極的に「北」の血が導入された。代表例を挙げれば、カリフを名乗ったアブド・アッラフマーン三世の母、侍従マンスールの妻は、いずれもバスク系であった。

戦争を挟みながらも、南北間では、交易が常態化していた。南のアンダルスから北のキリスト教諸国へは、アンダルス産の奢侈品《しゃしひん》が流れ込み、キリスト教徒有力者の垂涎《すいぜん》の的となった。北から南へは、武器や皮革、そして何よりもスラヴ人奴隷をはじめとするヒトが主要な輸出産品となった。いまだ北と南の経済格差は明らかといえる。しかしながら、北のキリスト教諸国社会の拡大傾向と、それを実現するための軍事力は、次第に整いつつあった。

第四章　力関係の逆転

1　マクロ視点から見た一一世紀——西欧世界と地中海

紀元千年、侍従マンスールは、破竹の勢いで北方遠征を繰り返していた。毎年侵攻を被るキリスト教諸国社会は防戦一方で、一見、後ウマイヤ朝の勢威が陰る兆しはない。しかし一一世紀に、イベリア半島は激動の展開をたどることになる。「北」のキリスト教諸国と「南」のアンダルスとの力関係が逆転するからである。

ここで我々は、いくつもの疑問にぶつかる。人口規模でも経済規模でも、いまだアンダルスと肩を並べるほどの力を蓄えていないキリスト教諸国は、一一世紀になぜ攻勢にうってでることができたのか。少なくとも紀元千年の時点で、毎年大規模な遠征を敢行するだけの財力と資源を持っていたアンダルス社会が、なぜキリスト教諸国による攻勢を押し返すことができなくなったのか。

理由は複数あり、かつ、それらが絡み合っていた。まず西欧世界全体のマクロな動向と関わる要素がある。西欧世界は、複数の「革命」を端緒とするダイナミズムが花開く時代を迎えるが、イベリア半島のキリスト教諸国社会もこれと連動して動いた。他方でアンダルス社会は、後ウマイヤ朝の崩壊に伴って遠心的な傾向が強まり、地方豪族単位へと再び分裂してしまった。結論から述べれば、これ以後のアンダルス社会は、結局最後までこの地域単位での分裂傾向を解消することができず、防衛のための軍事力を他所から調達する必要に迫られ続けた。

社会的な「革命」

この時期、西欧世界は「中世農業革命」を経験した。多角的かつ多様な食糧を確保し、三圃《さんぽ》制《せい》の導入による効率的な生産態勢を確立して、水車や風車、鉄製農具といった農業機材を改良、普及させるとともに、役畜《えきちく》の利用も広まった。さらに、これを気候の温暖期が後押しする。結果、食糧収穫率の上昇と開墾による耕作面積の拡大、人口の増加という正のスパイラルに突入した。

しかしながら、この人口増加は、場所によっては急激な社会変動を引き起こした。新たな村落や拠点が生まれ、共同体の内部で階層分化が進み、さらに共同体間で軋轢や対立が頻繁に起こる。この過程で、新たな中間権力層が生み出されていった。彼らは城砦に住み、近隣農村を実効支配する。古くからの公権力に従わない新興有力者（城主層）となった彼らが抱える私兵は、騎士として武力を独占する。彼ら地域有力者は、一族で家門を形成して、自らの領地を世襲していく。

この者たちをもう一度主従関係を介して繋ぎ止めて、秩序維持を試みるプロセスが必要となった。最上位に王や諸侯といった君主が君臨する。君主と戦争や防衛といった武力行使を前提とする主従関係を締結した領主・城主あるいは騎士が、自身の領地を保有して各地に割拠する。そして彼ら各々の領地に農民が暮らすという分権的な社会、いわゆる封建社会がここに完成した。以上、「封建革命」論が提示する、南仏からカタルーニャを中心として、この時期に生じた社会の再編成プロセスの大枠である。

この社会移行モデルが真に妥当なものであるかをめぐっては賛否両論があるが、ここではその議論に立ち入らない。とはいえ、早くも一〇世紀後半のレオン王国社会で、王国内の有力者たちが王権に反抗して自立傾向を示していたことは事実である。この混乱期を乗り越えた一一世紀、レオン王国と新興のカスティーリャ伯領（後に王国）とが、拡大傾向を強く内包する好戦的な社会に変貌を遂げていたことも明らかである。

バルセローナ伯を中心としたカタルーニャ、あるいはナバーラやアラゴンでも、少し遅れて一一世紀に同様の権力再編が起きている。イベリア半島北部のキリスト教諸国は、自らの社会の内部に、もっぱら戦争を生業《なりわい》とする戦士階層を遍《あまね》く抱えるようになった。彼らが、対アンダルス戦争を進めていく主役となる。

経済的な「革命」

人口増加と封建社会の成熟と深く連動しながら生じたのが、西欧社会の「中世商業革命」であった。以前に比べてヒトやモノ、情報がネットワーク化されて飛躍的なスピードで往還するようになる、ダイナミックな社会がここで誕生したのである。

その動きは同時多発的に生じているが、最も際立っていたのは、ジェノヴァ、ヴェネツィア、ピサをはじめとするイタリア半島北部の商人たちの活動である。中世の初期から展開されていた地中海交易をさらに推し進めて、これと大西洋圏、内陸交易網とを連結すべく、野心的に活動していった。彼らは平和的な商業活動にとどまらず、武力を用いて地中海交易の先達者であったイスラーム世界を略奪、場合によっては拠点を奪取しようと積極的に動きはじめる。たとえば、一〇一五年頃にはピサとジェノヴァによるサルデーニャとコルシカへの遠征が敢行され、一〇八七年にはピサとジェノヴァ、アマルフィの「連合艦隊」が、現チュニジアのマフディーヤを劫略《ごうりゃく》している。地中海進出を目論むイタリア商人たちが、イベリア半島で交易活動のみならず、キリスト教諸国が行う軍事活動にも参与するのは、必然であった。

そしてイベリア半島の北部領域では、サンティアゴ（聖ヤコブ）巡礼熱の高まりによって、巡礼路が整備された。西欧世界全域でのキリスト教信仰の定着が進み、遠隔地の情報も入手できるようになると、地域的な崇敬対象にすぎなかった聖ヤコブの墓所、すなわちサンティアゴ・デ・コンポステーラに詣でる巡礼者の数が、爆発的に増加する。この時期に、ピレネー山脈以北から巡礼者が通る道、いわゆる「フランス人の道（カミーノ・フランセス）」が形成されはじめ、旅行者の歓待と交易を目的とした中世都市が巡礼路沿いに乱立した。都市が生まれ、そこに多くの人々が移住し、さらに活況を呈するようになっていく。イベリア半島北部のキリスト教諸国の社会は、ますます人口が増えて、これがアンダルスの征服と植民を下支えした。

宗教的な「革命」

人口の増加と、社会的・経済的なダイナミズムは、宗教的な熱意の高まりにも波及していった。一一世紀から一二世紀にかけて生じた西欧世界の社会の根底からの変化は、贖罪《しょくざい》意識を含む人々の宗教心の変化にも直結し、ひいては、キリスト教教会そのものの再編に繋がった。先のサンティアゴ巡礼の流行も、当然ながらこのトレンドのなかのひとつの事例である。一連の教会の再編に関する動きのなかで特に本書のテーマに関連するのは、クリュニー修道院の勃興と、ローマ教皇の首位権の確立である。

フランス東部ブルゴーニュ地方で一〇世紀に創設されたクリュニー修道院の権勢は、南仏と連結しているカタルーニャ、そして聖ヤコブ巡礼路沿いのキリスト教諸国に深く及んだ。一一世紀の前半には、巡礼路沿いのナバーラとアラゴンにも波及して、少し遅れて同世紀の後半には、カスティーリャやレオンにも到達する。同修道院との精神的、物質的な繫がりによって、多くのクリュニー出身の修道士が、イベリア半島の各地で活躍することになった。その関係は宗教的なものにとどまらず、たとえば後述するカスティーリャ・レオン王家とブルゴーニュ諸侯との婚姻関係を仲介し、ローマ教皇との関係が悪化した際には仲裁者役を果たすなど、政治的な影響力を発揮するほど、なくてはならない関係に発展した。

一一世紀の半ば頃から歴代のローマ教皇は、教会刷新運動、いわゆるグレゴリウス改革を推進した。この過程で、自らの教会組織内での首位権のみならず、世俗権力に対しても自らの優位を声高に主張していった結果、神聖ローマ皇帝との間で叙任権闘争に発展したことは有名であろう。ローマ教皇権の主導のもと、中世西欧世界にキリスト教的世界秩序に基づいた社会イデオロギーを定着させ、その管理をも独占しようとする教会組織が確立していく。

ローマ教皇は、世俗権力の行う戦争にも介入した。一例のみを挙げると、一一世紀後半、ノルマン人の軍団がムスリム勢力の統治するシチリア島の征服に向かうなか、教皇は彼らの軍事活動にお墨付きを与えている。ローマ教皇によって対異教徒戦争が認可され、それに参加する者たちに罪の赦《ゆる》しが保証されるという聖戦概念が、一一世紀の末に、聖地イェルサレムに対する十字軍運動へと結実する。

ローマ教皇がイベリア半島の情勢にもたらした影響の大きさは、計り知れない。いまだ発展途上にあるキリスト教諸国は、ローマ教皇の内政干渉に警戒感を示しながらも、大枠ではその庇護下に入って、自らを利するかたちで、その宗教的権威を最大限利用しようとする。アンダルスに対する戦争を、十字軍として認可してもらうように働きかけて、内外の人的・財政的支援を確保しようと躍起になったのである。後述するように、十字軍運動が始まる以前から、イベリア半島は「十字軍」の実験場であった。

イベリア半島の動静は、かつて以上に、半島固有の論理だけで動かなくなった。この時点で中世西欧に固有のキリスト教世界（ラテン・キリスト教世界）が形成される段階に入ったとみなすならば、イベリア半島南北の軍事衝突は、「キリスト教世界」対「イスラーム世界」という、グローバルな図式のなかのひとつの運動として展開していかざるをえなくなったのである。

2　第一次ターイファ時代

後ウマイヤ朝の滅亡

さて、一一世紀初頭のアンダルスに話を戻そう。前述したように後ウマイヤ朝カリフのヒシャーム二世はもはや傀儡にすぎず、実権は侍従のマンスールが掌握していた。権力の簒奪を正当化するため、継続して実行された対外ジハード遠征では、かつて軍の中核を占めていた、必ずしも従順とはいえないアラブ系軍人ではなく、北アフリカのベルベル人傭兵部隊と奴隷軍が主役となった。アンダルス社会では、在地の軍事資源が軽視されることになる一方、毎年のように攻撃にさらされるキリスト教諸国社会は、自己防衛のための軍事化が促進された。

一〇〇二年のマンスールの死後、侍従の地位を受け継いだアブド・アルマリクは、父に比べ戦績が芳《かんば》しくなく、不満がコルドバで聞かれはじめる。一〇〇八年、戦地で彼が亡くなると、彼の弟アブド・アッラフマーン（サンチュエロ）が、自らをヒシャーム二世の後継カリフとして認めさせる。しかし、ここでクーデタが実行に移された。コルドバの町の東方にあったとされる一族の居所マディーナ・アッザーヒラも灰燼《かいじん》に帰し、サンチュエロは殺害され、傀儡ヒシャーム二世は退位、アブド・アッラフマーン三世の曽孫にあたるムハンマド二世（マフディー）が擁立された。これに対抗して、マンスール親子に忠誠を誓っていたベルベル人傭兵は、同じくウマイヤ家出自のスライマーンをカリフとして擁立、アンダルス派閥とベルベル傭兵派閥との間で、深刻な内乱状態に陥った。

この時点で、おそらく後ウマイヤ朝の命運は尽きていた。なぜなら、カリフの傀儡化が常態となって既に久しく、カリフの擁立合戦も、結局のところは、新たな「操り人形」を誰にするかで終始しているからである。ウマイヤ家のカリフに加え、マグリブのイドリース朝の末裔ハンムード家のカリフが交互にたてられたが、政権が安定することは結局ありえなかった。傀儡のカリフが擁立されなくなった一〇三一年に、後ウマイヤ朝は正式にその役割を終えた。

理の当然として、中央政権が機能不全に陥ると、カリフ宮廷に仕えていた官僚や軍人らは、アンダルスの各地に散らばって、自らの権力基盤を確保しようとする。他方で、地方に地盤を置いていた豪族や名士らも、独立傾向を見せて中央への進出の隙を窺《うかが》う。

この結果、二〇以上の地方政権（ターイファ）がアンダルス全土に勃興する事態となった。群雄割拠する「戦国時代」を、我々は第一次ターイファ時代と呼んでいる。「ターイファ」とは本来アラビア語で「分断」や「党派」を意味し、信徒共同体（ウンマ）の統一を理想とするイスラームにおいて、否定的なニュアンスを持つ概念である。事実、アンダルス南部の大半を統合することに成功したアッバード朝セビーリャや、サラゴーサに宮廷を置いて大いに繁栄したフード朝のように強大な力を誇ったいくつかのターイファを除けば、大半のターイファはごく狭い領域にしか支配を及ぼせず、互いに勢威を競いあう過程で、統廃合が繰り返されていくのも、また必然であった。

さて、割拠した数多くのターイファは、大枠で三系統に分類される。第一の類型は「アンダルス派閥」である。このなかには、征服当初から入植した古参のベルベル系ムスリムや、ムスリムに改宗した西ゴート系ムワッラドも当然ながら含まれる。セビーリャ、トレード、サラゴーサなど最有力ターイファから、アルバラシンのようにごく狭い領域にしか影響を及ぼせなかったものまで千差万別で、数も最も多い。

第二の類型は「新ベルベル派閥」である。一〇世紀の軍制改革によって流入したベルベル人傭兵軍をはじめ、マグリブからアンダルスに渡って間もない者たちが建てた地方政権である。

グラナダ、アルコス、カルモーナ、モロンやロンダといった、ジブラルタル海峡に近い現在のアンダルシーア南部に割拠しているのが特徴といえる。

第三の類型は「スラヴ系派閥」である。東ヨーロッパや中央アジア出身で、地中海に売られた白人奴隷は「サカーリバ（スラヴ人）」と呼ばれた。この者たちを後ウマイヤ朝宮廷は購入して教育を施し、職業軍人や行政官僚として重用した。地域と時代は異なるが、エジプトのマムルークや、オスマン帝国のイェニチェリなどと似た存在といえるかもしれない。宮廷都市マディーナ・アッザフラーも灰燼に帰すと、古くからのアラブ系有力者が根を張るグアダルキビル川流域を避け、彼らはレバンテ地方、すなわち東の地中海沿岸部のアルメリア、ムルシア、デニア、バレンシアやトゥルトーザ（トルトーサ）といった都市を拠点に政権を打ち立てた。

ところで、ここで研究上使われてきた「派閥」という表現を用いたが、これは誤解を招くかもしれない。なぜなら、それぞれの「派閥」に属するターイファが連帯意識を抱いているわけではないからである。こうして第一次ターイファ時代と呼ばれる混乱期に突入した。イスラーム国家としての中央の強力なイニシアチヴも消滅し、イスラーム世界の守護を名目として継続されていた北方のキリスト教諸国に対するジハードも、この分裂とともに行われなくなった。

ターイファ諸国の「栄華」

ターイファ時代には、地方単位で政権が割拠して離合集散を繰り返すという政治的混乱状態が続いた。割拠した有力者らは、ウマイヤ家による再統合を必ずしも目指していたわけではない。ある者は将来的に自らの王朝をたてる野望を心に抱きつつ、あるいは別の者は自らの統治の正統性を内外にアピールして、限られた範囲での自らの権力の現状維持のみを望みつつ、行動していた。

政治的に分裂した状態とはいうものの、経済面では後ウマイヤ朝最盛期時代と変わらず繁栄を誇っていた。中央政権が崩壊し、そこで庇護され活動していた者たちが、コルドバから地方に拡散した結果、むしろ文化的には最盛期を迎えたといえる。ターイファ諸王らは、競って文芸に秀でた者を保護し、この者たちは学問や詩作を通じてのみならず、行政や司法といった実務面でも、ターイファにとって欠かせない役割を果たした。

各ターイファが拠点とした都市の文化は成熟して、天文学、医学、薬物学、農学といった実用的学問が発展、とりわけアラブ詩歌を代表とする文学表現技法が最高度に洗練された。数は少ないながら、奇蹟的にいまに至るまで残された個性あるターイファ宮殿の遺構が、この時代の栄華を垣間見せてくれる。政治的な安定期と、文化的な爛熟《らんじゅく》期がズレて生じる例は、日本の安土桃山時代やオスマン帝国のように人類史上の普遍的な傾向といえる。

ここからは、いくつかの有力なターイファを例にとりながら、この時代のアンダルス社会の実像に迫ってみたい。

まず、セビーリャを地盤とする裁判官家系の興した「アンダルス派閥」のアッバード朝は、ウマイヤ家の守護者を自称しながら次第に周辺領域を併合して最有力ターイファに変貌を遂げた。セビーリャ南部にあったマンスール時代の軍馬の飼育拠点を継承し、アフリカ対岸の都市セウタを攻める際に艦隊を派遣していることから考えて、一定規模の海軍も保有していたアッバード朝セビーリャは、相当規模の軍事力を自弁できた可能性が高い。第三代君主ムータミド（在位一〇六九～一〇九一年）の時代に最盛期を迎え、その支配領域を最大化して、文芸の保護にも尽力した。何より君主自身が才能あふれる詩人であった。しかしこの最有力ターイファであっても、後述するように、北のキリスト教諸国の攻勢を食い止めることはできなかった。

次に取り上げたいのは、「新ベルベル派閥」の代表格、グラナダに居を構えたジーリー朝である。洗練されたアンダルス文化に順応しない「ベルベル人」イコール「野蛮な者たち」というイメージが、当時存在したし、いまも残っているかもしれない。しかし、そのイメージに反して、この王朝最後の君主アブド・アッラー（在位一〇七三～一〇九〇年）は、長大な回想録を自ら執筆するほど教養のある人物であった。彼の著作では、引用回数は限られ、また時代考証的に誤った理解も散見されるものの、ソクラテスやプラトン、ヒッポクラテスそしてガレーヌスが引き合いに出されている。その筆致は理知的である。地中海世界に共通する古典として、ギリシア・ローマ時代についての教養を持つ人物が、君主を務めている時代なのである。

アンダルスの北方辺境領域は、既に第二章で指摘したように、自立性の強い領域であり続けていたが、後ウマイヤ朝が崩壊したいま、別の強みも持ち合わせていた。なぜなら彼らは、常に北方のキリスト教諸国社会と、時に対立しながらも、和合を繰り返した経験を持っていたからである。加えて、軍事的資質が重用される辺境領域では、キリスト教諸国の進撃をある程度食い止められる軍事力を維持していたと考えられる。

中辺境には、八世紀の征服時にイベリア半島に入植したベルベル人を祖先に持つズーンヌーン朝が君臨し、第二代君主マームーン（在位一〇四三〜一〇七五年）の時代に最盛期を迎える。

ターイファの宮殿　フード朝サラゴーサ時代の宮殿跡が残るアルハフェリア宮（筆者撮影）

その宮廷が置かれたトレードは、多くの学識者や詩人が集うアンダルス学芸の中心地として大いに栄えた。上辺境には、フード朝が君臨した。一一世紀半ばの時点で約二万人の人口を有したとされるサラゴーサに宮廷を置き、トレードと同時期、第二代君主ムクタディル（在位一〇四六〜一〇八二年）の時代にその版図が最大となり、学芸の一大拠点となった。サラゴーサのアルハフェリア宮は、損傷が激しいながらも、一一世紀当時のフード朝時代の宮殿の煌《きら》びやかな姿を想像することができる。

政治的には混迷の時代ではあったが、経済的な栄華も後ウマイヤ朝時代から継続した。それを象徴するのが、地中海に面する都市デニアに君臨した「スラヴ系派閥」のターイファ君主、侍従マンスールのサカーリバであったムジャーヒド（在位一〇〇九～一〇四五年）である。バレアレス諸島を押さえ、サルデーニャ島支配をめぐって北イタリアの海洋都市国家と覇を競いあい、西地中海海域での海賊行為のみならず、平和的な交易も促進して、やはりその宮廷では文芸が保護された。地中海交易はこの時代も活発であり、たとえば先のサラゴーサのアルハフェリア宮では、ファーティマ朝エジプトのガラス器に加えて、宋《そう》時代の中国の皿の破片も見つかっている。

この時代を象徴する人物をひとり紹介したい。詩人イブン・アンマール（一〇三一～一〇八五年）は、セビーリャに君臨するアッバード朝君主で友人でもあったムータミドに仕え、宰相としての才をいかんなく発揮した。積極的に展開された領域拡張路線を補佐するも、過大な野心を抱いて主君と袂を分かち、後述するキリスト教徒の君主カスティーリャ・レオン王アルフォンソ六世（在位一〇六五～一一〇九年）のもとへ出奔、さらにフード朝サラゴーサの宮廷に向かい、その後、恨みを抱いた人物によって捕縛、連行されて、最後はムータミドの怒りを買って斧《おの》で殺された。ムータミドは「神は彼から男らしさと忠誠心を奪ったかもしれないが、詩の才能を奪いはしなかった」と評したと伝えられる。属する信仰は違えど、そして結末もまったく違うが、野心を抱いて一国一城の主へと登りつめた、かの有名なスペインの英雄エル・シッドと同じように、仕える君主の信仰には無頓着な、この時代を象徴する生き様であった。

ところで既に述べたように、この時代にアラブ詩は隆盛を極めたが、その内容において、宗教的に厳格ではないふるまいを垣間見ることができる。本来イスラームでは禁じられているはずのアルコールを含むワインについて、多くの者たちが語っているのである。当代の「万能人」であったイブン・ハズム（九九四～一〇六四年）は、「毒の混ざった葡萄酒《ぶどうしゅ》をあおり続ける酔いどれのように」という比喩を自らの詩で唄《うた》う。アッバード朝君主ムータミドは、ワインを溺愛したことで有名であり、それに関連する詩歌も残している。ジーリー朝君主アブド・アッラーの回想録でも、節度あるアルコールの飲み方を勧めている。

歪な蜜月関係――パーリア制

後ウマイヤ朝の混乱期に時代を戻そう。マンスールの息子アブド・アルマリクの死後、アンダルス派閥とベルベル人傭兵派閥の双方がカリフを擁立して、宮廷が麻痺《まひ》したことは既に述べた。非常に興味深いことに、ここで双方の派閥とも、北のキリスト教諸国を味方につけようと動いているのである。後代の歴史家イブン・イザーリーが伝えるところによれば、カスティーリャ伯サンチョ・ガルシア（在位九九五～一〇一七年）は、双方の派閥から味方になるよう勧誘を受けた。結局、伯は、辺境地帯に位置する城砦群の譲渡を条件に、ベルベル人傭兵派閥の擁立したカリフ、スライマーンの側に与することを決意し、食糧品や家畜などの戦略物資に加えて、援軍を派遣した。またナバーラ王のサンチョ三世も、援助の条件に前線の城砦の提供を要求したという。

サンチョ・ガルシア自らが軍を率いて進軍し、後ウマイヤ朝の都コルドバに入城した。このときのサンチョ・ガルシアの言として伝わる台詞を引用したい。

我々はコルドバの人々とは敬虔で、勇敢、信頼の置ける者たちだと思ってきたが、ここでそうであるように、実際には信仰心を欠き、勇敢でもなく、知性もない。彼らがこれまで享受してきた勝利とは、彼らの王の徳でもって得られたにすぎない。今や彼ら諸王もこの世を去り、ことの真実が明るみに出た。

伯自身はコルドバから帰郷するも、歴史書の記述によれば「一〇〇名の者らがコルドバにとどまり、郊外に定住した」。傭兵としてとどまったのかもしれない。

続いて一〇一〇年の春から夏にかけて、同じくイブン・イザーリーによれば、アンダルス派閥の擁立したカリフ、ムハンマド二世に与して、バルセローナ伯ラモン・ブレイ（在位九九二

～一〇一七年）と、彼の兄弟ウルジェイ伯アルメンゴル率いる軍勢がコルドバに入城した。見返りとして、伯には日給として金貨一〇〇枚、従軍する兵には二枚、そしてワインと肉の提供に加えて、対抗勢力から奪った物品すべてを獲得できる権限が約束された。アルメンゴルと従軍していたバルセローナ司教をはじめとする多くの指導者が戦死し、戦果が得られたとはいえない遠征となったものの、アンダルスがキリスト教諸国に軍事援助を求めるというねじれた関係は、アンダルスでの軍事力の欠如を象徴するものになっていく。

既に述べたように、マンスールによる軍制改革と、後ウマイヤ朝の内紛の結果、アンダルス内で兵力を迅速に調達する仕組み自体がうまく機能しなくなってしまった可能性が高い。緊急に軍事力が必要になった場合、採りうる手段は、マンスールがそうであったように、外部からそれを調達することにならざるをえない。こうして、兵力を欠いたターイファ諸王らも、アンダルス北方のキリスト教徒部隊に着目することになったのである。

後ウマイヤ朝時代に蓄えられた潤沢な資金と経済力を背景に、キリスト教諸国の軍を、いわば傭兵として利用した。この際に支払われる金銭のことを、現代の歴史学者は「パーリア」と呼んでいる。アンダルスに割拠したターイファ諸王は、金銭もしくは貴重品を提供することで、キリスト教諸国から軍事的支援を得ようとしたのである。しかしながらこのパーリアは、先に述べた諸「革命」を経験したキリスト教諸国社会が対外政策に注力できるようになると、アンダルスが支払うべき軍事貢納金のごとく、強制徴収されるようになった。アンダルスの軍事的弱体化の一方で、北のキリスト教徒勢力の台頭を象徴する政治的・軍事的従属関係に変化していったのである。それは、王を含めた勇敢な騎士を理想化する西欧中世社会と、文民としてのウラマーを模範とするイスラーム社会とのコントラストを反映してもいた。

潤沢な資金を提供し続けることができるのであれば、問題はない。しかしターイファ諸王は、カリフではない。その支配権と、税を徴収する権限は、誰の名のもとで付与されているのか。後ウマイヤ朝が滅亡し、その支配の正統性に疑問が投げかけられるようになっていく。パーリアの支払いを継続するために、支配領域の住民には、イスラーム法に則らない重税を課さざるをえなくなってくる。こうなると、アンダルス民衆の不満は高まり、ウラマーによるターイファ批判も過激化していく。

3　キリスト教諸国の優位

カスティーリャ・レオン王の覇権

政治的混迷を深めるアンダルス社会をよそ目に、北のキリスト教諸国社会は、流血沙汰を伴いながらも政治的統合を進めていった。既に述べたように、キリスト教諸国の全体に対して覇権を誇示したナバーラ王サンチョ三世の死後、その広大な支配領域は、息子たちによって分割相続された。まず、「本家」にあたるナバーラ王国は嫡子ガルシア（三世、在位一〇三五〜一〇五四年）が相続した。カスティーリャ伯領は、次子フェルナンド（一世、在位一〇三五～一〇六五年）が、ソブラルベ・リバゴルサ両伯領をゴンサーロが、そして旧アラゴン領を庶子ラミーロ（一世、在位一〇三五～一〇六三年）が、それぞれ相続した。しかし、いまだ王国の世襲原理が確定していない時代である。分割相続となり兄弟が相争う結果となるのも、歴史上繰り返されてきたことである。カスティーリャ伯領を相続したフェルナンド一世がまず目を向けたのは、自身の妻の本家が治めるレオン王国である。一〇三七年の秋、タマロンの戦いで両国は正面衝突し、戦闘での落馬事故によってレオン王ベルムード三世（在位一〇二八～一〇三七年）が亡くなると、一〇三八年六月、妻サンチャの継承権を主張してフェルナンドはレオン王として正式に戴冠する。こうしてカスティーリャ・レオン王国が成立した。続いて矛先を向けたのが、兄ガルシア三世の治めるナバーラ王国である。この対立は一〇五四年九月、アタプエルカの戦いでガルシア三世が戦死し、両国の力関係が確定した。このカスティーリャ・レオン王国とナバーラ王国との武力衝突の背景には、フード朝サラゴーサとズーンヌーン朝トレードというターイファ諸勢力間の領土紛争も関わっていたのではないかと推測されている。

こうして、名実ともにキリスト教諸国での覇権を確立したカスティーリャ・レオン王フェルナンド一世は、一〇五〇年代の後半から南のアンダルスに対して積極的な介入政策を展開していく。先に説明したパーリアを、兵力提供あるいは休戦と引き換えに、実質強制的にターイファ諸国から取り立てるようになる。一〇六〇年代になると、トレードやセビーリャ、そしてサラゴーサといったアンダルス最有力ターイファ諸王すら、フェルナンド一世の軍事的圧力に屈するようになった。

加えてフェルナンド一世は、その治世の末期には、南西部の都市拠点群を武力で征服することにも成功を収める。一〇六四年には、現在の北ポルトガルに位置する重要都市コインブラを征服することに成功した。アンダルスに対する攻勢を強める彼であったが、この翌年一〇六五年にその生涯を閉じる。広大な支配領域のうち、故地といえる旧カスティーリャ伯領は、長子サンチョ（二世、在位一〇六五～一〇七二年）が、かつての宗主の治めたレオン王国の主領域は次子アルフォンソ（六世、在位一〇六五～一一〇九年）が、そして旧レオン王国最西端のガリシア地域は、ガルシア（二世、在位一〇六五～一〇七一年）が分割相続する。この後に起きたのは、以前と変わらず、やはり「兄弟喧嘩《げんか》」である。紆余曲折を経て、最終的に生き残り一〇七二年に単独王となったのは、レオンを相続した次子アルフォンソであった。

皇帝を名乗ったアルフォンソ六世

兄弟を排除してカスティーリャ・レオン・ガリシアの三領域を再統合して単独王となったアルフォンソ六世は、両面作戦を展開する。まず北のキリスト教諸国社会に対して覇を唱える一方で、ピレネー山脈以北の西欧世界との関係を緊密にしていく意図を明確にした。その際に最重要視したのが、フランスのブルゴーニュ地方との関係構築である。アルフォンソ六世の嫡子ウラーカと庶子テレーサにブルゴーニュ伯家からそれぞれ婿を迎えるばかりか、ブルゴーニュに居を構える有力修道院クリュニーとの関係も緊密化させた。自王国内のサアグン修道院にクリュニー修道士が受け入れられ、事実、後に征服されるトレードの初代大司教ベルナルドも、クリュニーから派遣された修道士であった。

一〇七六年六月四日、アルフォンソ六世の従兄弟《いとこ》にあたるナバーラ王サンチョ四世が、王国内諸貴族との対立の末に、暗殺される。この大事件後の協議の結果、ナバーラ王国領域は、後述するようにアラゴン王サンチョ（・ラミレス）一世（在位一〇六三〜一〇九四年）とアルフォンソ六世との間で一時的に分割される。こうして、父王以上にイベリア半島北部に対する覇権をより強く誇示することに、アルフォンソ六世は成功した。アンダルスに対する政策も、父王以上に大規模かつ強硬な路線を採り、近隣のバダホス、トレード、サラゴーサに加えて、セビーリャやグラナダといった主だったターイファ諸王は、すべてパーリアの名のもとに彼へ貢納金を納める存在に成り下がってしまった。

ちょうどこの頃、ローマ教皇位にあったグレゴリウス七世（在位一〇七三〜一〇八五年）は、イベリア半島のキリスト教諸国の君主に対してローマ教皇の首位権を主張し、自らへの服従を求めている。イベリア半島の北部と南部に対する覇権を確立させたアルフォンソ六世が「ヒスパニア全土のインペラトル（皇帝）」という称号を名乗りはじめるのも、ちょうどこの時期であった。「インペラトル」という称号は、一〇世紀頃からレオン王権の表象として散発的に登場していた（ちなみにイングランドでも同様の称号が表れる）。突然ともいえる教皇の服従要求に対して、ヒスパニア、すなわちイベリア半島に独自の政治秩序がかつて存在していたことを、この称号でアピールした可能性が指摘されている。

しかしイベリア半島の「インペラトル」が興味深いのは、服従を求める対象に、アンダルス社会も含まれている点である。ターイファ諸王を従えたアルフォンソ六世は、名実ともにイベリア半島の全領域に対する覇権をアピールしようと画策した。彼の求める地位とは、ローマ教皇権と神聖ローマ皇帝権とを頂点とする、いわゆる中世西欧文明の秩序からは、はみ出してしまうものであった。

イベリア半島固有の政治秩序の維持に重きを置くアルフォンソ六世であったが、他方で西欧との繋がりも積極的に緊密化させている。文書の書体としてカロリング字体を採用し、建築モードとしてロマネスク建築を採り入れる。そして何よりも、ローマ教皇への譲歩を示すべく、それまでの西ゴート王国時代に由来するモサラベ式の教会典礼から、ローマ式のそれへと変更した。既に述べたように、サンティアゴ巡礼路を積極的に整備し、このルートを介して、ピレネー山脈以北との人的・外交的関係を構築していった。いわば、自らの主導権を保持しながら、「西欧化」を物心両面で推進していくという、冷徹な政治姿勢を見せているのである。これに対して歴代のローマ教皇も、叙任権闘争が激化するドイツ領域とは異なり、イベリア半島への強硬な政治介入を避けるようになった。

合従連衡——半島北東部情勢

西欧世界と繋がりながら情勢が目まぐるしく変わっていたのは、カスティーリャ・レオン王国だけではない。半島の北東部に割拠するキリスト教諸勢力もまた、アンダルス社会と西欧世界の双方に深く関与しながら、各々の支配権を確立しようと動いた。

既に述べたように、以前からこの領域には、たとえばカシー家のように後ウマイヤ朝中央政権には服従しない自立勢力が割拠するなか、バスク系社会、そしてピレネー山脈以北のカロリング朝勢力の思惑が絡み合う場となっていた。この傾向は一一世紀を迎えても、変わらなかった。たとえばエブロ川流域のサラゴーサに君臨した最初のターイファであるトゥジーブ朝は、一〇一六年、攻勢を強めるナバーラ王サンチョ三世に危機感を抱き、東西で隣接するキリスト教徒の諸侯、すなわちカスティーリャ伯とバルセローナ伯との間の婚姻同盟を仲介して、彼らと手を結ぶ意思を明確にしている。カスティーリャ、ナバーラ、アラゴン、そしてバルセローナを中心とするカタルーニャが横一列に並び、その南に位置する肥沃なエブロ川流域のターイファという「南北勢力」が入り乱れ、同盟関係が築かれ、武力衝突が生じていたのである。この地で目まぐるしく展開したせめぎあいのなかから、「最前線」の意味で我々もよく使う単語「フロンティア」の語源となる、ラテン語の「フロンテーラ」が生み出されたことは、非常に示唆的である。

一〇三五年にピレネー山麓の狭小な領域アラゴンを相続したラミーロ一世は、弟ゴンサーロが継承したソブラルベ・リバゴルサを、ゴンサーロの死後、併合して、フード朝サラゴーサが支配するエブロ川流域に攻勢をかけようとした。しかしこの動きに近隣諸勢力は警戒を示す。一〇六三年五月に要衝都市グラウスを攻囲する彼は、自身の兄弟のカスティーリャ・レオン王フェルナンド一世からの援軍を得たフード朝サラゴーサの軍を相手に敗死した。

この後、後の時代を予感させる事件が起きる。同じくフード朝領域に属する北方最前線の重要都市バルバストロが、突如、キリスト教徒の軍勢によって征服されたのである。同時代を生きていたムスリムの地理・歴史学者バクリーは、ヒジュラ暦四五六年（西暦一〇六四年）の出来事として、この事件の顚末《てんまつ》を次のように書き残している。

ガーリーシュ［＝イベリア半島北部あるいは南仏を指す］の人々とノルマン人が、この拠点の守備の脆《もろ》さと準備不足を理由に急襲して、四〇日間バルバストロを包囲した後に占領した。（中略）男を殺し、数え切れないほどのムスリムの子供と女性を捕虜にした。（中略）伝えられるところによれば、そのなかから五〇〇〇人の処女と美女を選び出して、コンスタンティノープルの支配者へ贈ったといわれる。彼らは、バルバストロで非常に多くのものを手に入れ、それは筆舌に尽くしがたいほどであった。

バルバストロの征服は、アキテーヌ公ギョーム八世（在位一〇五二～一〇八六年）指揮下の南仏の軍勢に、ウルジェイ伯とビック司教によるカタルーニャの部隊、そして地中海をまたにかけて転戦したロベールを代表とするノルマン人が加わった混成軍によって成し遂げられた。しかし、ここでさらに興味深いのは、ローマ教皇アレクサンデル二世（在位一〇六一～一〇七三年）が遠征参加者に罪の赦しを認めるかたちで介入している形跡がある点である。ピレネー山脈の南北に割拠する諸侯たちとローマ教皇との思惑が錯綜しながら、エブロ川流域のアンダルスに対して実施されたこの遠征は、一一世紀末に実行に移される第一回十字軍よりも前に起きた「十字軍」と解釈されているのである。

とはいえ、この戦果を次に繋げることはできず、占領の翌年にフード朝サラゴーサの君主ムクタディルによって奪還された。それでもバルバストロ征服は、有名な科学史家の伊東俊太郎がかつて論じたように、南仏にアンダルス文芸が紹介され、一二世紀の豊かな宮廷文化を育む起爆剤となった可能性が極めて高い。

さて、王を失ったアラゴンでは、その子息サンチョ（・ラミレス）一世が跡を継いだが、彼は思い切った動きを見せる。彼は一〇六八年にローマに向かい、教皇への臣従を誓ったのである。半島内で孤立しつつある彼がローマ教皇との繋がりを何よりも重視していたことは、同年頃に生まれた長子に、当時は珍しい「ペドロ」の名をあえてつけている事実にも表れている。ローマ教皇は、使徒のひとり聖ペテロ（スペイン語ではペドロ）の後継者を自任していた。

キリスト教諸勢力の思惑が渦巻くなか、エブロ川流域を支配するフード朝は、カスティーリャ・レオン、ナバーラ、カタルーニャと手を結びながら、アラゴン王国の南下拡大を押さえ込もうとし、おおむねそれに成功する。ローマ教皇アレクサンデル二世と、次のグレゴリウス七世は、教皇主導で再び「十字軍」を計画していたもようであるが、実現には至らなかったようである。

4　劇的な状況変化

それぞれの思惑――ターイファ諸国とアルフォンソ六世

フード朝サラゴーサの名君ムクタディルは、カスティーリャ・レオン王やナバーラ王と同盟を結び、金銭を支払ってキリスト教諸国の軍事力を積極的に利用して、アラゴンの進出を食い止めつつ、近隣のターイファ諸国を次々と吸収・合併して最大版図を築きあげた。アンダルスに割拠したターイファ諸政権の統合が進んでいく時代である。アンダルス社会の経済力を背景に、北のキリスト教諸国を金銭で懐柔しながら、政治的統合がいずれは成し遂げられるのではないかと期待された。

しかし北のキリスト教諸国は、アンダルス社会に軍事力を提供するだけの存在に甘んじることはなかった。そのことを、ジーリー朝グラナダ王アブド・アッラーの回想録から、はっきりと読み取れる。同時代人であり、キリスト教諸国の外交使節や君主たちと頻繁にやり取りをしていた当事者の証言は、非常に重い。少々長いが、アルフォンソ六世の遠大な政策目標についての語りを引用しよう。

国土を自ら獲得することが、アルフォンソ［六世］の望みではなかった。というのも彼は事態をよく見極め、自らに次のように言い聞かせていたからである。「私は、彼ら［ムスリム］とは信仰が違うし、住民の皆は私を憎んでいる。いかなる根拠で私は統治すべきなのか。服従させることでか。いや、それは不可能だ。では戦いによってか。いや、都市がたとえ手に入ったとしても私の臣下が死に、私の財が失われ、私の損失は、得られる利益をはるかに超えるであろう。都市が実際に私のものになっても、住民の協力なしに維持することは不可能だ。だが彼らを信頼することはできない。しかし住民を虐殺して、私の同胞［キリスト教徒］を入植させることもできそうにない。ゆえに、最善にして唯一の方策は、彼らの一方を他方と協力して脅し、彼らの都市が疲弊して弱体化するまで金を搾りとることである。彼らが弱りきったなら、自ら降《くだ》り、おのずと私のものとなるであろう」。

現代にも十分通用する分断工作である。ジーリー朝君主は、さらに次のように語る。

私はアルフォンソ［六世］の政策について、彼の宰相シスナンドが私にそのことを知らせてくれたので、十分に認識していた。ある遠征の際、宰相は私に向かって次のように言った。「アンダルスは、もともとはキリスト教徒のものだ。アラブ人に敗れ、最も住みがたい地域である半島北部へ追いやられたのだ。だが今や実力を蓄えたキリスト教徒は、力ずくで失ったものを取り返そうと考えている。これは、［アンダルスの］衰弱と［同地への］侵食によってのみ成し遂げられる。長期的に眺めてアンダルスに人員も金銭もなくなったとき、我々は苦労もなく、それを回復できることであろう」。

九世紀末にアストゥリアス王国で誕生し、その後継を自任するカスティーリャ・レオン王国へと受け継がれたレコンキスタ・イデオロギーが、アンダルス社会でもよく認知されていたことが、この証言からもよく分かる。

アブド・アッラーが即位した頃から、アンダルス社会の町々で、次第に非難の声が上がるようになる。一二世紀チュニスの歴史家カルダブースの言を借りれば、ターイファ諸王は「アルフォンソの徴税吏に成り下がり、彼のために税を集め、誰も彼の命令には反論せず、また誰も彼を押さえ込まなかった」と酷評されるようになった。国内で重税をかけて、イスラーム世界の外の異教徒勢力に金銭を提供して軍事力を確保するというターイファ諸王の外交方針は、各地のウラマーから厳しく批判されはじめていた。ターイファの存在意義が問われるなか、このような政策を、いつまでも続けるわけにはいかなかった。

直接支配の開始

分水嶺《ぶんすいれい》は、一〇七五年頃である。アルフォンソ六世の「盟友」であったズーンヌーン朝君主マームーンが亡くなり、同ターイファが混乱しだす時期でもある。その翌年には、先に述べたように、ナバーラ王暗殺の混乱状態のなか、ナバーラの領域はカスティーリャ・レオンとアラゴンに分割統治されることになった。結果、両王国の政治・軍事的資源は、さらに増大した。

カスティーリャ・レオン王アルフォンソ六世は、自前の軍事力をちらつかせて圧力をかけ、アンダルス領域の奥深くまで達する大規模な略奪遠征を定期的に行い、恐れおののくターイファ諸王から、莫大《ばくだい》な貢納金を強制的に取り立てるようになった。貢納金支払いのために重税をかけられ、アンダルスの民はますます不満を募らせるようになる。遅ればせながら、一〇八〇年代になるとアラゴン王サンチョ一世もまた、ついにフード朝領域の前線拠点の確保に成功しはじめた。

アンダルスを直接支配するためにアルフォンソ六世が危惧していた前述の引用中の台詞にあった問題点も、解決されつつあった。サンティアゴ巡礼路を通じて、ピレネー山脈の北から「フランス人」たちが流入して定住し、人口が増加した。西欧世界全体のダイナミズムと連動して、征服活動を支える人的資源が確保された。後の十字軍運動へと結実する、人々を対異教徒戦争に駆り立てるためのイデオロギーもまた、準備されつつあった。ちなみにアンダルスから取り立てられた莫大な貢納金の一部は、定期的にクリュニー修道院へ寄贈されていた形跡がある。同修道院の繁栄は、皮肉にもムスリムからの献金に支えられていたのである。

さて、貢納金の獲得から征服への移行段階に入ったことを示す象徴例が、一〇八五年の有名なトレードの征服といえる。とはいえ、その征服に至った経緯は複雑であり、単純な武力衝突ともいえない。君主マームーンの死後、ズーンヌーン朝は有能な後継者に恵まれず、政治的求心力が急速に失われた。跡を継いだカーディル（在位一〇七五～一〇九二年）は進退窮まって、新たにバレンシア地方の君主となるために必要な軍事援助をカスティーリャ・レオンから得るのと引き換えに、旧領トレードを譲渡する秘密約定を結んだ。しかし自治の気風の強かった都市トレードの住民はこの約定に従わず、結果として包囲・籠城戦となったと考えられる。孤軍奮闘となったトレードは、抵抗の末に降伏することを選択した。それに伴って、トレード近郊の諸拠点も投降したと推測される。一〇八五年の五月二五日、聖ウルバヌスの祝日に、アルフォンソ六世はトレードに凱旋入城した。

イベリア半島南北の力関係の逆転を端的に象徴するこの出来事の顛末について、ラテン語・アラビア語の双方で書かれた複数の歴史書が述べており、降伏をめぐる条件で、ほぼ一致した証言を残している。たとえば先にも引用したカルダブースは、トレードの都市民が降伏時に提示した条件を、次のように簡潔にまとめている。

［降伏する条件とは、］すなわち、残留するムスリムに関して、彼ら自身、彼らの財産、彼らの子孫に対する安全を保障すること。退去を希望する者は、それを妨げられないこと。残留を希望する者に、頭数《あたまかず》に応じた税の支払いのみが課されること。もしある者が退去した後で帰還するならば、保有する財産とともに、いかなる障害もなく逗留《とうりゅう》できること［であった］。アルフォンソ［六世］はこれらを約束し、彼らに対して誓約でもって協約を保障して、彼らを裏切ることも欺くこともないことを請け合った。

トレードの都市内には、ムスリムに加えて、いまだに多くのモサラベ（キリスト教徒）が居住していた。アンダルス社会でイスラームへの改宗が急速に進み、モサラベが少数派に転落していたとはいえ、既に述べたように、北のキリスト教諸国社会と接し続けてきたトレード近郊は別であった。後述するように多くの軋轢を伴いながらも、アラビア語を母語とする人々が多数居住して、文明の間を橋渡しする能力に長《た》けたユダヤ人コミュニティも抱えるこの都市は、一二世紀以降、アラビア語からラテン語あるいは中世カスティーリャ（スペイン）語への翻訳運動における一大拠点となった。

再びカルダブースによれば、これ以後アルフォンソ六世は、キリスト教徒のみならずムスリムに対する支配権を対外的にアピールするため、「二宗教皇帝」という称号を名乗ったという。

アルフォンソ［六世］は権力者の道を歩み、自らカエサル［皇帝］の地位に就いた。彼は尊大さとあまりに緊密になり、大地に歩くすべてのものを卑しいとみなした。彼はインペラトルの称号、すなわち彼らの言葉で「信徒の長［アミール・アルムーミニーン］」という称号を採用し、彼に由来する文書に二宗教皇帝と記しはじめた。彼はムスリム君主の使節たちに対し、彼の保護のもとに置かれ管理下に属す者のほかに、イベリア半島にはいかなる党派も存在せず、逃げ道は彼らに残されていないということを断言した。

かつて西ゴート王国の宮廷が置かれたトレードを我がものとし、ムスリム臣民も含めて、彼の支配域は一気に拡大した。アンダルスのターイファ諸王で彼に敵《かな》う者はいない。大勢は決したかに思われた。

ムラービト朝の介入

トレードはアンダルスで有数の人口を抱える都市であり、かつ学問の中心地としても機能していた。この都市が征服されたという情報は、アンダルス社会を震撼《しんかん》させた。アンダルス北部生まれの政治哲学者トゥルトゥーシーは、自らの理論書において財力の確保ばかりを重視して、兵力の確保を疎《おろそ》かにしたターイファ諸王を痛烈に非難していた。ここに至ってキリスト教諸国

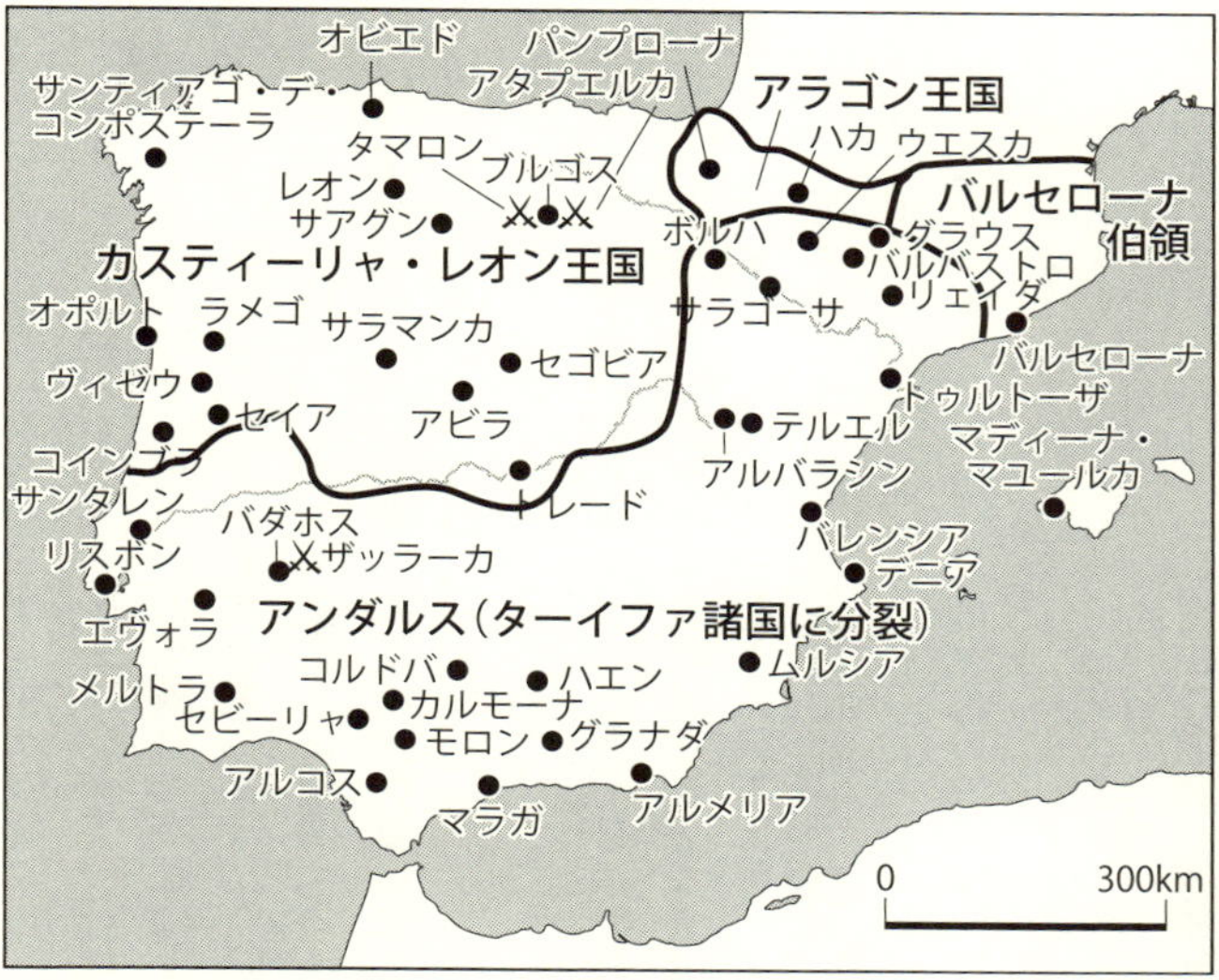

アルフォンソ６世によるトレード征服後の情勢（1086年）　カスティーリャ・レオン王国の領域拡大が著しいのが分かる（Monsalvo Antón, J. M., *Atlas histórico de la España medieval*, Madrid: Editorial Síntesis, 2010, p.102の地図を参考に作成）

の軍事力に頼る危険性を痛感し、事態の深刻さを理解したターイファ諸王は、地中海の対岸マグリブで破竹の勢いを見せるムラービト朝君主に救援要請を行うことを決断した。これとともに、これまで行ってきた北のキリスト教諸国、とりわけ二宗教皇帝を名乗るアルフォンソ六世に対する貢納金の支払いを拒絶した。

しかしながら、自らの軍事力で対処できないとはいえ、アンダルスの外のムラービト朝に頼ることの危険性を、ターイファ諸王はよく認識していた。一三八一年頃に書かれたとされる後代のアラビア語歴史書によれば、アッバード朝セビーリャの君主ムータミドは「我々の徴収した貢租は失われ、我々の兵は四散して、貴顕《きけん》の士も市井の民も我々を憎んでいる」と述べ、「神に誓って、豚の世話役になるよりも、ラクダに草を食《は》ませるほうが良い」と吐露した。豚はキリスト教徒、ラクダはベルベル系遊牧民の比喩である。史料としてはあまり信頼の置けない記述を多く含む歴史書ではあるが、至言である。

ムラービト朝は、マーリク派法学に傾倒するイブン・ヤーシーンを精神的指導者とした、ベルベル諸部族の宗教刷新運動に端を発する。この政治・信仰共同体が周辺に拡大して成立した王朝国家が、ムラービト朝である。軍事的資質を備えたユースフ・ブン・ターシュフィーン(在位一〇六一～一一〇六年)は、モロッコ中部のマラケシュに宮廷を置き、南はサハラを越えて西アフリカ交易の中心ガーナを征服、砂漠の両側の交易ルートに沿って遊牧民社会と定住民社会とを統合して、西アフリカと地中海とを繋ぐ帝国を築きあげた。ジブラルタル海峡沿いの都市セウタを一〇八四年に支配下に組み入れ、アンダルスに上陸することも容易《たやす》かった。

アッバース朝カリフに名目上は服従し、自らは「アミール・アルムスリミーン(ムスリムたちの長)」という称号を名乗る。しかしこの「アミール」に、ジハード(聖戦)の発令から貨幣の鋳造に至るまでの広範な裁量を認める集権体制を目指した。ジハードの挙行を重視する彼は、ターイファ諸王の要請に応えて、一〇八六年の夏、自ら大軍を率いて海峡を渡り、ターイファ諸王率いる軍勢と合流して北上した。当時、サラゴーサ遠征に出向いていたアルフォンソ六世は、迎撃のために南下、一〇月二三日にバダホス近郊で両軍は衝突した。このザッラーカ会戦と後に呼ばれるようになる戦いでムラービト朝・ターイファ諸王の連合軍が勝利を収め、攻守が逆転した。一〇八九年に、再びアンダルスに来訪したムラービト朝君主ユースフは、アンダルスの南に影響を及ぼそうとするカスティーリャ・レオンに対して有利に戦況を運ぶ。

ここに至って、重税を課してきたターイファ諸王に対するアンダルス社会での「世論」が爆発した。キリスト教諸国に対する軍事的優位を見せつけたムラービト朝を歓迎する風潮に後押しされて、サハラ交易からの莫大な金《きん》を確保して経済的にも潤っているユースフは、コーランに基づかない非合法な税を徴収しないことを約束し、ターイファ諸王を排除することを決断した。一〇九〇年、ジーリー朝グラナダ王アブド・アッラーが廃位され、その翌年にはアッバード朝セビーリャ王ムータミドも同様の運命をたどった。アンダルス南部の社会は雪崩を打ってムラービト朝に帰順し、一〇九四年にはかつての下辺境に君臨したアフタス朝バダホスも滅亡した。

ムラービト朝は自らのアンダルス支配の正当性と、イベリア半島全土を奪還する意図を、書簡のやり取りや歴史叙述を通じて訴えかける。この「プロパガンダ」にアンダルス社会の指導層、とりわけ裁判官が輩出する家系が協力する。ムラービト朝君主ユースフも、地域有力者として裁判官を司法のみならず軍事的な役割を担う地方行政のリーダーとして重用した。こうして一二世紀になるとムラービト朝支配下アンダルス社会では、裁判官家系が各地で台頭することとなる。

こうして一一世紀の末、ムラービト朝によるアンダルス南部の統合により、形勢は大きく変化した。ベルベル軍人のアンダルス駐屯によって軍事力は拮抗《きっこう》する。それまで大量の金銭を貢納金（パーリア）の名のもとに徴収し潤っていた北のキリスト教社会では、金貨流入が途絶し、社会経済的な混乱が生じる。一進一退の時代を迎えるのである。

第五章　一進一退の攻防

1　キリスト教諸国の混乱と成長

カスティーリャ・レオンの危機

アンダルス南部を併合したムラービト朝は、カスティーリャ・レオン王国を第一の攻撃目標と位置づけ、征服されて間もない都市トレードとその近郊を激しく蹂躙し続けた。結果、カスティーリャ・レオン王国は多くの領域を失ったが、トレードは、からくも持ちこたえていた。

一方、イベリア半島の東部では「スペインの英雄」として名高いエル・シッドの活躍によって、ムラービト朝の進撃が食い止められていた。本名ロドリーゴ・ディアス・デ・ビバール（一〇四三〜一〇九九年）、アラビア語の「主君」を意味するあだ名がスペイン語化した「エル・シッド」という尊称で名高い。彼はカスティーリャ下級貴族の出身であったが、軍才によ

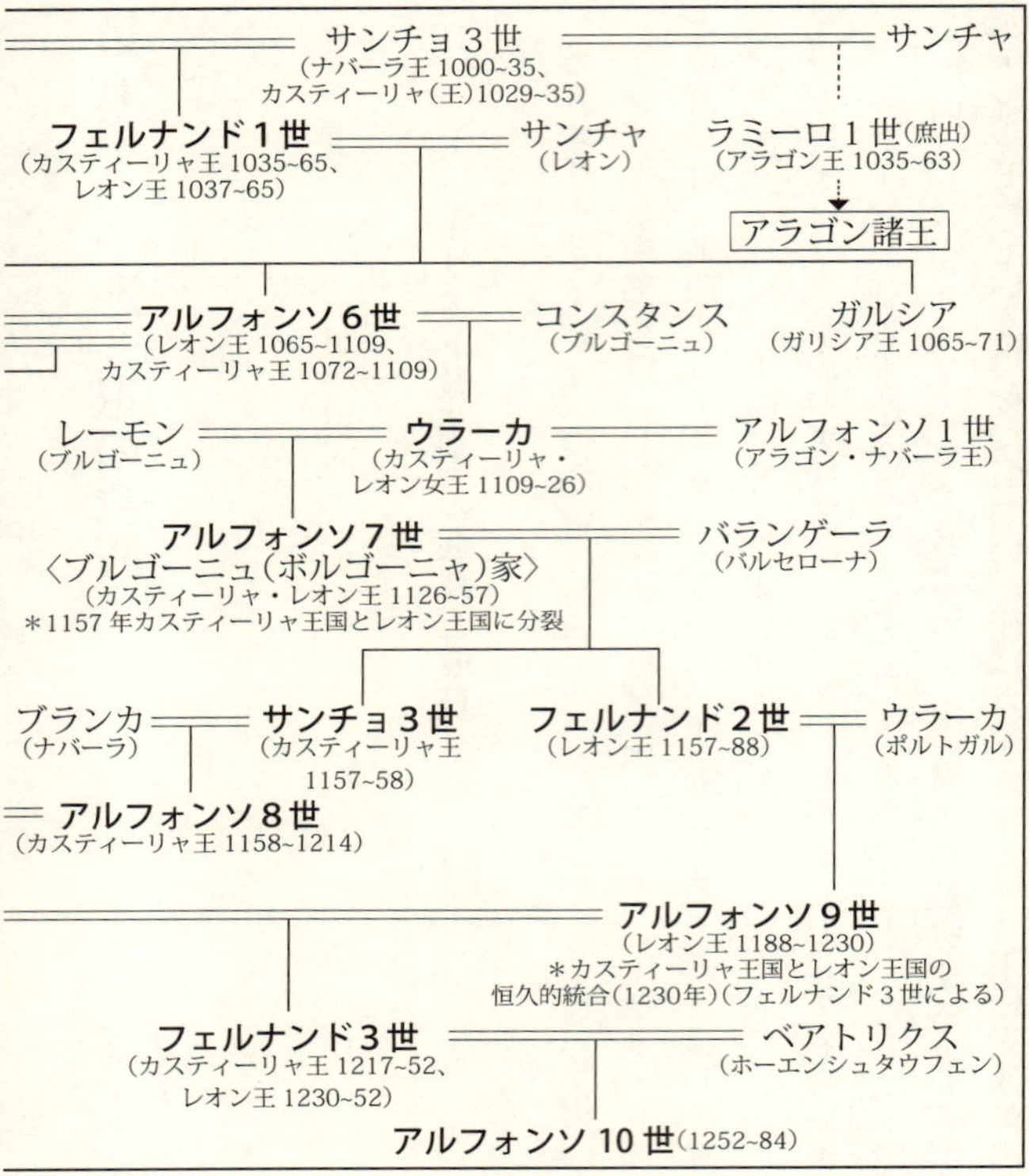

って頭角を現し、カスティーリャ・レオンの大貴族らと渡り合う存在となった。その後、アルフォンソ六世と仲違いし、出奔してフード朝サラゴーサ王に仕え、アラゴンやカタルーニャのキリスト教徒勢力と矛を交え、その才能をいかんなく発揮してその名を轟《とどろ》かせた。

ムラービト朝の進軍を前にして、旧主君との関係を修復し、その名に従ってもともとはトレードを支配してい

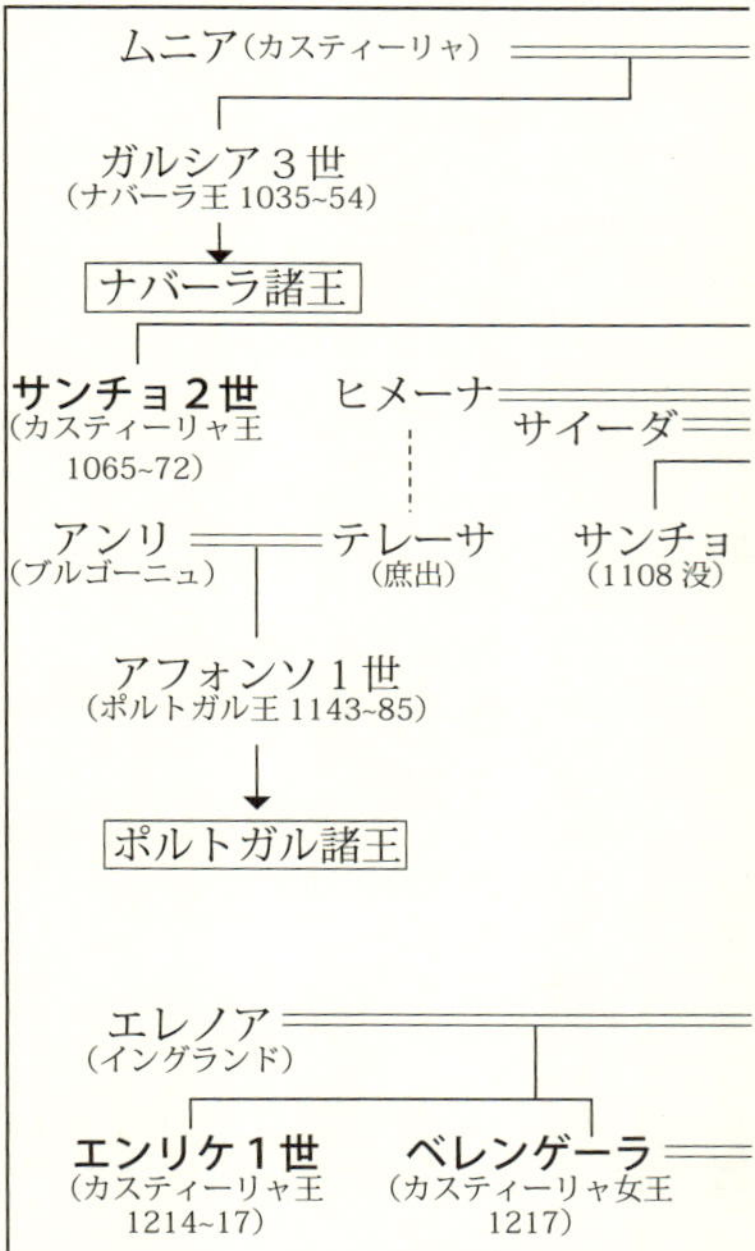

カスティーリャ・レオン王家の系図

カスティーリャ・レオン王家の系図（11 世紀～13 世紀半ば）（立石博高、黒田祐我『図説 スペインの歴史』河出書房新社、2022 年、155 頁をもとに作成）
＊ゴシック体の人物は君主位に就いた人物

たズーンヌーン朝君主カーディルのいるバレンシアへと赴く。いまだ独立国として踏みとどまっていた、かつての主君フード朝とも連携しながら、紆余曲折を経て一〇九四年、エル・シッドはバレンシアの一国一城の主になる。以降、来襲するムラービト朝軍を撃退し続けた。一〇九九年に亡くなり、彼の妻ヒメーナが地位を相続するも守り切れず、結局一一〇二年にバレンシアは放棄され、そこへムラービト朝軍が入城した。

　ところで一〇九五年、クレルモン公会議において十字軍運動が開始され、一〇九九年には聖地イェルサレムが征服されて、十字軍国家が建国されていた。以後、西欧から多くの者たちが聖地へと波状的に向かう。しかしローマ教皇パスカリス二世（在位一〇九九～一一一八年）は、イベリア半島出身者が聖地へ赴くことを禁止し、「貴殿らの地にとどまって、すべての者らとともにモアブ人、モーロ人と戦うべし」と命じた。「モーロ人」はムスリム一般を指す名称であるが、「モアブ人」がムラービト朝軍を指すことは明らかであり、彼らと戦うものに対して聖地で戦うのと同等の罪の赦し（贖宥《しょくゆう》）が得られると諭す。ムラービト朝軍の破竹の侵攻が、当時の西欧世界に対して与えた恐怖は激烈であった。

アンダルス南部を併合したムラービト朝君主ユースフが亡くなると、二三歳の息子アリー・ブン・ユースフ（在位一一〇六～一一四三年）が、この帝国を継承した。アンダルスには彼の兄弟が駐屯して、父と同じく北方遠征を繰り返した。アルフォンソ六世にとって痛恨劇となったのは、一一〇八年の五月、ムラービト朝遠征軍に対して大敗北を喫したウクレスの戦いである。多くの聖俗貴族の命が失われ、何よりも弱冠一四から一五歳前後であったアルフォンソ六世の嫡男サンチョが、退却途上で戦死したのは痛手であった。突如、唯一の男子の世継ぎを失った老齢のアルフォンソ六世は、娘ウラーカに後を託して一一〇九年の七月にこの世を去る。この一方で勝利を収めたムラービト朝は、トレード東方部のクエンカを確保して、北上しエブロ川流域へと進み、アンダルス全土を再統一する足掛かりを得た。

急激に支配領域を拡大したカスティーリャ・レオン王国であったが、ムラービト朝のアンダルス併合によって、国王から多くの褒賞や経済的特権を得ることができる同王国社会にとっての「バブル期」が急に終わってしまい、社会経済的混乱が頻発する時期を迎えた。スペイン・サラマンカ大学の中世史家ミンゲスが「拡大に伴う危機」と呼ぶ状態へ陥ったのである。これと、アルフォンソ六世の築きあげた広大な版図を、誰がどのように継承するのかをめぐる政治党派間の対立が連動して、さらに混乱が深まった。

カスティーリャ・レオン女王として即位したウラーカ（在位一一〇九～一一二六年）であったが、ブルゴーニュ伯家出身の前夫レーモンを既に亡くしていた。即位間もなく、広大な王国社会をまとめ上げるため、アラゴン・ナバーラ王アルフォンソ一世（在位一一〇四～一一三四年）と婚姻関係を結ぶ。おそらく父が亡くなる前から、結婚の交渉は始まっていた。しかし早くも一一一〇年初夏以降、新郎新婦の関係は悪化、王国統治をめぐっての武力衝突へと発展する。一一一四年の一〇月、この結婚の無効が宣言されるものの、以後も争いは続いた。アラゴン・ナバーラ王アルフォンソ一世は、自らの王国領域を急激に拡大させた武人王ではあったが、戦闘に明け暮れることを何よりも好み、同性愛の傾向も噂《うわさ》されている。

ウラーカとは腹違いの姉妹テレーサ（一〇八〇頃～一一三〇年）とブルゴーニュ伯家出身の夫アンリは、現在の北ポルトガルの領域を治めていたが、姉妹関係の悪化は避けられなくなった。夫を亡くした後、テレーサとその息子アフォンソは、事実上独立して行動するようになった。さらに事態をややこしくしたのは、ウラーカの前夫レーモンとの間に生まれた嫡男アルフォンソ（後の七世。在位一一二六～一一五七年）の存在である。両親の旧領であったガリシア地方の聖俗貴族が後ろ盾となって彼を盛り立て、女王ウラーカの命に背くこともしばしばであった。とはいうものの、これまで考えられてきたほどに親子の仲は悪くなく、愛情に満ちた親子関係にあったのではないかと、現在の歴史家は考えている。これらの党派のそれぞれに、一一世紀に力を蓄えていた聖俗貴族層や都市の思惑が関わることで、状況は混迷を極めた。

ウラーカ女王の治世期は、一言でいえば混迷の時代であった。ムラービト朝治下のアンダルスの攻勢に対して、防戦一方とならざるをえなかった時代でもある。夫婦関係がこじれたアラゴン王とは戦争状態に陥るものの、それでもウラーカは女王の位を放棄することはなかった。自ら受け継いだ王国に秩序をもたらし、さらに発展させるべく、サンティアゴ巡礼路を整備し、王国の中心都市レオンの拡張事業を行い、聖地イェルサレムで誕生したばかりの騎士修道会という新たな軍事組織にいちはやく着目している。彼女は一一二六年三月、おそらく愛人との間に妊娠した子を出産する際に亡くなった。前夫を亡くし、新夫アラゴン王とも疎遠になったウラーカと、その愛人であり、側近でもあり続けた王国最有力貴族家門ララ家のペドロ・ゴンサレス伯との関係は、生涯変わることはなかったといわれる。

カスティーリャ・レオンの再編

一二世紀とは、王族と諸貴族との力が最も拮抗した不安定な時代であった。後者の力を自らの権威のもとに組み込み、排他的な支配領域を、王国単位で形成していく時期、すなわち封建王政の確立期であった。王も貴族も、双方が互いを必要とする互恵的関係のネットワークで成り立つ封建社会では、王は封建家臣を王国統治に参画させ、彼らから助言と援助を得る見返りとして、彼らに恩恵を与える。封建家臣は、王権の庇護のもと自ら保有する領地の統治を正当化し、戦士階級として自らのエリートとしての社会的地位を確保する。しかし封建社会を安定化させるためには、家臣の忠誠を繋ぎ止めるため、褒賞となる新たな動産や不動産が常に必要となる。これを確保するために王国外へ領土拡張戦争や略奪遠征を常に行わねばならないという重大な欠点があった。つまり、政治・軍事的に守勢に立たされると、経済が停滞し、国内の政治状況も不安定になってしまうことが多いのである。

話を戻そう。ウラーカの死後、前夫との間に生まれた嫡男アルフォンソ七世が即位したが、最初から皆が彼を認めたわけではない。特にアラゴン王国と境を接し、アラゴン王側に与するカスティーリャ諸貴族との反目が続いた。それでも一一二七年の七月、母の仇敵《きゅうてき》であったアラゴン・ナバーラ王アルフォンソ一世と和解すると、一一三三年頃までには、反抗する貴族らと新たな封建主従契約を結びなおして、再服従させることに成功した。

一一三四年の九月、後述するようにアラゴン・ナバーラ王アルフォンソ一世が、フラガ攻城戦での負傷がもとで戦死すると、自立的な貴族家門の牙城となってきたカスティーリャ東方のリオハ地方を再服属させたうえで、王位継承問題で混乱するアラゴン王国に対しても優位に立ち、服従させることに成功した。なおこの混乱期に、それまでカスティーリャとアラゴンに分割・吸収されていたかつてのナバーラ王国が復活している。

国内の反乱分子を一掃あるいは懐柔して、キリスト教諸国に対する覇権を確立しつつあったアルフォンソ七世は、ムラービト朝の支配するアンダルスに対しても攻勢に出る意思を示す。既に一一三三年の夏には初のアンダルス親征に着手し、かつてのターイファ、フード朝サラゴーサ王の末裔サイフ・アッダウラ（サファドーラ）に援助の手をさしのべ、自らの家臣とした。サイフ・アッダウラの臣従についての記述は、ラテン語・アラビア語双方の歴史書に登場するが、アルフォンソ七世は、ターイファ諸王の末裔のひとりを旗印にして、アンダルスに対する軍事介入を正当化しようとしたと考えられる。

一一三五年五月二五日にレオンで挙行された皇帝戴冠式が、この政治的野望を明白に示している。同時代に執筆された『アルフォンソ皇帝年代記』の描写を引用しよう。

大司教、司教、大修道院長、すべての貴族とすべての民は、［ナバーラ王］ガルシア、王の姉妹たちとともに、レオン王［＝アルフォンソ七世］を「インペラトル」と歓呼するため、再び祝福のマリア教会に集《つど》った。なぜなら［ナバーラ王］ガルシア、サラセン人たちの王サファドーラ、バルセローナ伯ラモン、トゥールーズ伯アルフォンス、そしてガスコーニュとフランスの多くの伯や公らが、あらゆる点において、彼、レオン王に服属しているからである。

祖父アルフォンソ六世の時代と同様、インペラトル（皇帝）という称号を名乗り、イベリア半島と南仏の王と諸侯たちに対する覇権を誇示する。これに加えて「サラセン人」すなわちムスリムを統べる権限をサイフ・アッダウラに託し、アンダルスに対して服従を要求したのである。これ以後、アルフォンソ七世は攻勢を強め、一一三九年にトレードからタホ川の上流約五〇キロにあるオレハを占領、一一四二年には要衝コリアを確保して、タホ川流域からムラービト朝の影響力を着実に排除していった。さらにアンダルスの本拠地、半島南部のグアダルキビル川流域への侵攻を繰り返すようになる。

エブロ川流域の征服活動

一方、いちはやくローマ教皇に臣従することで、外交的孤立を避けたアラゴン・ナバーラ王のサンチョ一世は、一〇八〇年代から攻勢に出て、着実にエブロ川流域の城砦を獲得していった。しかし重要都市を落とすまでにはまだ至らない。一〇八二年にフード朝サラゴーサの名君ムクタディルが亡くなるものの、ムータマン（在位一〇八二～一〇八五年）と続くムスタイーン二世（在位一〇八五～一一一〇年）の時代、傭兵隊長としてエル・シッドがフード朝に奉仕して、アラゴンの南下を食い止めたからである。それでも一〇八三年には、ピレネー山脈の北側の諸侯や教皇との関係を維持・緊密化しながら攻勢を強めて、城砦アリェルベを落とし、父王ラミーロがその征服を目指して亡くなったグラウスを征服、この地方の最重要都市ウエスカの獲得が見えてきた。

一〇八九年にはモンソンを征服したが、これが比較的重要な都市拠点を征服したはじめての事例といえる。続いて、当時としては相当な規模といえる五〇〇〇名近くの人口を抱え、文化面でも繁栄していたウエスカの包囲に着手するが、フード朝サラゴーサは、カスティーリャ・レオン王アルフォンソ六世の軍事援助を受けて、何とか持ちこたえることができた。サンチョ一世は一〇九四年六月四日、ウエスカ攻城時に戦死したが、息子ペドロ一世(在位一〇九四～一一〇四年)のもとで攻撃は継続され、ついに一〇九六年一一月、ウエスカは征服された。続いて一一〇一年には、前章で見た「十字軍」で一時的に征服されたバルバストロの奪還に成功するも、一一〇四年にペドロ一世は早逝した。

ターイファとして最後まで抵抗を続けていたフード朝サラゴーサの君主ムスタイーン二世は、一一一〇年、アラゴンとの交戦で亡くなった。間もなく、その支配領域はムラービト朝の支配下に組み入れられた。ムラービト朝はさらにバレアレス諸島を確保し、こうしてアンダルスのすべてが、ムラービト朝のもとで統合された。

しかしペドロ一世の跡を継いだ、弟アルフォンソ一世の時代、ムラービト朝下のエブロ川流域の征服活動が劇的に進展する。特筆すべきは、一一一八年のサラゴーサ征服である。五月から都市の包囲を開始し、押し寄せるムラービト朝の救援軍を撃破して、一二月一八日、ついに降伏した都市内への入城を果たした。余勢を駆ってこの翌年、サラゴーサよりも上流域に位置するトゥデーラとタラソーナを降伏させて占領することにも成功、着実にエブロ川流域の征服とそこへの入植を進めていった。

ここで興味深いのは、エブロ川流域の征服が、アンダルスのムスリム臣民を多く取り込みながら進められた点である。たとえばサラゴーサは、以下の条件で降伏したと一二世紀チュニスの歴史家カルダブースがまとめる。

　彼らのうちで人頭税の支払いのもとで残留を希望する者は、特例としてその地にとどまることとなった。財産を伴って望みの地への移住を希望する者は、イスラームの地へと到達するまで完全なる安全の保障が与えられた。キリスト教徒が市壁内に居住して、ムスリムは皮鞣《かわなめ》し屋の街区に居住するという条件であり……

このように郊外への移住を強制されるものの、トレードと同様、降伏したムスリムたちの身体と財産が保障され、信教の自由も認められたのである。キリスト教諸国によるアンダルス征服後にとどまることを選択したムスリムたちとその子孫のことは、「残留者」を意味する「ムデハル」という名で呼ばれている。

アラゴン連合王国の成立

一一二〇年の六月、押し寄せるムラービト朝軍にクタンダで大勝利を収めたアルフォンソ一世は、エブロ川流域の都市・農村を着々と征服していくものの、エブロ川下流域のメキネンサとフラガの征服を目論んだ一一三四年、フラガ攻防戦で挟み撃ちに遭い戦死を遂げる。ここで歴史の流れをおそらく大きく変えたであろう偶然が重なった。

先述のとおり、カスティーリャ・レオン女王ウラーカとの結婚がうまくいかなかった彼には、直系の子孫がいなかった。さらにムスリムとの戦闘に明け暮れ、聖地イェルサレムへの憧れを断ち切れない彼は、突飛なことを書き遺《のこ》す。イェルサレムの聖墳墓騎士修道会、テンプル騎士修道会、聖ヨハネ騎士修道会という、当時聖地で誕生して間もない三つの騎士修道会組織に、アラゴン王国を譲渡するという遺言状をしたためていたのである。

遺言の執行に、当然ながら王国貴族は猛反発した。アラゴン貴族は、結局、アルフォンソ一世の弟で教会人としてのキャリアを積んでいたラミーロ(二世。在位一一三四〜一一三七年)を王の候補者として推戴した。修道院長を歴任し、当時ロダ・バルバストロ司教であった彼は、還俗《げんぞく》して王として即位した。戦士としての経験を積んでいないラミーロ二世を認めない諸侯も多かったが、彼は政治・外交的手腕に長けていた。幼少期より修道士であった彼は当然ながら未婚であったため、南仏のアキテーヌ公ギヨーム九世の娘アニェスと一一三五年一一月に結婚してさっそく、娘ペトロニーラをもうけた。自らの資質をよく自覚していたであろう彼は、いまだ一歳であった娘ペトロニーラと、カタルーニャの実質唯一の君主となっていた若きバルセローナ伯ラモン・バランゲー四世(在位一一三一〜一一六二年)との婚姻契約を締結した。将来の娘婿にアラゴン王国の統治を託すと、自らは所縁のあるウエスカのサン・ペドロ修道院に隠《いん》棲《せい》した。

結婚はペトロニーラが一四歳となった一一五〇年に成就したが、アラゴンの統治権を獲得したバルセローナ伯のもとで、本来は別々の政治単位であった両国が連合した形態、すなわちアラゴン連合王国（ラ・コローナ・デ・アラゴン）が誕生したのである。一方で、アラゴン王ラミーロ二世を認めなかったナバーラ貴族は、一一世紀半ばのナバーラ王ガルシア三世の庶子サンチョの孫にあたるガルシア・ラミレス（在位一一三四～一一五〇年）を推戴して独立する。ちなみにこのガルシア王は、先に登場したエル・シッドの娘クリスティーナを母に持つ。

ヒスパニア辺境領からその歴史をはじめ、一一世紀にいわゆる「封建革命」を経験したカタルーニャ諸伯領では、聖俗諸侯たちとの協力関係を取り付け、自らの権威を確固たるものとしたバルセローナ伯の優位が確定していた。カタルーニャ諸伯領内での唯一の君主としてふるまうラモン・バランゲー三世（在位一〇八六～一一三一年）は、南仏諸侯との婚姻関係を緊密化させ、ちょうど十字軍を主導しようとしていたローマ教皇とも連携して動いている。地中海に面した要衝バルセローナを本拠として、イタリアのピサやジェノヴァといった海洋都市国家と競いあって、地中海の諸島を繋ぐ交易ルートの権益を確保しようと画策した。

南仏・イタリアを含む西地中海圏との繋がりを重視するカタルーニャと、ピレネー山麓から起こった内陸国家としてのアラゴン。異なる出自を持つ両国を繋げた、新たな政治単位がここに誕生したのである。

2 風雲急を告げるマグリブ・アンダルス

ムラービト朝の滅亡

コーランに基づかない非合法な税を徴収することなく、キリスト教徒諸国の南下攻勢を抑止してくれることを期待して、アンダルス社会はムラービト朝による支配を歓迎し、ターイファ諸王を排除することに同意した。こうしてムラービト朝は、ターイファ諸王の割拠していたアンダルスを自らの帝国内に統合し、キリスト教諸国と激しく鍔迫《つばぜ》り合《あ》いを繰り広げた。

確かに、一一世紀末から一二世紀初頭にかけての勢いはすさまじく、カスティーリャ・レオン王アルフォンソ六世は防戦一方となった。しかし結局ムラービト朝軍は、最重要拠点であるトレードを陥落させることができなかったし、アラゴン・ナバーラ王アルフォンソ一世に対して敗北を重ね、エブロ川流域の都市を次々と失ったことも事実である。次第にアンダルス社会では、ムラービト朝の統治に対する不信感が募っていった。その綻びは、既に一一二〇年代初頭に起きている。総督に対するコルドバでの都市反乱がそれである。結果として鎮圧されるものの、アンダルスでの不満の高まりを象徴する事件といえる。

続いてアンダルス社会を震撼させたのは、アラゴン・ナバーラ王アルフォンソ一世による大遠征であった。一一二五年の九月、後代の史料によれば、四〇〇〇から五〇〇〇名に及ぶ騎兵と一万五〇〇〇名近くの歩兵を率いてサラゴーサを出立したという。当時の人口規模や兵站能力を考えれば、この兵数をそのまま信用することはできないものの、大遠征であることに変わりはないであろう。

バレンシア、デニア、ムルシアと地中海沿岸部を南下して、その後内陸に侵入、事前に内通していたグラナダに居住するモサラベ共同体と接触した。その後は北上してコルドバ近郊を蹂躙、南下して地中海沿いを進み、再びグラナダに向かい、その後バレンシアを経てアラゴン王国に帰還した。期間は一〇か月から一五か月近くにわたっており、まさに大遠征であった。城壁を備えたアンダルスの都市拠点を攻撃することはできなかったが、何よりも少数派に転落し肩身の狭い境遇にさらされていた西ゴート王国以来のキリスト教徒であるモサラベを味方につけて、縦横無尽にアンダルスを略奪しながら動き回ったのである。寝返ったモサラベの一部は、遠征軍に同行してアラゴン王国へ移住することになった。

アルフォンソ一世の大遠征は、これに対処できなかったムラービト朝の迎撃・防衛能力の低さを露呈させた。加えてアンダルス社会に少数派として残っていたモサラベたちが内通することによって生じる危険性も明らかとなった。コルドバの大法官を務めていた、かの有名なイブン・ルシュド（アヴェロエス）と同名の祖父が示した法的見解に則り、モサラベ共同体は、マラケシュ、メクネス、サレなどのマグリブ都市への強制移住を命じられたといわれる。これをもって、アンダルスにおけるモサラベの歴史は、事実上終わる。

既に述べたように一一三〇年代になると、国内の安定を取り戻したカスティーリャ・レオン王国が、アラゴン王国と同じく南下拡大路線を採る。キリスト教諸国の攻勢を食い止められないムラービト朝政権は、財政悪化を理由に前言を撤回して、コーランに基づかない非合法な税の徴収を開始した。こうしてアンダルス臣民との間の溝は、ますます深まった。

しかしこれも致し方のないことであった。ムラービト朝政権にとって、当時の最大の懸案事項は、本拠地マグリブで急激な拡大を見せていたムワッヒド朝であったからである。反ムラービトを掲げる新たなムワッヒド朝の勢いに押されて、ムラービト朝はマグリブ防衛のために西欧出身のキリスト教徒傭兵を大量に雇用して対処していた。

一一四三年に君主アリー・ブン・ユースフが亡くなると、王朝は急速に瓦解した。次の君主ターシュフィーン・ブン・アリー（在位一一四三〜四五年）はムワッヒド朝との戦闘で戦死し、キリスト教徒の傭兵団を統率していたカタルーニャ出身のレヴェルテルも運命を共にする。一一四六年にはフェスが占領され、ついに一一四七年三月、包囲攻撃を受けた王都マラケシュが陥落して、ムラービト朝は滅亡した。

第二次ターイファ時代と征服活動の進展

アンダルスに対して、攻勢を強めるカスティーリャ・レオン王アルフォンソ七世は、第一次ターイファのひとつフード朝の末裔サイフ・アッダウラを味方につけて、彼とともにアンダルスへの略奪遠征を繰り返していた。ムラービト朝に対して不満を募らせるアンダルス社会に対する、明らかな分断工作であった。

『アルフォンソ皇帝年代記』によれば、アンダルス社会の有力者が自発的に、サイフ・アッダウラのもとに寝返ってムラービト朝の支配から脱したいという意向を伝えてきた。

　ハガル人［＝アンダルスのムスリム］の諸侯たちは、使節をサファドーラ王［＝サイフ・アッダウラ］に内密に派遣して、次のように伝えた。「キリスト教徒の王と相談し、我らをモアブ人［＝ムラービト朝］の支配から解放してください。そうすれば我らは、我らの祖先が彼の祖先に支払っていた以上の貢納金を、レオン王［＝アルフォンソ七世］に支払い、心惑わずに、貴方とともに彼に服従いたします。貴方と貴方の末裔は、我らの上に君臨することとなりましょう」。

　この歴史書では「ハガル人」と「モアブ人」というかたちで、ムスリムをその出自で分類しているのが興味深い。アルフォンソ七世の側近の聖職者の視点で書かれた歴史書であり、この文言をそのまま受け取るのは危険である。とはいえ、生活習慣や言語の面で両者は異なり、アンダルスの民にはベルベル人に対する偏見が根強かったことも事実である。アルフォンソ七世は、アンダルスに暮らすムスリムと一定程度折り合うことが可能であると考えていた可能性は高い。

ムラービト朝君主アリー・ブン・ユースフが亡くなり、同王朝が滅亡の危機に瀕《ひん》すると、アンダルスは約百年前と同じく、地方政権が乱立する時代（第二次ターイファ時代）を迎えた。第一次と同様に、地方政権を担う者はヴァリエーションに富んでいた。アンダルス南西部のメルトラでは、スーフィー（神秘主義者）のイブン・カシーが、弟子たちとともに独立した。コルドバでは裁判官を務めていたイブン・ハムディーンが反旗を翻す。主君カスティーリャ・レオン王アルフォンソ七世の意向を汲《く》んで、サイフ・アッダウラはアンダルスに入り、コルドバを一時的に我がものとする。その後ムルシアに拠点を移すも、同行していたキリスト教徒の部隊と仲違いし、手違いが重なって殺害された。

歴史は繰り返す。ムラービト朝の命運は風前の灯火《ともしび》であり、ターイファ諸王は北のキリスト教諸国に対抗する力を持たなかった。マグリブとアンダルスの分断状態を知り、安定を取り戻していたキリスト教諸国は、一斉に南下拡大路線を採った。最大勢力のカスティーリャ・レオン王アルフォンソ七世は、一一四六年、内紛に苦しむイブン・ハムディーンの援軍要請に応えてコルドバ市街を攻め取った。城砦にたて籠《こ》もったムラービト朝の残党を束ねる将ヤフヤー・ブン・ガーニヤを降伏させて自らの家臣として遇し、そのままコルドバの統治を委ねる。しかし進退に窮したヤフヤーは、結局ムワッヒド朝側につくことを選び、コルドバを明け渡している。なお、ヤフヤーの弟ムハンマド・ブン・ガーニヤとその子孫たちは、バレアレス諸島で一二〇三年まで存続する独立政権を打ち立て、西地中海圏で大きなプレゼンスを示した。

さて、コルドバ征服の後に生じたのが、アンダルス南部の地中海に面した要衝アルメリアの包囲と征服である。アンダルス有数の交易拠点として繁栄するアルメリアの攻撃にあたっては綿密な計画が練られて実行に移された。イタリアのピサ、ジェノヴァとアラゴンが、ガレー船を含む連合艦隊を組織して海上封鎖を行い、陸路からはカスティーリャとアラゴンの連合軍が包囲した。ナバーラや南仏のプロヴァンスもこの包囲戦に参加、国際規模の攻城戦が展開されて、一一四七年の一〇月一七日、ついにアルメリアを占領することに成功した。これは、北イタリア海洋都市国家の地中海進出が、ピークを迎えていた当時を反映する出来事である。またこれは、一一四四年に十字軍国家のひとつエデッサが陥落し窮地に立たされた聖地イェルサレムの救援のため組織された、第二回十字軍の動きとも深く連動している。

ほぼ同時期に、イベリア半島の西側ポルトガルでも大規模な攻城戦が展開していた。一一二八年から母テレーサに代わって北ポルトガル域を治めるようになっていたアフォンソ一世（在位一一四三〜一一八五年）は、カスティーリャ・レオン王アルフォンソ七世とは距離をとって、一一四三年からは事実上の王位を名乗り、またローマ教皇にも臣従した。アンダルスの混乱に乗じて動いたアフォンソ一世は、一一四七年三月、サンタレンを占領して南下、タホ川河口の重要拠点リスボンの攻城戦に入る。このとき、偶然にも第二回十字軍として聖地に向かう北ヨーロッパ船団が、オポルトに寄港する。アフォンソ一世は、彼ら十字軍士の助力を得て、一一四七年一〇月二五日にリスボンを獲得した。なお、イベリア半島の勢力図に混乱が生じるのを嫌って認可を渋ったローマ教皇であったが、一一七九年にポルトガルは、独立王国として国際的に認知されるに至った。

アラゴン連合王国も動く。アルメリア征服に参加した後、ジェノヴァや南仏諸侯とともに六か月間にわたる攻囲戦を経て、エブロ川河口の要衝トゥルトーザを一一四八年の一二月末に降伏させた。返す刀で翌年にリェイダを攻撃、この都市も一〇月二四日にアラゴンの軍門に降った。

カスティーリャ・レオン王アルフォンソ七世は、グアダルキビル川上流地帯を確保して、これとアルメリアとを繋ぐベルト地帯を、自らの支配下に組み入れようと動いていた。しかし、状況が大きく変わりつつあった。約六〇年前の状況の再現である。ムラービト朝を滅ぼしてマグリブを統一したムワッヒド朝が、アンダルスを飲み込もうと動いていた。

ムワッヒド朝の登壇とアルフォンソ七世の夢

ムワッヒド朝とは、ベルベル部族出身のイブン・トゥーマルト（一〇八〇頃～一一三〇年）が打ち立てた、正統派イスラームから見れば異端的な神学に帰依して、彼を「マフディー（救世主）」とみなす一派が形成した王朝国家である。彼は東方イスラーム世界で遊学するなか、唯一神信仰（タウヒード）に開眼し、これを掲げて故郷で説教を行い、ベルベル諸部族に帰依者を増やしていった。一一二一年、故郷スース地方（現在のモロッコ中部）でマフディーを名乗った彼は、ムラービト朝が採用している正統派イスラームのマーリク派法学を批判しながら、改革運動を実行に移す。一一二四年からはティンマルを拠点にムラービト朝に抵抗し続けた。なお彼が唱えた独特な唯一神信仰は、当時イスラーム世界の全体で生じていた信仰の再解釈の気運を反映したものと解釈することもできよう。

彼の死後、同じくベルベル部族出身のアブド・アルムーミン（在位一一三〇～一一六三年）が後継者となり、一一四〇年までにスース地方を統合しムラービト朝を脅かして、ついに一一四七年にマラケシュを征服、ムラービト朝の息の根を止めた。カリフを名乗った彼は、ベルベル人の部族兵に加えて、マラケシュでムラービト朝に仕えていたキリスト教徒の傭兵団も用いつつ、一一四八年には北上してジブラルタル海峡のセウタ、タンジェを獲得して、アンダルスへの進出の機を窺う。一一五八年から翌年にかけて、チュニス、マフディーヤ、トリポリを占領、マグリブからイフリーキヤにかけての北アフリカ領域を統合した帝国がここに誕生した。

アブド・アルムーミンと彼の子孫たちがカリフ位を継承していくムワッヒド朝は、ベルベル諸部族の連合を母体としながら、これにイブン・トゥーマルトが築きあげた独自の教義に基づいた宗教的なヒエラルキーが組み込まれていた。その教義は、イスラーム信仰に基づいた綱紀粛正であり、安楽さの象徴としての飲酒や楽器演奏を禁じ、女性の服装規制についても厳格化した。むろん理念と現実の乖離はあろうが、苛烈な対異教徒政策を掲げ、キリスト教徒とユダヤ人に改宗か移住の選択を迫ったとされる。ムワッヒド朝はこのような非寛容ともいえる方針を採りながらも、キリスト教徒の傭兵部隊を重用するとともに、洗練された徴税機構を備え、大軍を計画的に動員できる力を持つ柔軟な帝国運営を志してもいた。

ムワッヒド朝は北アフリカの統合と並行して、アンダルスへの介入に着手した。第二次ターイファ君主のひとり、スーフィー教団を率いるイブン・カシーが、いちはやくムワッヒド朝に接近し、以後、アンダルス西方のターイファは雪崩を打ってムワッヒド朝に服従していった。これに対してカスティーリャ・レオン王アルフォンソ七世は、キリスト教諸国のみならずアンダルスに対しても覇権を確立する野望を抱きながら行動した。彼は、いまだムワッヒド朝に服属していないアンダルシーア地方北部のバエサから、地中海沿岸の要衝アルメリアを繋ぐ地帯を直接支配し、彼の家臣となったムスリム君侯の助力を得ながら、アンダルス東方を統治する夢を抱いた。

彼の野望は、発給した証書の文言にも示されている。一一五六年に発給された、バエサのアブドゥルアジーズなる者（明らかにムスリム）に領地を与えることを約する文書では、「神の恩《おん》寵《ちょう》によるヒスパニア全土のインペラトル」「モーロ人とキリスト教徒に君臨するインペラトル」と名乗っているのである。

ムラービト朝の残党が支配する都市グラナダを、ムワッヒド朝とアルフォンソ七世の双方が確保しようと動くが、一一五六年にムワッヒド朝がそれに成功し、返す刀で一一五七年、ムワッヒド朝はキリスト教諸国の管理下に置かれていた要衝アルメリアを奪還した。こうして、アルフォンソ七世の儚《はかな》い覇権は潰《つい》えた。アルメリアを救援するためのアンダルス遠征から退却する途上、一一五七年八月二一日に彼は亡くなった。

3　「私利私欲」で動く国々

ムワッヒド朝によるアンダルス支配

こうしてアンダルスに割拠したターイファ諸政権の多くが、ムワッヒド朝に帰順した。ムラービト朝に続いて、アフリカとイベリア半島とを連結させた帝国の時代が、再び訪れたのである。ムワッヒド朝はイスラーム信仰の刷新を掲げてムラービト朝を滅亡させ、さらにキリスト教徒やユダヤ人といった啓典の民を排撃したとされるが、実際のアンダルス統治においては、ある程度は実利主義的にふるまっている。王朝が交代しても、アンダルス社会の有力者層は以前と変わらず重用されたし、ベルベル系軍人とアンダルス系住民との住み分けも維持された。

しかし、いまだにムワッヒド朝に降らないターイファも存在した。ムワッラドの家系に属する有力者イブン・マルダニーシュ（在位一一四七～一一七二年）は、彼の義父イブン・ハムスクとともに、ムルシアからバレンシアにかけてのアンダルス東海岸領域で独立を保っていた。彼らは、キリスト教諸国の君主たちに貢納金（パーリア）を支払い、あるいはキリスト教徒の君主に臣従して、積極的に共闘関係を築くことも厭わなかった。一一六二年には、キリスト教徒の部隊とともにムワッヒド朝領域に攻め込み、一時的にグラナダを占拠することに成功する。アフリカ側の平定に注力していたムワッヒド朝カリフのアブド・アルムーミンは、自らアンダルスへの遠征を企図するも、それを果たせずにこの世を去った。結局、一一七二年三月に亡くなるまでイブン・マルダニーシュはバレンシアで独立を保ち続ける。

ムワッヒド朝次代カリフ、アブー・ヤークーブ・ユースフ（ユースフ一世。在位一一六三〜一一八四年）は、アンダルス統一を第一目標に定めて、一一七二年、亡くなったイブン・マルダニーシュの息子を降し、ついにアンダルスを平定した。カリフは長らくアンダルスに逗留したため、広大な帝国の事実上の首都として機能させるべく、都市セビーリャの整備がなされた。のちに「ヒラルダの塔」として知られるようになるミナレットを建設させたのも、ユースフ一世であった（落成は彼の死後の一一九八年）。彼は一一八四年、ポルトガル王国の要衝サンタレンの包囲戦での傷がもとで死去した。

次のカリフ、アブー・ユースフ・ヤークーブ（在位一一八四〜一一九九年）は、支配領域の綱紀粛正を重視し、キリスト教諸国との争いでも優勢に立った。彼はカスティーリャ王アルフォンソ八世（在位一一五八〜一二一四年）を一一九五年のアラルコス会戦で撃破して、「マンスール（勝利者）」の称号を名乗る。しかし、続くムハンマド・ナーシル（在位一一九九〜一二一三年）が自ら率いた大規模遠征軍は、後述するように一二一二年のラス・ナバス・デ・トローサ会戦で撃破されてしまう。それでもなおムワッヒド朝の隆盛は続いたが、ユースフ・ムスタンシル（ユースフ二世。在位一二一三～一二二四年）が子を残さず若くしてこの世を去ると、カリフの候補者同士の対立を引き金として、深刻な分裂状態に陥る。歴史は三度繰り返され、アンダルスは第三次ターイファ時代を迎えて、キリスト教諸国の攻勢と征服活動に翻弄された。

セビーリャにあるムワッヒド朝時代のミナレット　ヒラルダの塔と呼ばれる。現在、ゴシック様式の大聖堂に併設されている（筆者撮影）

さて、アフリカ側ではムワッヒド朝は、自立性の高いベルベル諸部族を束ねるのに苦慮し、またマグリブ東部からイフリーキヤにかけてを闊歩《かっぽ》するアラブ系遊牧民を懐柔するのにも手を焼いた。ムラービト朝もそうであったが、遊牧民・定住民からなるこの帝国領内には、極めて多様な人々と、彼らが作る複数の社会構造が併存していた。領域内の政治的・社会的安定を維持するためには、「共通の敵」として、イベリア半島のキリスト教諸国へのジハードを国策に掲げる必要があった。

しかし現実をよく知っているムワッヒド朝政権は、必要以上に北のキリスト教諸国に攻勢をかけて刺激しないように動いた。この点で、同時代の東地中海圏で生じた聖地十字軍国家とサラーフ・アッディーン（サラディン）との間に展開した状況とは大きく異なっていた。

かつての研究では、ムワッヒド朝の宗教的厳格さだけが注目されていた。しかし現在では、西地中海圏を覆いつくしたムワッヒド朝領内で、むしろ学問の発展が見られた点が強調される。最後は亡命の道を選んだが、大哲学者イブン・ルシュドを生み出したのも、この「帝国」であった。ミナレットの建設が各地で進んだが、これはイスラームの勝利を視覚的に示す効果があり、かつそれは、政治的なプロパガンダとしても機能し、防衛上の利点も備えているのみならず、天体観測という学問上の役割も担う複合建造物であった。

セビーリャを代表例として、スペイン南部の現在の都市空間の原型が作られたのも、この時代であった。アンダルスの多くの都市の城壁が、城壁内に未開拓・未居住の空間を残しながら、つまりは将来的な人口増加を想定しながら新たに建造された、建築ブームの時代でもある。多くの城砦が建造されたという事実は、アンダルス社会がジハード理念に基づき軍事化したと解釈できるかもしれない。しかしこれと同時に、防衛網を支える財源を確保するために、農業の振興と交易の活性化が図られたのも、また事実なのである。

相争うキリスト教諸王国

カスティーリャ・レオン王アルフォンソ七世の死（一一五七年）は、状況の大きな変化を示す象徴的な出来事であった。攻守交代である。彼の祖父も抱いた、イベリア半島全域のキリスト教徒とムスリムを睥睨《へいげい》するインペラトル（皇帝）になるという野望は、後の時代には継承されなかった。これは、一二世紀半ばの西欧世界全体の情勢と関連しているのかもしれない。叙任権闘争がひとまず終結し、ローマ教皇と神聖ローマ皇帝が聖俗権威の頂点に君臨する一円的な文明世界がひとまず完成していた。イベリア半島北部のキリスト教諸国、とりわけインペラトルを名乗ろうとしたカスティーリャ・レオン王もまた、同じ西欧世界の政治秩序に組み入れられることをよしとしたのかもしれない。

さて、アルフォンソ七世の死後、広大なカスティーリャ・レオン王国は分割され、長子サンチョ（三世。在位一一五七～一一五八年）がカスティーリャを、弟フェルナンド（二世。在位一一五七～一一八八年）がレオンを、それぞれ相続した。翌一一五八年にサンチョ三世が早逝し、いまだ幼子のアルフォンソ（八世）が即位する。幼子の叔父にあたるレオン王フェルナンド二世は、幼少のカスティーリャ王の後見役と称してカスティーリャに内政干渉し、一一六二年八月にはトレードを占拠した。この結果、かつてはひとつであったレオンとカスティーリャの二国間は戦争状態に突入した。

事態をさらにこじらせたのが、貴族たちの権力争いである。幼少の王は自ら統治を行うことができず、当然ながら家臣の補佐が必要となる。アルフォンソ八世は一一六九年になると自ら統治を行える年齢に達したが、ララ家やカストロ家をはじめとする大貴族たちの強い影響下に置かれたままであった。大貴族家門の党派抗争が、カスティーリャとレオン両王国の国境地帯（ティエラ・デ・カンポス）の争奪戦と連動して、混迷した状態はさらに継続した。

このような状態でもなお、アルフォンソ八世は、ムワッヒド朝が治めるアンダルスの前線領域を切り取ることに成功している。第二次ターイファの最後の生き残りイブン・マルダニーシュのもとで、最後までムワッヒド朝に抵抗していたバレンシアが同王朝の軍門に降ったいま、カスティーリャとバレンシアを繋ぐ地帯が一一七〇年代の争点となった。一一七七年にアルフォンソ八世は、同地帯の要衝クエンカを攻撃し、征服することに成功した。

しかし、キリスト教諸国同士の内輪揉《うちわも》めがさらに激化する。カスティーリャとレオン、レオンとポルトガルはそれぞれ犬猿の仲であり、ナバーラに対しても周辺諸国の皆が食指を動かした。レオンはムワッヒド朝と手を結んでポルトガルやカスティーリャを出し抜こうとした。孤立したナバーラも、国王自らムワッヒド朝宮廷へと赴く。北の一致団結したキリスト教諸国と、南のムワッヒド朝とが干戈《かんか》を交えるという単純な戦線では決してなかったのである。成立したばかりのアラゴン連合王国でも貴族の主導権が強まり、幼少のアルフォンス一世（アルフォンソ二世。在位一一六二～一一九六年）時代は、やはり国内統治に苦慮する姿が見られる。ローマ教皇は特使をイベリア半島に頻繁に派遣して、対ムワッヒド朝での連携を強く呼びかけるものの、仲違いは続き、火種が消えることもなかった。

一致団結できないキリスト教諸国の姿が如実に現れたのが、一一九五年七月のアラルコス会戦であった。奇蹟的にキリスト教諸国が共闘するかに思われ、ムワッヒド朝カリフ率いる大軍を迎え撃ったカスティーリャ王アルフォンソ八世であったが、現シウダー・レアル近郊のアラルコス城砦で大敗を喫する。

アラルコス会戦の後、レオンは即座にムワッヒド朝と同盟を締結した。ナバーラも劣勢を挽《ばん》回《かい》する好機ととらえて、ムワッヒド朝と手を結ぶ一方、カスティーリャ領のリオハへと侵攻した。今度はムワッヒド朝、ナバーラ、レオンが団結し、カスティーリャが孤立する局面となる。こうしてキリスト教諸国間の同盟関係は一気に崩れた。面目をつぶされたローマ教皇は、レオン王をはじめとするイベリア半島の諸侯たちを破門に処し、さらにレオン王国に対する十字軍説教すら実施したが、状況を改善することはできなかった。

ポルトガルでは、リスボンを征服したアフォンソ一世が、さらに南下拡大を試みるが、レオン王国とムワッヒド朝に妨害された。繰り返しになるが、一致団結してアンダルス征服に邁進《まいしん》する姿からは大きく乖離している。ここで活躍したのが、エル・シッドのポルトガル版、「恐れ知らず」の異名をとるジェラルドであった。彼の軍才を生かしつつ、また十字軍士の助けを借りながら、ポルトガルはグアディアナ川流域の征服を試みている。ちなみにジェラルド自身は、最終的にムワッヒド朝に鞍替えし、マグリブで亡くなっている。信仰の差異よりも、自らの勲功に重きを置く時代を象徴する人物であった。

一二世紀後半は、最混乱期であったともいえる。中世の封建国家のそれぞれが確立されようとするときの、いわば「産みの苦しみ」とでもいえる時期であった。各々の王国が自立し、それぞれの領域内で自らの排他的な権限を行使しようとあがいた。国内をまとめ上げるのに精いっぱいであり、仲違いする諸王国は一致団結した行動を採れない。しかし興味深いのは、王国間で締結された諸条約では、利害調整だけではなく、将来の征服領域の権益の分割も取り決めている点である。アンダルス征服の暁には、どのように各々の「縄張り」を設定するのかを議論し、条約に盛り込んでいるのである。近世の大航海時代に、スペインとポルトガルが未征服領域の分割を取り決めたことで名高いトルデシーリャス条約（一四九四年）は、この一二世紀後半の慣習の延長にすぎない。

ところで、王国レヴェルの政治情勢の混乱を尻目に、最前線の人々、すなわち辺境都市と騎士修道会の活躍が際立った。たとえばカスティーリャやレオンでは、ドゥエロ川流域からタホ川流域にかけての都市民兵が、ムワッヒド朝治下アンダルスへの略奪遠征を頻繁に敢行している。聖地イェルサレムで誕生した騎士修道会を模範として、イベリア半島固有の騎士修道会が成立したのも、この時代である。カラトラバ、サンティアゴ、アルカンタラを代表とする騎士修道会が、対ムワッヒド朝最前線地帯の防備を担った。

ラス・ナバス会戦

一二世紀後半の状況を総括しよう。一一七二年にアンダルス全域がムワッヒド朝のもとに統合されてから、主導権はムワッヒド朝の側に移った。都市セビーリャの景観が整えられ、イブン・ルシュドが活躍した同王朝の最盛期が現出する。これに対してキリスト教諸国は攻勢に出ることができず、一一九五年にカスティーリャは大敗北を喫して孤立、キリスト教諸国間の争いが続いた。

しかし世紀が変わると、状況も変わりはじめる。ムラービト朝の残党が支配していたマジョルカ島をムワッヒド朝が確保すると、地中海に面したカタルーニャを領有するアラゴン連合王国は、危機感を募らせるようになる。カスティーリャもムワッヒド朝と結んでいた休戦の更新を拒否し、これに応じてムワッヒド朝カリフ、ムハンマド・ナーシル自らが大軍勢を率いて北上するとの情報が伝えられる。一二一一年九月、カスティーリャ王国最前線拠点のサルバティエラが占領され、両国は戦争状態に入った。

ここに至り、西欧世界全体でムワッヒド朝カリフとの決戦の気運が高まる。奇《く》しくも、教皇権の絶頂期を創出したインノケンティウス三世（在位一一九八～一二一六年）が君臨するこの時期、南仏でのカタリ派異端に対する対応と連動しながら、カスティーリャとムワッヒド朝との局地的戦闘は、国際的に準備される十字軍遠征に発展していった。カスティーリャ王アルフォンソ八世は、ローマ教皇にムワッヒド朝との戦争を十字軍として認定してもらうよう働きかけ、トレード大司教をはじめとする同王国の聖職者らは、各地で来るべき十字軍への参加を遊説する。

一二一二年の五月、トレードに軍勢が集結した。カスティーリャ王アルフォンソ八世、アラゴン王ペラ一世（ペドロ二世。在位一一九六～一二一三年）、ナバーラ王サンチョ七世（在位一一九四～一二三四年）といった錚々《そうそう》たる面々が直接来訪したばかりか、ボルドー・ナルボンヌ両大司教とナント司教に率いられて、ポワティエやガスコーニュ、プロヴァンスをはじめとするピレネー山脈の北から十字軍士たちが多く加わった。集結地となった都市トレードは人でごった返して混乱し、意思疎通もままならず、さらにピレネー山脈の北から来訪した十字軍士らは、都市内に住むユダヤ人共同体を襲う暴挙に出ている。

混乱を収拾して南に進軍したが、同時代のカスティーリャの歴史書によれば「温暖な地域で、普段木陰で生活しているピレネー山脈以北の人々は、過度の暑さで大地が焼けるのを目の当たりにして、不平不満を吐露しだした」。さらにムスリムとの戦争の「ルール」を知らない十字軍士たちとの軋轢が増大し、ピレネー山脈の北から参加していた兵のほとんどは途上で退却してしまう。

キリスト教諸国の連合軍は数を減らしたものの、当初の予定通り、カリフ率いる軍勢との正面決戦を望み、さらに進軍する。連合軍は、アンダルスの中枢区域へと入る途上のモレナ山脈

（シエラ・モレーナ）で、行く手を阻まれてしまうが、山で狩りをしていた現地民の導きで、別の山道を進み、カリフ率いるムワッヒド朝軍本隊に対して有利な陣地を確保し、勝利することができた。ムワッヒド朝カリフは、峠を封鎖して遠征軍を疲弊させてから反撃にうって出ようと考えていたが、決戦に応じざるをえなくなる。戦いの趨勢《すうせい》を決したこの現地民の先導役は、神の意を具現化した存在と後に解釈されるようになった。

一二一二年の七月一六日、ラス・ナバス・デ・トローサで両軍は激突した。一〇〇〇年に一度あるかないかの例外的に大規模な会戦である。中世スペイン軍事史を牽引するエストレマドゥーラ大学の歴史学者ガルシア・フィッツの最新研究によれば、キリスト教徒連合軍は騎兵四〇〇〇、歩兵八〇〇〇、計一万二〇〇〇人程度で構成され、重武装した騎士が中核をなした。これを迎え撃つムワッヒド朝カリフの軍は、総勢二万五〇〇〇から三万人であるが、その構成は、はるかに多彩であった。ムワッヒド朝軍の中核を占める常備兵団に加え、マグリブのベルベル系・アラブ系部族兵、クルド・トルコ系騎乗弓兵、キリスト教徒連合軍と兵装が同じアンダルス徴用兵、さらにカリフの護衛に用いられた黒人奴隷軍団が参戦した。またマグリブで慣例的に用いられていた、西欧のキリスト教徒傭兵部隊が参加していたかもしれない。当初はキリスト教徒連合軍が劣勢であったが、最終的にムワッヒド朝軍が総崩れとなってカリフも退却、結果としてキリスト教諸国の大勝利に終わった。

本会戦での勝利は、ムワッヒド朝の没落とキリスト教諸国の優勢のターニング・ポイントとなったのであろうか。事実、カスティーリャ王アルフォンソ八世は、会戦での勝利後すぐにローマ教皇に書簡をしたため、全キリスト教世界の防衛に成功したと誇らしげに報告するばかりか、以後の発給証書でも「ラス・ナバスの勝利から何年目」と日付に付け加えるようになる。会戦勝利の記憶は、詩や歴史書、軍事指南書、君主教育書で称揚され、次第に神格化されていっていまに至る。しかしガルシア・フィッツは、この戦いがイベリア半島の南北の趨勢を左右したとはいえないと結論付けている。

まず、この会戦の勝利を戦略的に生かすことができなかった。キリスト教諸国連合軍は勝利後に進軍して、ウベダとバエサを一時的に占拠することに成功するも、疲弊して疫病が蔓延《まんえん》、さらに戦利品をめぐって仲間内で諍《いさか》いが生じ、退却を余儀なくされた。つまりは、グアダルキビル川流域のアンダルスの本拠地に攻め入ることはできなかったのである。戦での勝利が過大評価されている点で、一六世紀の名高いレパント・アルマダ両海戦と似ている。ラス・ナバス会戦もまた、当事者たちがその戦果を喧伝し、歴史的な流れを決定づけたと後代になって称揚されるようになったのである。

カスティーリャのライヴァルであり、伝統的にムワッヒド朝との同盟を選択してきたレオンは、静観を決め込んでいた。またポルトガル王も参戦していない。再度レオンとカスティーリャ両国は対立を深め、一二一四年の中頃、カスティーリャ王はムワッヒド朝と休戦を結ぶ。ムワッヒド朝の側も態勢を立て直し、アンダルスの防衛は安定的に堅持された。

先にも言及したが、状況が一変するのは一二二四年一月である。ムワッヒド朝のユースフ二世が子を残さず死去すると、カリフの候補者同士の仲違いが発生する。ムワッヒド朝の軍事力を頼りにできなくなったアンダルスは、再び地方政権が乱立する時代（第三次ターイファ時代）に突入した。

4 「大レコンキスタ」

第三次ターイファ時代

ユースフ二世の死後、ムワッヒド朝は内部分裂を起こし、カリフ候補者が次々に登場して相争った。アンダルスでは、いちはやくカリフ候補者の親族たちが、自立傾向を見せる。そのひとりアブド・アッラー・アルバイヤーシーは、カスティーリャ王フェルナンド三世（在位一二一七〜一二五二年）にいちはやく接近してカスティーリャ軍との共闘関係を築きあげ、アンダルス北部に地歩を築こうとしたが、結局失敗して亡くなる。もう一人の兄弟アブー・ザイドも、アラゴン連合王国やカスティーリャ王国と連携して、アンダルス東海岸部で自立した勢力圏を一時期は築いたが、やはり失敗に終わった。興味深いことに、アルバイヤーシーの息子はカスティーリャ王の、アブー・ザイドはアラゴン王の庇護を受け、二人ともキリスト教に改宗して新たな社会への同化を果たしている。

ムワッヒド朝の本拠地であるマグリブとイフリーキヤの状況を見てみよう。現在のモロッコ領域で一二一〇年代から、ベルベル諸部族のうちのひとつマリーン族がムワッヒド朝に反旗を翻し、自らの王朝(マリーン朝)を打ち立てた。ムワッヒド朝政権の重鎮アブー・ザカリーヤー・ヤフヤー(在位一二二九～一二四九年)は、チュニスを拠点にイフリーキヤで独立し、自らの王朝(ハフス朝)をひらいた。現在のアルジェリア地域では、ヤグムラーサン・ブン・ザイヤーン(在位一二三六～一二八三年)がトレムセンで独立し、ザイヤーン朝(アブド・アルワード朝とも)をひらく。これら三王朝は、ムラービト朝時代からの伝統であるキリスト教徒の傭兵軍団を重用しながら、「本家」のムワッヒド朝から事実上独立した。そしてついに一二六九年の九月、マリーン朝君主アブー・ユースフ・ヤークーブ(在位一二五八～一二八六年)がムワッヒド朝の都マラケシュを陥落させ、これをもってムワッヒド朝は滅亡した。ムワッヒド運動の故地ティンマルで残党が抵抗を続けたが、これも一二七五年頃には平定された。

アンダルス情勢に戻ろう。第三次ターイファ時代を迎えたアンダルスでは、かつてと同様、在地の法学者家系や軍人家系が自らの地方政権を打ち立てようと動いた。

ムワッヒド朝の軍事役職に就いていた、第一次ターイファのひとつフード朝の末裔を自称するムハンマド・ブン・ユースフ・ブン・フード(通称イブン・フード)は、一二二八年の夏にイベリア半島南東部のムルシアで反乱を起こした。アッバース朝に接近して同王朝のカリフから正式にアンダルス統治者として承認された彼は、一時はアンダルス全域を統合するほどの勢いを示す。

アンダルスを再統合しようとする彼が自らの支配権の根拠として示したのは、キリスト教徒に対するジハード戦士としての能力であったものの、これは皮肉というほかなかった。なぜなら自前の軍事力の欠如に悩む彼を支えていたのは、カスティーリャ王フェルナンド三世との同盟関係であったからである。カスティーリャの庇護下でのアンダルス再統合の試みは失敗し、彼は一二三八年一月にアルメリアで謀殺された。

第二次ターイファの末裔、ザイヤーン・ブン・マルダニーシュは、一二二九年に旧領バレンシアで独立したが、後述するように一二三八年アラゴン王の攻勢に敗北して同地を追われる。その後もムルシアやアリカンテで抵抗を続けるも、結局、ハフス朝チュニスに亡命した。ムハンマド・ブン・ユースフ・ブン・アルアフマル（ムハンマド一世。在位一二三二～一二七三年）は、先述のイブン・フードに対する失望から生じたアンダルス社会の不満に呼応して、アルホーナで一二三二年に独立した。ナスル朝の誕生である。父方のナスル家、母方のアシキールーラ家を頼りに頭角を現したムハンマド一世は、一二三〇年代にグラナダ、マラガ、アルメリアを主要拠点として支配権を確立した。

自らの支配領域の都市ハエンが飢餓に苦しむなか、カスティーリャ王に包囲されたため、ムハンマド一世は救援軍を送った。しかし機を見るに敏な傑物である彼は、一二四六年に自らカスティーリャ王に服従を誓い、ハエンを譲り渡すとともに、長期にわたる和平（ムスリム側史料によれば二〇年間）関係を構築することに成功した。両王国の国境域を確定させて、外敵の心配がなくなったナスル朝は、その巧みな外交能力をいかんなく発揮する。カスティーリャ王に服従する姿勢を示し、時に共同で軍事行動を展開しながらも、ムワッヒド朝の後継国家のひとつマリーン朝に接近、近隣諸国間の勢力均衡状態を作り出して、独立を保とうとした。こうして地歩を整えたナスル朝グラナダは、一四九二年までの約二五〇年間にわたって、アンダルス最後の王朝として生き残る。

キリスト教諸国の動静

一二一二年のラス・ナバス会戦時で奇蹟的に団結できたキリスト教諸国が、ムワッヒド朝に勝利を収めた。しかしその後、政治単位ごとに、波瀾万丈《はらんばんじょう》の展開が待ち受けていた。とりわけアラゴン連合王国では、西欧中世世界全体を巻き込んだ、いわゆるアルビジョワ十字軍に関わって、国家の行く末を左右するほどの一大転機が生じた。

地政学的な観点から見ても、アラゴン連合王国は、イベリア半島のキリスト教諸国のなかで、最もピレネー山脈の北の諸国と利害を共有していた。カタルーニャは、本来、地続きで繋がっている南仏からイタリア半島にかけてと共通する地中海文化圏を形成していた。当初は山国であったアラゴンも、一一世紀にいちはやくローマ教皇に服従していたことを思い出してほしい。アラゴン連合王国はトゥールーズ、プロヴァンスといった南仏諸侯との縁戚関係を強め、自らの同地での影響力を着々と増大させていたのである。

一二世紀から一三世紀への世紀転換期、アラゴン王ペラ一世は、南仏モンペリエからジェノヴァといったイタリアにかけての政治権力と交渉を繰り返して友好関係を構築し、さらに地中海を越えて聖地イェルサレム王国との関係も密にしている。神聖ローマ帝国のシュタウフェン朝がシチリア王国に進出するのを警戒するローマ教皇もまた、積極的にアラゴン王との外交関係を望んだ。

ちょうどこの頃、南仏を中心にキリスト教のカタリ派異端が広がり、これを殲滅《せんめつ》するためにアルビジョワ十字軍の実施が宣言されると、北西ヨーロッパの兵を主体とする軍勢が南仏に押し寄せた。既に婚姻を通じて、南仏の諸侯と親族関係にあったアラゴン王は、難しい立場に立たされる。十字軍勢力と対立したトゥールーズ伯レーモン六世（在位一一九四〜一二二二年）は、アラゴン王に仲介を求めたが、結局、戦争を回避することに失敗した。アラゴン王自らトゥールーズ伯の側に立って参戦するも、一二一三年九月一二日、ミュレの戦いでペラ一世は敗死した。ラス・ナバス会戦の翌年秋のことであった。

アルビジョワ十字軍は、南仏に跋扈《ばっこ》するカタリ派異端の撲滅という宗教的な目標を掲げてはいたが、それは北仏に君臨するカペー朝フランス王国の領土的野心を実現する口実に変わっていく。国王を戦場で失ったアラゴン連合王国を継承したのは、わずか五歳の息子ジャウマ一世（在位一二一三〜一二七六年）であった。自ら政治を取り仕切れない幼年の王のもとで、理の当然として、連合王国内部での貴族反乱が相次ぎ発生する。以後、南仏はイングランドとフランス両国の策謀渦巻く場となり、ここに勢力を拡大していくというアラゴン連合王国が抱いていた野望は、実質、ここで頓挫した。これ以後のアラゴンは、地中海方面への拡大を明確に意図して動き、中世後期には「地中海帝国」を形成する路線を打ち出していく。

この一方で、ラス・ナバス会戦以後も、カスティーリャとレオンとの間で諍いが絶えることがなかった。最有力貴族家門ララ家とカストロ家、ビスカヤ領主アロ家をはじめとする、複数の王国にまたがって影響力を行使する貴族たちの思惑が、王国政治を大きく左右したからである。これに幼少の王や王位継承問題が関わり、事態はさらにこじれることになった。ラス・ナバスの立役者、カスティーリャ王アルフォンソ八世が一二一四年の一〇月に亡くなると、嫡子エンリケ一世（在位一二一四～一二一七年）が弱冠一〇歳で即位した。しかし、このエンリケが王国内の都市パレンシア（地中海岸のバレンシアとは別都市）の司教館で遊んでいる最中、不慮の事故によって早逝すると、姉のベレンゲーラが王位に就く。しかし彼女はすぐに、当初嫁いでいたレオン王アルフォンソ九世（在位一一八八～一二三〇年）との間にもうけた嫡男フェルナンド（三世。在位一二一七～一二五二年）に王位を譲った。

フェルナンド三世が即位して間もない一二一八年の八月、レオン王で実父にあたるアルフォンソ九世との間に和解が成立し、両国の関係改善への一歩が踏み出される。他方、一二二四年の初頭にはユースフ二世の死に伴い、ムワッヒド朝と締結していた休戦も失効する。こうして、カリフの候補者間の争いで内乱状態に陥ったアンダルスへ軍事介入を行うことも可能になった。事実、ムワッヒド朝カリフの一族であったアルバイヤーシー、アブー・ザイド両名、そしてアンダルスのイブン・フードを服属させ、彼らとの共同戦線を張るという名目で、フェルナンド三世はアンダルスへの侵攻を試みている。ポルトガルやレオンも、アンダルス方面への進出に舵《かじ》を切る。東のアラゴン連合王国でも、成長して国内状況を安定させた、若き力にあふれるジャウマ一世が、大規模な対外進出を計画し、それを実行に移した。

カスティーリャによる大征服

第一次、第二次と同じく、ムワッヒド朝の瓦解とアンダルスの混乱と分裂を特徴とする第三次ターイファ時代には、キリスト教諸国の攻勢が顕著となった。三度目は、以前に増して征服活動が大規模となり、かつ大きな成功を収める結果になった。この一三世紀前半の征服活動全体は「大レコンキスタ（グラン・レコンキスタ）」と総称されている。

第一の立役者は、カスティーリャから登場した。一二三〇年九月二四日、レオン王アルフォンソ九世が亡くなると、腹違いの姉（サンチャとドゥルセ）との王位継承争いを解決させ、既にカスティーリャ王となっていた息子フェルナンド（三世）が、レオン王としても即位した。こうして、一一世紀から統合と分離を繰り返してきたレオンとカスティーリャの両王国が、ほぼ完全に統合された。以後、二度と分裂することがない政治単位、カスティーリャ王国（ラ・

コローナ・デ・カスティーリャ）が、ここに確立したのである。旧レオン王国領に属し、ポルトガルとの所縁も深いガリシアではこの即位を認めない一派も存在したものの、イベリア半島の二大強国の統合が達成された影響は非常に大きい。

前述したように、この時代はアンダルス社会の分裂期である。カスティーリャ王国の最前線の防備を担当する都市や貴族、騎士修道会らは、国王と相談しながらアンダルス遠征を自立的に継続していた。とりわけトレード大司教ロドリーゴ・ヒメネス・デ・ラーダは、精力的にアンダルスに侵入を繰り返して、グアダルキビル川流域北部への攻撃を強めて、都市拠点の征服に邁進した。国王も、この征服活動に直接参加するようになる。

次なる目標は、後ウマイヤ朝の都であった都市コルドバである。コルドバ都市民はフェルナンド三世に貢納金を支払っていたと思われるが、ターイファ諸勢力間の仲違いのなかで孤立したコルドバは、フェルナンド三世の軍門に降る。ついに一二三六年の六月二九日、彼はコルドバに入城を果たした。都市の中央にそびえたつ大モスク（メスキータ）が、教会聖職者による儀式を経て、いまに至るまで教会として利用されて続けていることは有名であろう。

これ以後、フェルナンド三世は、アンダルスの征服、征服後の戦後処理と再入植事業において、自ら陣頭指揮を執った。イブン・フードのもとでの再統合に失敗したアンダルスは、各個撃破される運命を回避することができなかった。ムルシアでいまだ独立ターイファとして勢力を維持していたイブン・フードの一族は、一二四三年にフェルナンド三世に服属する道を選んだ。これに応じてカスティーリャ王は、嫡子アルフォンソ（のちの一〇世）をムルシアに派遣してカスティーリャ軍を各地の城砦に駐屯させ、服従を拒否する都市拠点を力で押さえつけた。アンダルスに残るターイファで頭角を現したのは、ナスル朝であった。一二四五年からフェルナンド三世の軍勢は、同王朝の影響圏にあった都市ハエンを包囲した。救出を試みたムハンマド一世であったが、それが叶《かな》わないと判断して、カスティーリャ王と面会した。一三世紀後半のカスティーリャ王国の欽定《きんてい》歴史書、文献学の泰斗メネンデス・ピダールが『第一総合年代記』と名付けた歴史記述によれば、二人の君主の面会の場面が、次のように推移している。

［ムハンマド一世は］賢明にも、王フェルナンド［三世］の権勢に服属すべく来訪した。彼の手に接吻《せっぷん》を行い、自身と領地を委ねることで彼の家臣となり、ハエンを譲渡した。（中略）［フェルナンド三世は］彼を歓待し多くの誉《ほまれ》を与え、家臣として自らの領地へとどまらせ、これまでどおりのすべての支配域を領有させた。しかし一定の貢納金、すなわち毎年一五万マラベディを供出させ、戦争と平和を彼のために行わせ、さらに年ごとに身分制議会へ参加させることを望んだ。

一二四六年二月末のこのハエン協定によって、ナスル朝君主が多額の貢納金を支払い、また必要に応じて軍役奉仕の義務を負うという、西欧の封建主従関係に近しい服属関係が成立した。

事実、これ以後両国間で結ばれた休戦・和平協定のなかにも、たびたび議会への参加と軍役奉仕義務についての規定が含まれている。こうして一二四六年の三月、カスティーリャ王はハエンへの入城を果たした。かたやナスル朝君主は重要拠点を失いはしたものの、カスティーリャ王の庇護下に入ることで、王朝を存続する道を確保できた。ムハンマド一世を初代君主とするナスル朝グラナダは、一四九二年までの約二五〇年間も延命することができた。

次なる目標は、ムワッヒド朝が整備した最重要都市セビーリャである。再びムワッヒド朝カリフに服従していたこの都市をめぐる攻防戦が、事実上、征服活動のクライマックスとなる。周囲の諸拠点を計画的に占領してから、一二四七年の夏からセビーリャを包囲し、グアダルキビル川を遡行して艦隊が都市封鎖を行う。孤立し救援の望みを絶たれたセビーリャ都市民は、幾度にもわたる交渉の末、一二四八年の一一月に降伏を選択した。ちなみに、このセビーリャ攻防戦に、ナスル朝君主ムハンマド一世は、主君であるカスティーリャ王フェルナンド三世に自らの兵力を提供している。

レコンキスタの完了?

レオンとの統合を果たしたカスティーリャ王国の大征服に、勝るとも劣らない動きを見せたのが、アラゴン連合王国であった。非業の死を遂げた父ペラ一世の跡を継いだ若き王ジャウマ一世は、王の幼少期に必ず生じる国内の混乱を押さえ込んで、攻勢にうってでた。最初の攻撃目標としたのは、名目上ムワッヒド朝の支配下に置かれていたバレアレス諸島のひとつマジョルカ島である。西地中海航路の重要拠点であるこの島を獲得することは、商業都市バルセローナの利害に直結する。

苦戦を強いられながらも一二二九年の末、中心都市マディーナ・マユールカ（現シウタット・ダ・マリョルカ〔パルマ〕）を征服、一二三二年までに島の全土を制圧することに成功した。なお、バレアレス諸島の他の島々、すなわちアイビサ（イビサ）島、フルマンテーラ（フォルメンテーラ）島は聖俗諸侯のイニシアティヴのもとで一二三五年に征服された。残るメノルカ島はアラゴン王に服従したものの、一二八七年に結局、征服された。

マジョルカ島の征服と同時に、イベリア半島内でもアラゴン連合王国の攻勢が展開していた。ムワッヒド朝カリフの一族アブー・ザイドがバレンシアを追われて連合王国に亡命してきたため、ジャウマ一世は彼を手助けしてバレンシアに攻め込む大義名分を得た。当初はアラゴン貴族や都市が自律的に動いていたが、国王がマジョルカ島から帰還して、自らこの軍事活動の指揮を執った。

一二三三年には、カタルーニャから地中海沿岸に沿って南下するかたちで、ブリアーナやペニスコラが征服される。一二三六年には、アラゴン貴族たちが内陸部を南下、交通上の要衝アルプエンテの確保に成功する。こうして、バレンシア地方の中心部に進出する条件が整う。一二三八年の四月から都市バレンシアの包囲が開始され、バレンシアは九月末に降伏した。先述

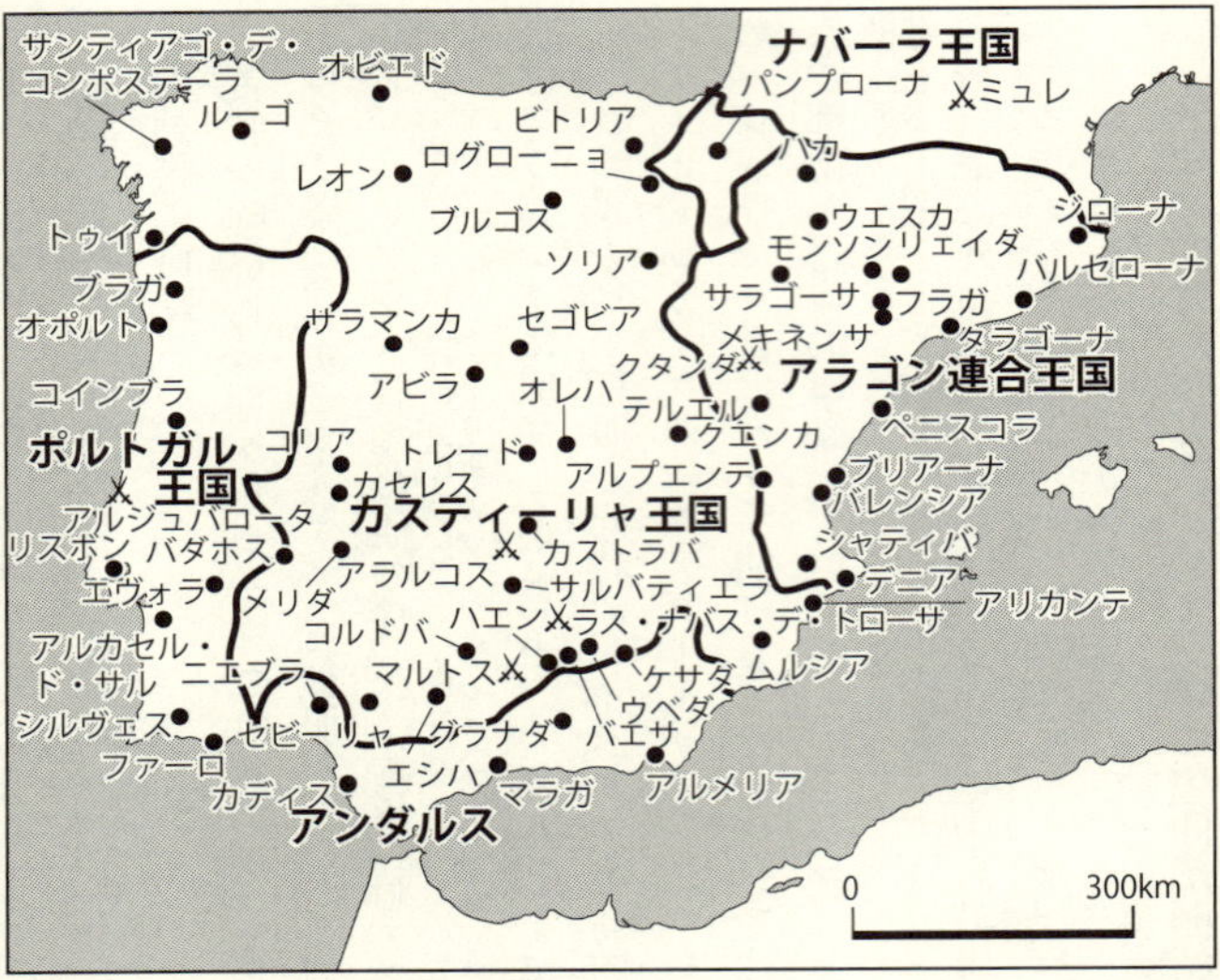

「大レコンキスタ」後の情勢（1252年時点）　ムワッヒド朝の瓦解により、アンダルスは急速に縮小した（Monsalvo Antón, J. M., *Atlas histórico de la España medieval*, Madrid: Editorial Síntesis, 2010, p.195の地図を参考に作成）

したようにバレンシアに君臨していたザイヤーン・ブン・マルダニーシュは同地を追われて、最終的にハフス朝への亡命を選択した。

征服地の整備を行いながらジャウマ一世は、さらに南下する。一二四四年には、製紙業で名高い都市シャティバを征服、一二四五年頃に地中海港湾都市デニアを征服する。他方でカスティーリャも、アラゴンと征服地の分割の約束を取り決めたうえで、保護領としたムルシアから北上して、バレンシア地方南部の征服活動に着手する。こうして、アラゴン連合王国によるイベリア半島内でのアンダルス征服活動は、これをもって実質的に完了した。なお後述する

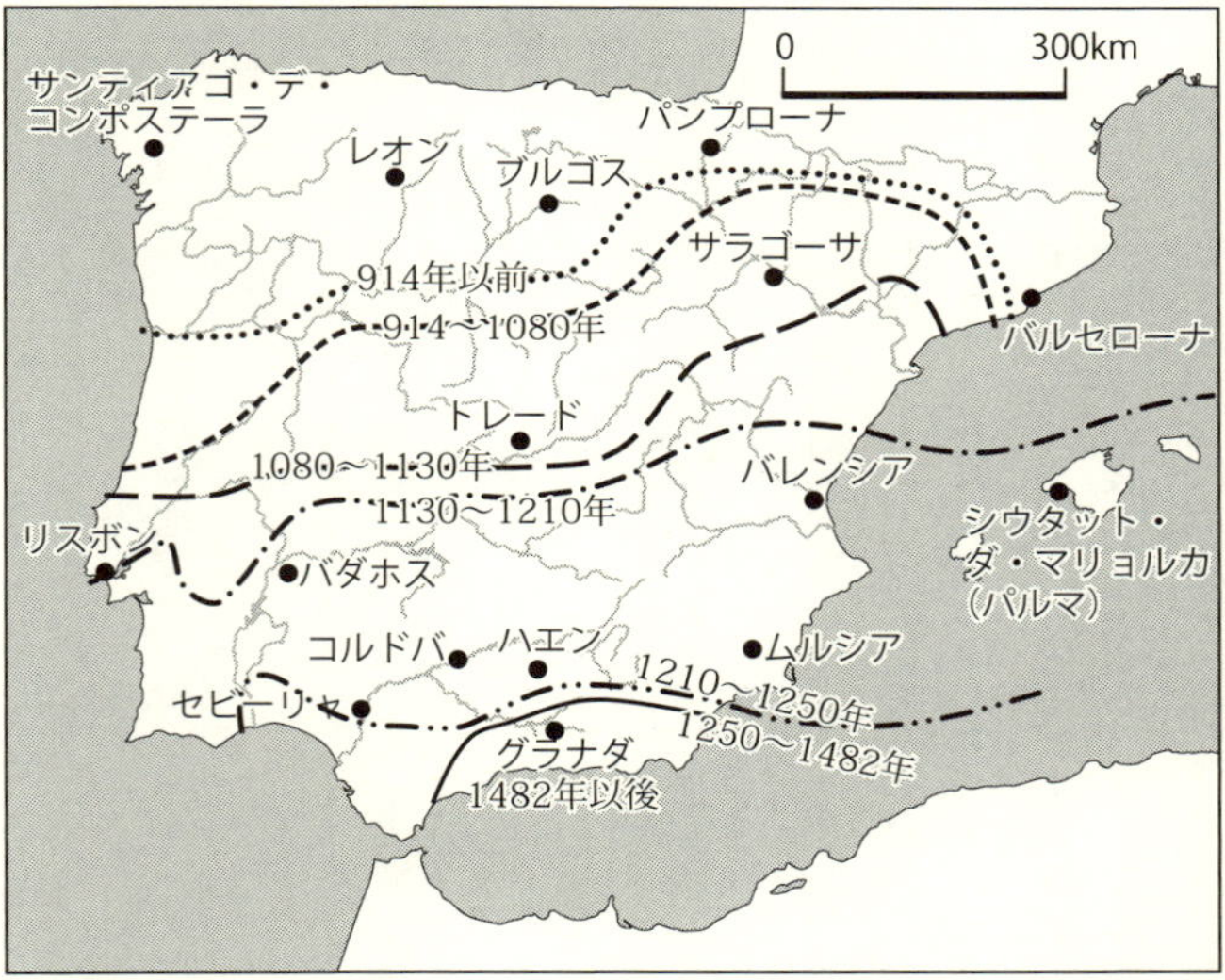

征服活動の進度　11世紀末から12世紀初頭（第一次ターイファ時代）と13世紀前半の「大レコンキスタ」期に急速な領域拡張が生じていることが分かる（黒田祐我『レコンキスタの実像』刀水書房、2016年の巻末地図を転載）

ように、アラゴン連合王国によるバレンシア地域の征服は、とりわけ山間部において、多数のムスリム領民（ムデハル）をそのまま抱え込むかたちで進められていた。

半島西部のポルトガル王国は、一二世紀の後半からムワッヒド朝による反撃に遭い、タホ川以南の領域をめぐってせめぎあってきたが、一二一七年の一〇月にアルカセル・ド・サルを征服して反撃に転じる。ローマ教皇との教会管轄をめぐる対立に加えて、国内の聖俗貴族の反抗に遭うという苦境にありながらも、アフォンソ二世（在位一二一一

〜一二三三年）とサンショ二世（在位一二二三〜一二四八年）は、リスボン以南のアンダルス領域を着実に征服していった。ついにアフォンソ三世（在位一二四八〜一二七九年）は、イベリア半島最南端アルガルヴェ地方のシルヴェスとファーロを一二四九年に確保して、半島内の征服活動を完了した。

こうして一三世紀の半ばに大勢は決した。カスティーリャ王フェルナンド三世は、征服間もないセビーリャで戦後処理に専念する。入植と防衛態勢の再構築の陣頭指揮を執りつつ、セビーリャ近郊の諸拠点を確保することに注力したのである。海を越えて、北アフリカへ進出する夢を抱いていた彼であったが、一二五二年五月三〇日にセビーリャで亡くなる。大征服時代の終わりを象徴する出来事といえる。

真偽のほどは定かではないが、欽定歴史書『第一総合年代記』には、嫡子アルフォンソに対するフェルナンド三世の遺言が収録されている。

おぬしに、モーロ人らがヒスパニアのロドリーゴ［＝ロデリック］王から奪った海峡手前の［イベリア半島の］土地のすべてを託そう。すべてがおぬしの支配下にある。一部は征服され、残りは服属下にある。もし余がおぬしに託す状態を維持できたのであれば、おぬしは余と同等の良き王である。さらなる地を獲得すれば、余より偉大である。損なうのであれば、余ほどではない。

ポルトガルやナバーラ、アラゴンといった諸政治単位ごとの縄張りをどう考えるかはさておき、確かにこれは事実である。なぜならアンダルス領域のうち、最有力のナスル朝ばかりか、ムルシア（フード家）、ニエブラ（マフフーズ家）やヘレスなどのアンダルスの勢力は、すべてカスティーリャ王への服従を選択して、かろうじて存続することができていたにすぎないからである。ナスル朝を除き、これらのターイファも一三世紀の間に消滅していった。

南のアンダルス、北のキリスト教諸国がイベリア半島の覇権をめぐってせめぎあう時代は、終わりを告げた。ナスル朝グラナダが、唯一アンダルスと境を接するカスティーリャ王国の政治的・軍事的圧力に対して、どこまで生き残りを図ることができるのか。それが中世後期のテーマとなる。

第六章　征服活動の実態

八世紀から九世紀にかけて、イベリア半島の北部で細々と産声を上げたキリスト教諸国であったが、西欧世界全体の動きと呼応しながら、一一世紀から一三世紀の前半にかけて、アンダルス領域を着実に征服していった。そしてついに一三世紀の半ば時点で、半島の全域に支配権を及ぼすまでに変貌を遂げた。しかし、実際にどのように戦争が行われていたのか、また戦後処理の結果、どのような社会が築かれて、そこで人々はどのように暮らしていくのであろうか。いわば「神の視点」といえる、大局的な俯瞰図《ふかんず》では見過ごされてしまう征服時代の社会の実態を、本章で垣間見てみよう。

1 「宗教戦争」をめぐる本音と建て前

非妥協的な宗教対立の時代?

スペイン史における中世盛期(一一世紀~一三世紀)は、それ以前の後ウマイヤ朝の「寛容の文化」が花開いた過去と対比させられることが多い。事実、中世盛期とは、人口の増加、都市の発展、商業の復活といったポジティヴな側面のみならず、負の側面として、西欧文明による外部に対しての軍事拡張という暴力性が際立った時代であった。十字軍運動が起き、異教徒と戦うことを使命とする騎士修道会が誕生し、異端審問という宗教的純化のための装置が機能しはじめた時代でもある。この西欧の動きに呼応して、イスラーム世界でも変革が起こる。東方イスラーム世界では、十字軍に対抗するためにジハードが国家規模で発動されたし、西方イスラーム世界でもムラービト・ムワッヒド両王朝のもとで、イスラーム信仰の刷新運動が、時に暴力や弾圧を伴いながら推し進められた。

西欧世界であれイスラーム世界であれ、自らの文明世界の宗教理念や思想を純化し、雑多で異質な要素を排除して、均質な宗教文明世界を作り上げようとした時代であった。この二つの宗教文明世界が接触する場合、異なる信仰同士の衝突、すなわち宗教戦争とならざるをえない。不倶戴天《ふぐたいてん》の敵同士の間に生じた戦争は、不寛容の極致を示して、これに巻き込まれる兵士や民は、虐殺の犠牲となるのは避けられない。「暗黒時代」という中世の俗説イメージと連結され、このようなイメージが一般に流布しているのではなかろうか。

しかし、これまで論じてきたように、双方の社会ともに宗教的に不寛容の時代に突入したとは単純にはいえなそうである。キリスト教諸国は一致団結することなくいがみ合っていたし、時にイスラーム勢力と手を結ぶことも日常であった。「スペインの英雄」エル・シッド、一二世紀ポルトガルの「恐れ知らず」の異名をとるジェラルド、ムラービト・ムワッヒド両王朝に仕え続けたキリスト教徒の傭兵団は、何らためらうことなくムスリムの君主に仕え、命を捧《ささ》げていた。

マグリブやアンダルスの人々も同様である。ムラービト朝による支配のもとで、第一次ターイファ時代から続く知的活動が継続していたし、同王朝のもとでは、洗練された美術様式が開花した。カリフ自らジハードを敢行し、キリスト教徒、ユダヤ教徒に対する不寛容政策が強化されたとされるムワッヒド朝時代ではあるが、少なくともその初期は、カリフ宮廷のもとで、アリストテレス解釈をめぐる侃々諤々《かんかんがくがく》の知的活動が展開していた。ムワッヒド朝カリフは、積極的な対外ジハードの実行を掲げながらも、実際にはアンダルス最前線の守備兵に対して、防戦に徹するように指令を送っていた。一三世紀になり劣勢に立たされると、ムワッヒド朝カリフの一族は生き残りをかけて、場合によってはキリスト教への改宗を選択する。かつての研究者たちは、「アフリカ」あるいは「ベルベル人」というネガティヴなレッテルのもとで両王朝の支配が狂信的・非妥協的で野蛮であったと、バイアスをかけて眺めすぎてきた可能性がある。

両世界の間では外交交渉が頻繁に持たれ、和平や休戦が成立することも多かった。期限つきながらも和平が結ばれ、旅人や商人が往来することができた。君主同士の間で締結された和平協定を皆遵守せねばならず、違反した場合には重い罰が科された。言い伝えによるとアラゴン王ラミーロ二世は一一三六年、アンダルスとの休戦協定を破ってムスリム隊商を襲撃したかどで、七名の王国貴族を処刑している。

対外戦争を敢行する動機も、宗教的なものとは限らない。むしろそれは、別の世俗的な動機を覆い隠すために喧伝された可能性が高い。王や貴族は自らの政治権力の維持と拡大を、市井の民は立身出世と経済的野心を目論んで行動していた。それは政治的な勢力争いであり、経済的利害が絡み、なおかつ宗教的な対立でもあったのである。中世の戦いの動機を信仰上の対立だけで解釈することは、当時の社会の実態を大きく見誤ることになる。古今東西、建て前と本音が使い分けられていたことを、決して忘れてはならない。

戦争の実態

戦争とは常に凄惨な暴力を伴うものである。これは、決して否定できない。しかしながら、共存の可能性を無条件に除外して軍事衝突が発生するわけではなかったし、ましてや、異教徒である敵の全面的な虐殺が常に行われるわけでもなかった。虐殺が起きたとしても、それは原則ではなく、ある特定の条件下で稀に生じたにすぎなかった。

最も死者数が多くなるケース、すなわち大軍同士が真正面から衝突する会戦ですら、両軍は事前に取り決めた「紳士協定」に則って動いていた。たとえば、一二世紀の歴史家カルダブースが伝える一〇八六年のザッラーカ会戦での両軍の動向を見てみよう。カスティーリャ・レオン王アルフォンソ六世と、ムラービト朝君主ユースフ・ブン・ターシュフィーンの両陣営の間では使節が往復して、会戦を行う日時をすり合わせている。アルフォンソ六世は「今日は木曜、金曜は貴殿らの祝祭日で、日曜は我らのそれであるため、会戦は土曜日にすべきだ」と提案している。提案は金曜に騙《だま》し討《う》ちをかけるための策略であったが、当時の礼儀に則って会戦準備をしていることに変わりはない。十字軍あるいはジハードといった聖戦であったとしても、異教徒に対する無差別な殺戮行為ではなかったのである。異教徒同士の戦争であっても、不必要な暴力の行使を抑制し、女性や子供などの「弱者」の殺害を禁じ、捕虜をむやみに殺害することもなかった。

近年の軍事史学研究の進展によって、中世における戦争の実態の解明が進んできている。我々は中世の戦争について、長らく誤解してきたのである。当時の戦争は、最もリスクの高い会戦を回避して、交通上の要衝となる都市や城砦をいかに確保するかに終始していた。このために近隣領域を計画的に略奪したり、畑に火を放ったり樹木を伐採したりして、拠点の抵抗力をまず弱らせる。入念な準備期間を経て、都市や城砦の包囲戦に入る。火砲も存在せず、威力の期待できない攻城兵器しかない時代、籠城する防備要塞を力ずくで攻め落とすことは、極めて困難であった。守備側が圧倒的に有利であり、ゆえに攻撃側は、話し合いを通じて相手を降伏させることをまず目指した。

動員できる人数も限られ、兵站も未熟な時代であった。常日頃、戦争に明け暮れることは不可能であり、事実、大半の時期は和平関係にあるか、休戦協定が結ばれていた。和平あるいは休戦状態になれば、旅人や商人が行き来することも何ら問題にはならなかった。国境線で兵士がにらみ合っている現代の一触即発な紛争地帯をイメージすると、やはり当時の社会を誤解することになろう。

征服が成功した時期の短さ

約八〇〇年にわたるイベリア半島情勢の推移そのものが、このことを物語ってくれている。戦争による征服活動が成功を収めている時期が、極めて限定されているのである。重要な都市拠点の征服が進展する最初期は、トレード(一〇八五年)やサラゴーサ(一一一八年)の征服に象徴される、第一次ターイファ時代の末期からムラービト朝のアンダルス併合の初期にかけてであった。続いて一一四〇年代から一一五〇年代、ムラービト朝の瓦解によって、第二次ターイファ時代を迎える時期に征服が進展する。ポルトガルではリスボンが征服(一一四七年)され、カスティーリャ・レオンも一時的とはいえコルドバ(一一四六年)を確保したが、ムワッヒド朝の介入により軍事力は再び拮抗して、再び征服活動は沈滞した。そして一二三〇年代から一二五〇年頃にかけての第三次ターイファ時代と呼ばれる時期にポルトガル、カスティーリャ、アラゴンのそれぞれが、精力的な征服活動を成功裡に終えている。

俯瞰すれば、アンダルス社会の混迷期、すなわちターイファ時代という、マグリブのベルベル王朝の軍事力を頼りにできなくなり地方政権に分かれて仲違いしている時代にしか、キリスト教諸国は征服を成功させられなかった事実を示している。

先に引用した、一一世紀ジーリー朝君主アブド・アッラーの回想を思い出してほしい。カスティーリャ・レオン王アルフォンソ六世は、自らの王国の人的・経済資源と軍事力の限界を自覚したうえで、ターイファ諸王を仲違いさせつつ「彼らの都市が疲弊して弱体化するまで金を搾りとること」を目指していたというものである。征服して直接統治を行うことを究極目標としつつも、当面は「平和裡外交」を駆使してアンダルスのターイファ君主たちを服属させ、貢納金（パーリア）を取り立てて経済的な搾取を行うことでよしとした。

場合に応じて軍事的にも圧力をかけて、衰弱させていく。アンダルス為政者を服属させて、彼らの存続を許すという意味で寛容な態度と解釈できるが、経済的搾取を通じて最終的な征服を目論んでいるという意味では、不寛容な戦略とも解釈できるのではないか。次に、どのように実際に征服を行うのかを類型ごとに見ながら、このテーマをもう少し掘り下げてみよう。

2　征服活動

強襲――征服活動の類型①

キリスト教諸国によるアンダルスの征服プロセスのうちで、最も凄惨な暴力に発展しうるのは、実力行使による征服であった。具体例を見るのが早いだろう。一〇五七年から一〇五八年にかけてカスティーリャ・レオン王フェルナンド一世は、現在のガリシア・ポルトガル北部地域への遠征を行った。一二世紀初頭のラテン語年代記の記述によれば、このときにセイア、ラメゴ、ヴィゼウの各拠点が征服されたときの様子について、次のように記している。

［フェルナンド一世は］すべての兵団の準備を整えて、第一目標として都市セイアとその周囲に散在する城砦に侵攻した。蛮族［＝アンダルスの民］を殺害し、王が望んだ者たちを、自らの、あるいは兵たちの奴隷へと貶《おとし》めた。ラメゴのモーロ人たちは、一部は虐殺され、一部は様々な教会建設のため、鉄の鎖でもって捕縛された。（中略）殺されなかった他のヴィゼウのモーロ人たちは、戦士たちの略奪物となった。

既に述べたようにモーロ人とはムスリム一般を指す史料用語である。降伏勧告を拒絶したり、強襲によって都市や城砦が落とされた場合、征服側に生殺与奪の権利を委ねてしまうことになる。これは、当時の普遍的な「戦時法」であったようだ。

味方の戦意を高揚させるため、あるいは敵に恐怖心を与えるために意図的に強襲による征服が敢行される場合もあったのではないか。たとえば一二一二年のラス・ナバス・デ・トローサ会戦の前にはマラゴン城砦が十字軍士によって占領されているが、同時代に執筆されたラテン語の年代記によれば「同城砦では目に付く者すべてを理由なく殺害した」という。一二二四年、ムワッヒド朝カリフの一族のひとりアルバイヤーシーと連携したカスティーリャ王フェルナンド三世は、アルバイヤーシーに従わないハエン近郊の都市ケサダを攻撃した。「ほとんど一瞬で同都市へ侵入し、そこで高価で良質な物品に出くわし、それらを略奪した。城壁は灰燼に帰し、男と女を、老人も乳飲み子も含め捕虜として連れ去った」と、同じ年代記の記述にある。

とはいえ、小さな砦や小規模都市はさておき、重要な都市拠点が強襲によって占領される事例は稀である。成功する確率が極めて低く、割に合わないからだ。たとえば、同じく一二一二年のラス・ナバス会戦の前哨戦《ぜんしょうせん》、包囲したカラトラバ城砦に駐屯するムスリム兵に対してカスティーリャ王アルフォンソ八世は、身体の安全を保障したうえで降伏させている。同時代のムスリム歴史家マッラークシーは、ピレネー山脈の北からこの遠征に参加していた十字軍士たちの多くの者が、降伏したムスリムに対する略奪と殺害を禁じるこの措置に不満を抱いて踵《きびす》を返し、ラス・ナバス会戦には参加しなかったことを伝える。既に指摘したが、軍勢の集結地となったトレードの編年史によれば、この十字軍士たちが、この都市に多く居住するユダヤ人を虐殺する暴挙に出ている。アンダルス勢力との戦争の経験がなく、ムスリムやユダヤ人といったキリスト教徒以外の者たちと接したことがほとんどない十字軍士と、イベリア半島出身者との間で、異教徒に対する認識の乖離は大きかったのは、確かである。

強制退去——征服活動の類型②

拠点の征服が試みられる場合、攻囲する側と籠城する側との間で話し合いがもたれる場合がほとんどであった。交渉で合意に達すれば、籠城側が降伏する。しかしその降伏条件は多様でありえた。戦況に応じて、あるいは戦後処理を想定して、身体の安全のみを保障して退去させるのか、財産を伴っての退去を許可するのか、あるいはその城砦や都市に降伏後も残留する許可を与えるのかが、熟慮のうえで判断されたようである。

まずは、籠城側の守備兵や住民が、助命されるものの財産を伴わずに、言い換えれば、「着の身着のまま」で強制退去になる事例である。その最初期の例として、一〇六四年七月、カスティーリャ・レオン王フェルナンド一世による都市コインブラの征服が、これに該当する。先のラテン語年代記は次のように語る。

蛮族［＝アンダルスの民］は、賠償金を持たせた使節を王［＝フェルナンド一世］のもとに派遣し、自分と子息のため助命を希《こいねが》い、退去のための旅費を除いて、都市と残りのすべての資産を、王に引き渡した。

交渉の末に、籠城側が財産を持参して退去することが許可される場合もある。残存する歴史書の記述から判断すると、このパターンが比率として最も多いように思う。例を挙げよう。カスティーリャ・レオン王アルフォンソ七世は、一一三九年の春からオレハ城砦を包囲した。トレードから五〇キロほど北東に位置する同城砦は、ムラービト朝軍の最前線拠点として、トレードの悩みの種であった。『アルフォンソ皇帝年代記』によれば、包囲されたムラービト朝軍は、外部へ救援要請を送る許可を求め、アルフォンソ七世はこれに同意する。結局、ムラービト朝による援軍は到着せず、一〇月下旬に降伏した。以後の経緯を次のように語る。

［ムラービト朝軍の城砦司令官］アリーと、彼とともに立てこもっていた者ら皆は、所有財産を携えて（中略）退去した。彼らは皇帝［＝アルフォンソ七世］のもとを訪れ、皇帝は彼らを穏やかに歓待し、彼らは皇帝のもとに数日間逗留した。この後、皇帝は彼らが［ムラービト朝の砦］カラトラバへ出立するのを許し、ロドリーゴ・フェルナンデスを護衛役として彼らに随伴させた。なぜなら、トレードの民が彼らを殺したがっていたからである。

興味深いのは、攻城戦時において、期限を設けて、また人質を差し出したうえで、籠城側に外部への救援要請を許可するという慣習が存在したことである。救援が来なかったため、事前の取り決め通りに降伏したのであろう。降伏した兵や民を慰労した後、彼らは南部の城砦カラトラバまで、アルフォンソ七世の側近によって護送されたというが、その理由も意義深い。度重なるムラービト朝の侵略に苦しめられてきたトレードの都市民が、最前線のムラービト駐屯兵に根深い恨みを抱いていたことを示しているからである。

一一四七年、ポルトガルの攻撃を前にして、交渉の末、リスボンも類似した条件で降伏することを選択した。しかしこの包囲戦に参加していた北ヨーロッパの十字軍士らが合意を無視して市内を略奪し、市内に存続していたキリスト教徒のモサラベ共同体もその犠牲となっている。イベリア半島の現実を知らない外来者が、このような事態を引き起こすことが多かったことは、やはり間違いない。

同様の事例は、一三世紀の「大レコンキスタ」時代にも数多く見られる。一二二六年、カピーリャ（現エストレマドゥーラ地方の城砦）を征服する際にも、八日間の期限を設けて、人質提供のうえで籠城側は救援を要請した。この間に救援が来れば、カスティーリャ王フェルナンド三世は征服をあきらめて人質を返還する。救援が来なければ降伏し、財産を持参して退去することで合意に達する。結局救援は得られず、カピーリャは降伏した。一二三六年には、包囲されたコルドバの都市民は、命と動産を保障されて、都市から退去することを条件に降伏した。
一二四八年に征服されたセビーリャも同様である。その前年の夏からセビーリャ包囲戦が開始され、小競り合いと交渉を繰り返して、最終的には、所有財産と武器を含むすべてを携帯して退去し、都市を空にして明け渡すという条件で、一二四八年一一月二三日に降伏した。携帯できない財産を売却するための猶予期間として一か月を設けた後、一二月二二日、護衛付きで海路・陸路で住民の退去が開始された。一三世紀後半のカスティーリャ欽定歴史書は、この経緯を次のように語る。

そこで王［＝フェルナンド三世］は、海路で退去したい者のために、五隻の船舶と八隻のガレー船を手配した。陸路で去る者には、家畜と、それを導き管理する者を用意した。（中略）王はカラトラバ騎士団の団長を彼らとともに派遣し、モーロ人はヘレスまで安全に送り届けられた。

こうして翌年の一月一三日、セビーリャからの住民の退去が完了した。

残留許可——征服活動の類型③

降伏をめぐる交渉の結果、アンダルス住民の残留が許可される場合もある。ただしその場合も条件が付けられる場合がほとんどであった。既に紹介したサラゴーサ（一一一八年征服）では、一年後までに都市の中心地から郊外区への住み替えが求められた。一一一九年に、同じくエブロ川上流のトゥデーラも降伏しているが、降伏条件を書き写した文書によれば、サラゴーサと同様、一年の猶予のもとに郊外区に移住する点で、アラゴン王アルフォンソ一世とトゥデーラ住民の双方が合意している。残留することを選択したムスリムは、裁判官や法学者、ムフタシブ（市場監督人）のもとで自治を維持でき、都市内あるいは都市外の農村部で不動産を保有することもできるという条件であった。

より詳細な降伏協定文書が残っているのが、一一四八年にアラゴン連合王国によって征服された都市トゥルトーザである。包囲後の交渉の結果、四〇日間の援軍を求めるための休戦を経て、降伏した都市のムスリム住民には、これまでの事例と同様、自治権の付与とひきかえに、一年の間に市壁の内部から郊外街区への移住が求められた。これに不満があれば、財産を売却、あるいは財産や家族を伴って、都市外に所有する私有地に居住することもできた。労役の免除など税制上の特権に加えて、市場を開設する権利、外部との通商権も保障された。降伏したムスリム同士の裁判は、彼らの法に則って慎重に審理されることが明記され、キリスト教徒によるムスリムに対する暴力は禁じられる。ユダヤ人がムスリムの捕虜や奴隷を購入したり、ムスリムを侮辱することも禁止された。さらにムスリム住民は武装することすらできた。

一三世紀の「大レコンキスタ」時代にも、都市拠点を征服した後で、降伏したアンダルス住民の残留を許す事例が多く見られる。たとえばカスティーリャ王フェルナンド三世によって一二四七年に征服されたセビーリャ近郊の中規模都市カルモーナは、事前に援軍を求めるための休戦を求めて許可された。その後、城砦と町全体の支配権を譲渡する見返りとして、都市住民が当地にとどまることができるという条件で、降伏を選択している。同時期に進められていたアラゴン連合王国やポルトガルによる征服活動においても、降伏したアンダルス住民の都市区画内での居住が許可される例が散見される。

しかし征服前のアンダルス時代と征服後との間で連続性が最も見られるのは、農村や小規模な都市拠点であった。一例を挙げよう。一一二二年二月六日に合意を見たアラゴン王アルフォンソ一世と、トゥデーラに近い拠点ボルハの民との降伏協定では、これまでと同様の自治権が完全に保障されており、少なくとも征服当初には、キリスト教徒による入植自体も想定されていない。つまり征服というよりもむしろ、租税を支払うべき上位権力が、ムラービト朝からアラゴン王に替わったにすぎないといえる。こうして、ボルハをはじめとするエブロ川流域の農村部には、中世の末に至るまで降伏したアンダルスのムスリム、すなわちムデハル臣民が数多く居住し続けた。一三世紀の征服によって、カスティーリャに征服されたアンダルシーア、アラゴンが獲得したバレンシア領域の農村部や小都市では、圧倒的多数派としてムデハルが、自治権を持って、アンダルス時代とさほど変わらない生活を送っていた。

キリスト教諸国がアンダルスをどのように征服するのかについて、征服の類型ごとにここまで論じてきた。当時の戦争では、実力に訴えて堅固な城壁を持つ都市や城砦を奪取することは極めて困難であり、包囲し交渉を経て、降伏を促す場合がほとんどであった。例外はあれど、征服時の対応の違いについて、次のような傾向が全体として見てとれる。

宗教的にも政治的にも、あるいは経済的にも領域の中核となりうる重要都市の場合、降伏協定により、都市全域あるいは都市の中心部からアンダルス住民を退去させる場合が多い。王が滞在し、大司教が住み、キリスト教に基づいた王国政治の中心地であるべき大都市セビーリャの場合、ユダヤ人は別として、アンダルス時代の記憶を継承しているムデハルを意識的に排除した都市景観が目指された。あるいはサラゴーサやトゥルトーザのように、町の中心部から郊外への移住を強制する場合も、同様の意図があったと考えてよかろう。

しかし小規模の都市や農村地帯の場合は、別である。降伏後もムデハルによる自治体制を基本とした社会が、新たに入植してくるキリスト教徒の共同体と併存して存続した。アラゴン連合王国によって一二世紀に征服されたエブロ川流域、一三世紀に征服されたバレンシア地方、同じく一三世紀にカスティーリャ王国によって征服されたアンダルシーア地方の農村では、アラビア語のみを用い、イスラーム信仰を維持する社会が場合によってはそのまま温存されたのである。

こう述べると、当時の征服活動がもたらした結果は、ポジティヴなものに思えるかもしれない。無差別殺害は例外的であり、話し合いの結果、アンダルス住民が助命されて「平和裡」に征服が実現した。征服後も自治権を与えられて、そのまま居住することすら許される場合もあったからである。しかし穏健な戦争スタイルと、征服後の残留の許可が、他宗教に対する寛容精神の表れであると即断するのは早計である。

新たに征服した領域には入植者を募り、キリスト教徒による都市・農村共同体を組織させて、防衛網を整える必要があった。この過程で、征服者と被征服者との間に軋轢が頻繁に生じた。その結果、降伏時に取り交わされた合意を反故《ほご》にして、旧アンダルス住民に対して差別的な対応を採ったり、移住の強制あるいは追放措置へと発展することがありえた。一〇八五年に征服され、宗教的寛容を具現化させた都市として名高いトレードがたどった歴史は、皮肉なものであった。

征服後のトレードでは、当初は多数派を占めるムスリム住民すなわちムデハルに広範な自治権が与えられ、現状維持が優先されたと考えられる。しかし新たに北のカスティーリャやレオン、あるいはピレネー山脈の北から入植してくるキリスト教徒たちとの軋轢が、征服の翌年に早くも表面化する。欽定歴史書『第一総合年代記』に記されたことの顛末を、引用しよう。

選出大司教ベルナルド殿は、王妃コンスタンサ殿と相談し共謀して、キリスト教徒騎兵の一団を率いて、トレードの大モスクへ夜に押し入った。ムハンマドの律法の穢《けが》れを取り払い、そこにイエス・キリスト信仰のための祭壇を設けた。そして大鐘楼にキリスト教徒らに時間を知らせるための鐘を配置した。このことを自身の滞在地で聞き知ったアルフォンソ［六世］殿は憂慮し激怒した。というのも、大モスクは永続的にモーロ人のものであるという、トレードの大モスクに関して彼らに為《な》した約定を、モーロ人に対し遵守しないことになるからであった。

降伏協定は守られず、町の中心に位置していた大モスクが接収されて教会へと転用された。ベルナルドとコンスタンサの両名は、フランスのブルゴーニュ出身である。よってこの暴挙は、イスラームに不寛容な態度を示す「フランス人」と、寛容な「スペイン人」の違いという図式でかつて語られた。確かに、これまでもたびたび指摘してきたように、敵であれ味方であれ、ムスリムと恒常的に付き合い続けてきたイベリア半島出身者と、そうではない者たちとの間には、大きな態度の乖離があったはずではある。

しかしながら、一六・一七世紀の後代の歴史家アルマッカリーによれば、トレード征服後の騒擾について一一世紀を生きた詩人イブン・バッサームが、次のように語ったという。

アルフォンソ［六世］は多神教［＝キリスト教を指す］にムスリムを引きいれ、彼の唾棄すべき宗教へ改宗させることを望み、人々を丁重に扱いだした。しかし改宗が叶わないと知るや、大モスクを汚して、これを忌々《いまいま》しい儀礼のための教会へと転用した。

アルフォンソ六世の真意は結局分からない。しかし大モスクの接収は既成事実化して、そのまま大司教座聖堂として機能していくことになった。ちなみにこの旧大モスクは一三世紀初頭に取り壊され、その跡地に当時としては最先端のモード、ゴシック様式の教会が建てられて、いまに至る。

以後、都市トレード内で多数派を形成していたはずのムデハルたちは、ムラービト朝軍による度重なる攻撃を受けて、その多くが逃亡した可能性がある。あるいはキリスト教へと大規模に改宗してしまったとも考えられる。いずれにしても、一二世紀の史料で、ムデハルの居住する痕跡が極端に少なくなってしまうことは事実である。

古典古代の知を復興しながら西欧独自の文明を育む契機となった一二世紀ルネサンスは、まさにこの時代に花開いていた。トレードは、アラビア語文献をラテン語に翻訳する最重要拠点として、この知の復興と発展に不可欠な役割を果たしたことで名高い。しかしこの大翻訳運動で実際に活躍したのは、ムデハルではなかった。トレード市内で三〇〇年以上にわたって生活し、さらにマグリブやアンダルスからの新移住者を加えてその数を増やしたモサラベとユダヤ人であったのである。

3　共存の実態

アンダルスを直接支配することが困難であることを自覚したキリスト教諸国の君主たちは、妥協策を採った。カスティーリャ・レオン王アルフォンソ六世と、彼の孫アルフォンソ七世がそうであったように、「二宗教皇帝」を自称して、ムスリムをも内に取り込んだうえでの覇権を目指した。確かに征服を進めるため、ムスリムと共存しようとする姿勢を当初示したことは間違いない。しかし前章で見たトレードのケースのように、キリスト教徒以外の異教徒は「二級市民」として、場合によっては「信仰の敵」としてみなされ、対等な関係が築かれるわけでは必ずしもなかった。ガルシア・フィッツが強調するように「寛容は、原則というよりも、むしろ手段にすぎなかった」のであろう。

とはいうものの、近世ヨーロッパのゲットーのように徹底した隔離政策が採られたわけではない。場所によって大きな違いはあるものの、宗教的・社会的な差別、時に迫害や暴力事件を伴いながらであっても、中世の末に至るまで日常的な交流が続いたことは事実であった。寛容と不寛容が常に混在し競合するなかで接触が繰り返されたのである。アンダルス社会、キリスト教諸国社会で暮らした宗教的・社会的マイノリティの状況を素描して、共存の意義についてもう少し考えてみよう。

モサラベ

西ゴート王国の臣民の末裔、同王国以来の法律とキリスト教典礼を受け継ぐモサラベたちは、後ウマイヤ朝治下でのアラブ化・イスラーム化のなか、一〇世紀以後は人口の面でも、社会経済的な地位においてもマイノリティへと転落した。一一世紀、後ウマイヤ朝の崩壊に続いて第一次ターイファ時代を迎え、そのプレゼンスはさらに弱まったと推測されるが、それでもコミュニティ自体は存続した。とりわけキリスト教諸国社会との接点が多く、アンダルスの中核地帯から離れた辺境領域では、そうであった。その代表格が、かつての西ゴート王国の宮廷が置かれた都市トレードとその近郊である。また一〇九六年にアラゴン王ペドロ一世がエブロ川流域の重要都市ウエスカを占領したとき、いまだに三つの教会が機能していたという。

しかしアンダルス在住モサラベを取り巻く状況は、ムラービト朝の来訪とともに、より厳しくなった。一一二五年の秋から敢行されたアラゴン王アルフォンソ一世によるアンダルス大遠征時、各地で暮らしていたモサラベたちが呼応して蜂起したのも、モサラベが置かれていた苦境を反映しているのではないか。

一一二六年にはアンダルスのモサラベらに対して、地中海対岸のマグリブへの強制移住が命じられた。とはいえ、強制移住令の真意は、内通しかねない非ムスリムをキリスト教諸国と境を接する前線から内地へと移送することにあったはずであり、宗教的な憎悪からではなかった。

またモサラべらは移住先のマグリブで城壁の建造などに使役されたが、これはムスリムのために尽くすキリスト教徒というイメージを醸成したとも考えられる。そもそもモサラべの強制移住の命令自体、貫徹されなかった。なぜならポルトガルによるリスボン征服時（一一四七年）には、同都市内に確実にモサラべが聖職者を伴って居住していたからである。

ムラービト朝からムワッヒド朝への交代に伴う混乱期には、マグリブやアンダルスからモサラべと後述するユダヤ人らが、キリスト教諸国へ亡命する動きが多く見られた。このことは、当時の複数の歴史書の記述からも、また入植許可状の発布状況から見ても明らかである。

モサラべの歴史には、長いエピローグがある。キリスト教諸国内で、信仰上はキリスト教徒とはいえ、アラビア語を用い独自のキリスト教典礼を維持して、いわゆる西欧中世世界のラテン・カトリック的な文化とは異なる伝統を維持し続けたからである。とりわけ都市トレードでは、新たに入植する者たちとの間で多くの軋轢が生じながらも、有力モサラべ家系が台頭してきた。彼らはアラビア語で読み書きを行い、先に指摘したように、大翻訳運動において大きな貢献を行っている。一三世紀のトレード大司教ロドリーゴ・ヒメネス・デ・ラーダの時代には、アラビア語とラテン語の双方の銘句がちりばめられた教会の建築が花開いた。一三世紀の後半にもトレードは、アラビア語から中世カスティーリャ語への翻訳運動の拠点となっている。

しかし一四世紀になると、モサラべはアラビア語運用能力を失い、他のキリスト教徒と区別ができなくなり、完全な同化を果たした。なお、担い手を失ったモサラべ教会典礼であるが、近世の歴代トレード大司教による保存の試みが繰り返され、二〇世紀になっておおむね復元が完了している。

ムデハル

ムデハルとは、キリスト教諸国による征服の際に取り交わされた協定で残留を認められた、アンダルス・ムスリム臣民の全般を指す呼称である。トレード征服後の事例で見たように、降伏協定で保障されていたはずの自治権が脅かされたり、差別を受けたりして、逃亡や改宗を選択した者は多数にのぼったはずである。それでもイスラーム信仰を代々維持し続けた者たちは、一定数にのぼった。一一世紀から一三世紀にかけての征服活動の成功に伴って、キリスト教諸国に居住し続けたムデハルの行く末について、ここでまとめておきたい。

時代と地域により千差万別であったことは大前提であるが、ムデハルは、一定の自治権を行使できる「モレリア」や「アルハマ」と呼ばれる共同体を形成した。裁判官（カーディー）や法学者（ファキーフ）、「サルメディーナ（サーヒブ・アルマディーナ）」と呼ばれる警吏、「アラミン」と呼ばれる監督官らが共同体の指導者として、キリスト教徒の都市共同体と似通った自治体制を維持した。当然ながら彼らはイスラーム信仰を維持し、日常生活から訴訟に至るまで、イスラーム法に則って暮らした。

ムデハル共同体の地域分布には、大きな偏りがある。イベリア半島中央部に君臨したカスティーリャ王国の場合、ムデハル共同体の数とその人口は少ない。既に述べたような都市トレードのように、征服当初は数多くのムデハルが居住していたのかもしれないが、少なくとも残っている史料上では、一二世紀にムデハル共同体が登場することは非常に少ない。一三世紀前半の征服活動の大きな進展によって、征服直後のアンダルシーアの中小都市、とりわけ農村部では、ムデハル臣民が圧倒的な多数派を占めたと考えられる。しかし次章で扱うように、カスティーリャ王アルフォンソ一〇世（在位一二五二〜一二八四年）が辺境統治政策の一環としてこの地方のムデハルの自治体制に制限をかけようとした結果、それに対する不満が一二六四年に反乱というかたちで暴発し、その鎮圧の結果、少なくとも史料上でムデハル共同体は、ごく限られた都市や農村での圧倒的な少数派としてしか確認されなくなってしまう。

これと一見矛盾しているが、一三世紀の後半以降、カスティーリャ王国の対アンダルス最前線から遠く離れた新旧カスティーリャ地方（現在のカスティーリャ・イ・レオンとカスティーリャ・ラ・マンチャ両自治州に相当する地域）で複数のムデハル共同体が繁栄しはじめる。その代表例が、都市トレードやアビラなどである。スペイン国立通信教育大学（ＵＮＥＤ）の歴史学者エチェバリアが明らかにしたように、王国内陸部のムデハル共同体は、解放された元捕虜や奴隷ムスリムに加えて、反乱鎮圧後にアンダルシーアから国内移動してきたムデハルらによって、徐々に形成されていったのではないかと考えられる。しかしいずれにしても、ムデハル総人口は、これから述べるアラゴン連合王国と比較すると、非常に少ないといわざるをえない。

圧倒的なマイノリティであった中世後期カスティーリャのムデハルは、宗教的アイデンティティの根幹に関わるはずのアラビア語知識すら次第に失っていった。しかし逆説的ながら、圧倒的多数派を形成するキリスト教徒臣民にとって脅威とはならず、都市内での共存関係は比較的安定した。

中世の城壁が完全なかたちで残存している世界遺産都市アビラの例を挙げよう。一三世紀の時点でアビラの都市民兵組織には、都市年代記の記述によると、七〇名の騎兵と五〇〇名の歩兵からなるムデハル部隊が存在した。馬を自弁できるほどに裕福なムスリム騎兵が都市に居住していたことを示唆していよう。一三一一年の時点でおそらくキリスト教教会の庇護のもと、町の中心部に二つのモスクを保有しており、都市の総人口比率は、キリスト教徒が七割弱、ユダヤ人が二割強、そしてムデハルが一割程度であったと推計されている。

一方のアラゴン連合王国では、征服直後から一貫して多数のムデハル臣民の居住が確認される。既に取り上げたように、一二世紀前半に征服されたトゥデーラやトゥルトーザでは、ムスリム有力者や富裕層も征服後、残留することを選択した。一二五〇年頃の推計によると、カタルーニャ全域ではムデハル人口は六〇〇〇人程度と少ないが、エブロ川流域を中心としたアラゴンでは、総人口二〇万人の三割近くがムデハル臣民であったといわれる。とりわけ圧倒的にムデハル人口が多かったのは、一三世紀に征服、併合されたバレンシアである。征服直後には一〇万人以上のムデハルが残留を選択したというが、これは当時の比率にして全人口の八割から九割近くに達するとされる。

理論上ムデハルやユダヤ人といった異教徒臣民は、君主に直属するかたちで自治権が保障されていたはずであるが、実際には聖俗諸侯の領地内に、むしろムデハルが多く居住していた。自治権を持つアラゴン連合王国のムデハル共同体は、アラビア語の知識を維持し、ウラマーを育成することもできた。とりわけバレンシアでは、ナスル朝グラナダや、地中海の南岸マグリブと交流を続け、交易を維持するのみならず、現地に留学する子弟も多数いた。逆説的ながら、多数派を占め、言語的にも習俗でも順応する必要がないバレンシアのムデハルは、キリスト教徒臣民にとって脅威となりえた。結果、カスティーリャ以上に都市内での信仰共同体同士の衝突に発展することもありえたのである。

このように逆説的な状況は、内陸のナバーラ王国のムデハルにも見られる。イスラーム世界と直接境を接しなくなり、領域拡大も止まって久しいナバーラであるが、ムデハル臣民が最も平和裡に暮らすことができた場所であった。歴代のナバーラ王や同王国の聖俗貴族は、職工として有能なムデハルをあえて庇護し、結果としてその存在が社会のなかで許容されえたのである。

ポルトガルでも、一二世紀の征服以後、リスボンを代表とする都市、そして農村でもムデハルが確認されているが、人口は多くはなかったようである。王領地のみならず、俗人貴族や騎士修道会の所領で生活する彼らは、地域差が顕著であるが、全体として安定した状態で一五世紀の末まで暮らし続けることができた。

あくまで「二級市民」であるムデハルは、当然ながら総人口に占める割合を次第に減らしていった。一五世紀末の時点で、カスティーリャ王国全土で、人口の一パーセントに満たない二万五〇〇〇人程度といわれる。アラゴン連合王国では地域差が激しく、カタルーニャでは一パーセント強、アラゴンで一割強、バレンシアでは三割強がムデハルで占められていたと推定されている。

ユダヤ人

古代ローマ時代にディアスポラ（離散）を経験したユダヤ人の多くが、イベリア半島に居を構えた。西ゴート王国時代を生き延び、アンダルス社会のなかで次第にその存在感を示すようになったユダヤ人は、一〇世紀カリフ制の時代に自らの信仰を維持しながら、アンダルス文化の重要な担い手となった。

一一世紀の第一次ターイファ時代、政治的に分裂する時代ながらも、各地方政権のもとでユダヤ人はその実力を発揮して、宰相や君主の側近として活躍している。しかしユダヤ人の活躍は、彼らに対する迫害と表裏一体でもあった。それを端的に表すのが、ジーリー朝グラナダの事例である。ラビ（知識人）であり詩人でもあったイシュマエル（九九三～一〇五六）とヨセフ（一〇三五～一〇六六）のイブン・ナグレーラ親子は、ジーリー朝のワジール（宰相）として権勢をほしいままにした。しかし父の地位を継承したヨセフは妬まれて暴徒に殺され、それがユダヤ人共同体全体に対する暴動に発展して、多くのユダヤ人が殺害された。啓典の民として信仰の自由が保障されていたアンダルスであっても、ユダヤ人の地位は不安定になっていったことが分かる。

ムラービト・ムワッヒド両王朝の支配下でも、ユダヤ人はアンダルスに住み続けたが、モサラベ人口も激減して、ムスリム以外に対する風当たりが非常に強まって、居心地はさらに悪化した。当代随一の哲学者モーシェ・ベン・マイモン（マイモニデス）もまた、エジプトへの移住を選択している。

これに対して、南下拡大を見せるキリスト教諸国社会で暮らすユダヤ人が、次第に増えた。都市トレードのユダヤ人共同体は大いに繁栄したし、アラゴン王国のエブロ川流域でも、先述したムデハルとともに、ユダヤ人が多く居住した。

人口過疎に悩む対アンダルス最前線でも、当時の入植許可状の表現を借りれば「キリスト教徒であれ、ムスリムであれ、あるいはユダヤ人であれ」優遇された。彼らが移住した結果、マグリブやアンダルスで高度に洗練された知識が、イベリア半島の北部から南仏にかけて流入した。これは、さらに全ヨーロッパのユダヤ人共同体へと拡散していった。

アラビア語にも通じていたユダヤ人は、先に述べた一二世紀ルネサンスの大翻訳運動で活躍するのみならず、アラビア語からヘブライ語への翻訳運動を同時に活発化させ、ヘブライ語による知的活動の下地を整えた。一三世紀前半のキリスト教諸国による征服活動の劇的な進展は、キリスト教徒のみならずユダヤ人の入植者にも大きな活路と発展の機会を提供することになる。一例を挙げよう。散発的に迫害が生じることもあったであろうが、カスティーリャ王国の一三世紀のユダヤ人共同体の総人口は、約一〇万人に達したとされる。彼らはユダヤ教信仰を維持しながら、王や諸侯の侍医や側近、徴税官や外交使節として活躍するのみならず、多くの不動産を所有して、キリスト教徒やムスリムの農民を使役することすらあった。こうして南仏からイベリア半島にかけて、ユダヤ人共同体は繁栄を謳歌《おうか》することができた。

しかしこの急激な社会的身分の上昇と、ユダヤ人の社会全体のなかで果たす役割が可視化されたことが、それまでの暗黙の共生バランスを崩してしまったことも、また確かである。一四世紀から一五世紀にかけての中世後期、西欧世界に住むユダヤ人は苦難の時代を迎える。一三二〇年から二一年にかけてフランス王国で生じた騒擾（いわゆる「羊飼い十字軍」）をきっかけとして、南仏からアラゴン連合王国にかけての地域でユダヤ人迫害が生じた。また一四世紀半ばに西欧全土を席巻《せっけん》したペスト禍（いわゆる「黒死病」）のなか、やはりスケープゴートとしてのユダヤ人に対する凄惨な迫害が生じている。次章で述べるように、一三九一年にイベリア半島の全域で生じた虐殺行為（ポグロム）の結果、多くのユダヤ人がキリスト教への改宗を選択した。改宗を選択した新キリスト教徒は「コンベルソ」と総称される。このコンベルソと、ユダヤ教信仰にとどまった者たちの間の確執は、一六世紀以降の近世までくすぶり続けることになる。

さて、ユダヤ人もムデハルと同様、キリスト教徒とは別枠のコミュニティ（カスティーリャ語では「フデリア」や「アルハマ」と呼ばれる）を形成して自身の信仰を維持し、自治権を行使した。キリスト教諸国による征服後には、ムデハルと同様に、共同体の指導者にラビが輩出する知識人家系が選ばれることが多かった。

しかし近年の研究が強調するのは、富裕なユダヤ人が、居住地域のキリスト教徒の政治権力と癒着し、積極的にキリスト教徒の文化や慣習に順応しようとした点である。それを食い止めようとする保守的なユダヤ人知識人と富裕なユダヤ人有力者との間、つまりはユダヤ人コミュニティの内部で深刻な対立が生じたのである。これと、キリスト教徒臣民がユダヤ人全体に抱く宗教的な敵意と経済的な妬みとが絡み合って、その時どきの状況に応じ、騒擾や迫害、あるいは虐殺や追放事件が引き起こされたのであろう。高利貸しとして、都市部のゲットーに住むことを強制された社会的弱者としての通俗的なユダヤ人イメージからは、大きく逸脱していたのである。

「寛容」なのか？　「不寛容」なのか？——二者択一では把握できない実態

モサラベやムデハル、そしてユダヤ人を、宗教的に異質な他者として、あるいは社会的な敗者として一括して把握すべきではない。そもそも、中世という時代は、宗教的に寛容な時代なのか、あるいは不寛容な時代なのかと問いかけたとしても、正しい答えは決して返ってこない。なぜなら、寛容でもあり不寛容でもあるのが、当時の社会の実態だからである。

あらゆる面で、このような二面性を指摘することができる。この時代、十字軍やジハードという聖戦が喧伝されて、レコンキスタ・イデオロギーも宗教的な側面を強めていったのは事実である。当初、アストゥリアス王国のローカルな守護聖人であった聖ヤコブは、巡礼熱の高まりに応じて西欧全土で有名となり、白馬に乗って対アンダルス戦争に勝利をもたらす神の使いと信じられるようになった。のみならず、カタルーニャの聖ジョルディ（ゲオルギオス）、レオンの聖イシドーロ（イシドルス）、大天使ミカエルや聖母マリアすら、対ムスリム戦闘時に顕現したといわれる。

しかし、レコンキスタ・イデオロギーや十字架を掲げてアンダルスに攻め寄せるキリスト教諸国が、ムスリム勢力と同盟して、同胞であるはずのキリスト教徒勢力と血みどろの戦争に突入することも、また日常茶飯事であった。十字軍運動の申し子といえる騎士修道会の保有する領地には、数多くのムデハル農民が平和裡に働いていた。理念と実態は、常に乖離していたし、矛盾すらしていたのである。

経済的な面でも、同様である。戦争での略奪ではなく、平和な時代に実施された交易による売買や、外交交渉時の贈り物の授受を通じて、アンダルスの洗練された工芸品がキリスト教諸国に数多くもたらされた。「経済的先進国」であるアンダルスの貨幣は、キリスト教諸国で高

アルフォンソ８世の金貨　これとほぼ同時期、西アジアの十字軍国家でも同様のバイリンガルコインが作られているのが面白い（出典：Mozo Monroy, M. and A. Serrano Hernández, “Los morabetinos arábigos bilingües de Alfonso VIII, entre lo mozárabe y lo mudéjar,” *We Are Numismatics* [en línea, 25 de octubre de 2021] https://wearenumismatics.com/los-morabetinos-arabigos-bilingues-de-alfonso-viii-entre-lo-mozarabe-y-lo-mudejar/）

く評価されて、使い続けられた。

たとえばカスティーリャ・レオン王アルフォンソ六世はトレード征服後、同地でアンダルス様式のディルハム銀貨を打造している。金鉱を押さえているムラービト朝の作る極めて純度の高い金貨は「マラベディ」と呼ばれて西地中海の基軸通貨の役割を果たしたが、ムラービト朝が滅亡して、同様の貨幣を発行していた第二次ターイファの最後の生き残りイブン・マルダニーシュが亡くなると、カスティーリャ王アルフォンソ八世と次王エンリケ一世は、それを模倣した金貨を自前で打造し発行している。この貨幣は、アラビア語で刻印がなされているが、十字架が刻まれ、国王の名だけはアルファベットになっているというユニークな金貨である。

政治勢力間でたとえ和平が結ばれていようとも、辺境の最前線では略奪や暴力行為が常に横行していた。しかしこの状況は、略奪の応酬の犠牲者を救済する枠組みの誕生と普及を促した。都市あるいは騎士修道会の管轄のもとで、ムスリム捕虜たちの施療を兼ねた収容所が設けられ、キリスト教徒の捕虜との交換交渉を行うための機構がいちはやく設けられたのである。

キリスト教諸国による征服活動の結果生じた文化的な影響についても、同じことが指摘できる。アラビア語を母語とするモサラベやムデハル、アラビア語とヘブライ語を駆使するユダヤ人の数が次第に増加することで、極めて多様な文化的背景を持つ臣民を抱える社会がキリスト教諸国に誕生した。カスティーリャ王アルフォンソ一〇世は、「大レコンキスタ」の立役者である父フェルナンド三世の墓廟《ぼびょう》をセビーリャ大聖堂内に作らせているが、そこでは四つの言語（ラテン語、カスティーリャ語、アラビア語、ヘブライ語）で父王の偉業が称えられている。

交易活動が連動して、文化的な移転がさらに促進された。一一世紀から一二世紀にかけて生きたセビーリャの法学者イブン・アブドゥーンが著した市場監督官マニュアル『ヒスバの書』によれば、ユダヤ人やキリスト教徒は、アラビア語の科学書を彼らの言語に翻訳してしまうから、それらを彼らに売却することは禁止されているという、あえて禁止しているということは、そのような事例が跡を絶たなかったという現実を反映していると思われ、一二世紀にトレードで大翻訳運動が起きるのも必然であったことを教えてくれる。

もちろん、このように多様な信仰と文化を持つ臣民が混住する社会では、様々な軋轢が生じた。『ヒスバの書』には、著者のムスリムが、キリスト教徒やユダヤ人に対して抱く偏見や穢れ意識が見え隠れする。たとえばキリスト教の聖職者は姦通者《かんつうしゃ》であり、男色家でもあるとしてムスリム女性が教会に立ち入らないようにと戒めているのである。

アンダルスであれ、キリスト教諸国であれ、異教徒の臣民に自治を認めた理由は、互いの生活距離が近くなって「邪悪な異教徒」の影響が「善良で敬虔な我々」に及ぼされることを恐れたからでもあった。とりわけ肉体が接触する機会が増えて、同胞の女性が誑《たぶら》かされることで不可避に生じてしまう「血の穢れ」を忌避するという目的があったはずである。

同じ傾向は、食文化にも当てはまる。キリスト教、ユダヤ教、そしてイスラームという三宗教の信徒は、各々の信徒共同体ごとに異なる市場を持ち、異なる肉屋で肉を購入するという原則であった。しかし最も宗教的規制の強いユダヤ人の肉屋で大量に余った部位を格安で購入しようとするキリスト教徒やムスリムが多く、これが異なる信仰を保持する肉屋同士の大喧嘩《おおげんか》に発展することもあった。

三宗教の信徒は、根深い差別・敵対意識を抱き、しかし互いを一定程度認めあいながら共住していた。キリスト教徒にとって最重要ともいえる祭り、復活祭や聖体祭の時期には、都市内での罵詈雑言《ばりぞうごん》や投石行為が、流血沙汰や暴動に発展することも、日常茶飯事であった。しかし、このように日常的なコンフリクトを重ねながらガス抜きを行い、信徒共同体間の全面対立に発展しないように気を配っていたともいえる。それは、決して寛容の理想郷ではない。かといって、かつてイメージされていたように、狂信的な暗黒時代でもなかった。そのことを当時の史料の証言は垣間見せてくれている。

第七章　中世後期の危機

1　「フロンティアの閉鎖」

ナスル朝グラナダ――最後のアンダルス王朝

ムワッヒド朝の瓦解によって生じた政治的混乱期（第三次ターイファ時代）に、ムハンマド一世によってナスル朝がひらかれた。グラナダに宮廷を置き、カスティーリャ王国に恭順の姿勢を見せるかと思えば、反旗を翻して諸勢力の間でうまく立ち回り、一四九二年まで王朝の命脈を保つことに成功した。アンダルスの歴史の最後を飾るこの王朝の特徴について簡単に紹介しておこう。

支配領域は、現在のアンダルシーア自治州東部の三県（グラナダ、マラガ、アルメリア）に加えて、西部カディス県と北部ハエン県の一部を含む、面積にして三万平方キロ程度である。全域で三五万程度の人口を抱え、約半数が防備の施された都市に居住した。人口統計の存在しない時代であり、あくまで推計にすぎないが、内陸の宮廷都市グラナダで約五万、地中海に面した二大港湾都市マラガが二万、アルメリアが一万弱の人口を抱えていた。東北部のグアディクスやバサ、西部のロンダなど地域の基幹都市は、人口五〇〇〇から一万程度の規模であった。

ナスル朝領域は山がちで居住に適した場所は少なく、居住地の人口密度は相当高かった。近年の考古学発掘によって、防備を施した戦略上の拠点の近郊に集住する傾向が強いことも分かっている。守りを固めるには有利な山岳地帯であったが、これは諸刃の剣であった。人口が多い割に農業に適した平野が少なく、ナスル朝社会は常に食糧の確保に悩まされた。

西ゴート王国時代以来のキリスト教徒たち（モサラベ）はもはや存在せず、ムスリム単一社会が形成されていた。これに少数のユダヤ人（最大推計で三〇〇〇人程度）が、宮廷の置かれたグラナダから地中海沿いに点在して居住し、商工業に従事する。これとは別に、港湾都市に一時滞在する西欧キリスト教徒の商人たちは相当数にのぼった。またカスティーリャとの国境地帯での紛争や、地中海での海賊行為の結果として連行されてきたキリスト教徒の捕虜や奴隷たちも数多く住んでいた。加えて一三世紀の後半から一四世紀の前半にかけては、マグリブのマリーン朝からベルベル系ムスリムが、とりわけジブラルタル海峡沿岸部からロンダにかけての西部に移住してくる。ほぼムスリム単一社会のナスル朝では、都市部に住むウラマーに加えて、スーフィーも政権運営から司法行政まで欠くべからざる役割を果たしたと思われる。

狭隘《きょうあい》な領域であるが、農村部での自給自足を旨とした農業・牧畜経済が営まれ、かつ集約的な灌漑農業によって高い生産性が維持された。ここで興味深いのは、ナスル朝商業の最大顧客が、西欧の商人たちであったという事実である。後述する「海峡戦争」が盛んになる一三世紀の末から、大西洋交易圏と地中海交易圏が連結された。この海洋交易の長距離ルートにおいて、補給拠点としてのみならず、商品を売買する場としてナスル朝領域に点在する港が、ますます重要となった。

このポテンシャルにいちはやく気付いていたジェノヴァ商人に加えて、フィレンツェやヴェネツィア、カタルーニャ、マジョルカ、バレンシアの商人が来訪して、ナスル朝の有力ムスリム商人や在地の仲買人と協力しながら商品を買い付けた。こうして西欧で高い需要が見込まれる陶磁器や絹糸に加え、砂糖や乾燥果実といった地場産の高級食材を入手する市場として、ナスル朝領域が当時の国際交易網に深く組み込まれた。これを逆手にとってナスル朝は、悩みの種であった食糧を確保することに成功する。

おそらく地理的状況が関わるのであろうが、ナスル朝領域も地方分権型社会であった点が、近年強調されている。ナスル朝の王族や貴族らが各地に根を張って、グラナダに君臨する君主に反抗するばかりか、クーデタを試みて政権転覆が謀られることも多かった。とりわけ一五世紀になると、君主交代劇が頻発して、結果として自らの滅亡を招き寄せてしまった。

アンダルス最後の王朝であるナスル朝を滅ぼすか否かは、唯一陸で境を接し、レコンキスタ・イデオロギーを有するカスティーリャ王国の思惑次第であった。とはいえ互いの本心はさておき、理念上においてナスル朝君主は、カスティーリャ王の家臣である。封建家臣に近しい関係をまがりなりにも築いているナスル朝君主を、果たして武力で強硬に排除する必要が、そもそもあったのであろうか。征服を虎視眈々《こしたんたん》と狙っていたと仮定するにしても、面積でも人口規模でもカスティーリャとは比べものにならないほど小さいナスル朝を滅亡させるのに、なぜ二五〇年近くも時を費やしたのか。

歴代カスティーリャ王の本心はさておき、この疑問に対する答えは明白である。社会全般を覆いつくした危機的状況が、全面的攻勢に出ることを妨げたからである。

アルフォンソ一〇世時代の明暗

一二五二年に即位したカスティーリャ王アルフォンソ一〇世のあだ名は「賢王」である。科学書のアラビア語からカスティーリャ語への翻訳事業を差配し、先んじてラテン語ではなくカスティーリャ語での法典と歴史書を編纂させ、自らガリシア・ポルトガル語で詩歌をものしもした。このように極めて多彩な文化事業に注力するかたわら、法の一元化、統治機構の整備、言語の統一といった、父王の時代に急激な領土の拡張を見たカスティーリャ王国の全土を中央集権的にまとめ上げるための方針も次々と打ち出していった。しかしながら、文化面での肯定的な評価と対照的に、彼の国内・対外政策の多くは実を結ぶことはなく、この意味で悲劇の王であった。

　ナスル朝君主ムハンマド一世は、父フェルナンド三世の時代と同様に、カスティーリャ王の家臣として遇された。アルフォンソ一〇世は王国の大胆な改革に着手する一方で、ジブラルタル海峡を越えてマグリブへの進出を計画した。このマグリブ進出計画を実現するために、ナスル朝君主に港湾都市の割譲を迫るばかりか、ニエブラやヘレスといったターイファの生き残り勢力に服属を強要し、武力介入に訴える。征服間もないアンダルシーア地方の辺境防備を整えるために、都市内や城砦に居住するムデハル共同体の強制的な配置換え、あるいは追放を断行する。

　勢力均衡がナスル朝存続の絶対条件であることをよく理解しているムハンマド一世は、マグリブ進出を試みる「主君」カスティーリャ王から、ムワッヒド朝の後継国家のひとつ、マグリブのマリーン朝への鞍替えを選択した。これと同時に、カスティーリャ王国内で不満を募らせるムデハル共同体に密使を送り、内通を唆す。こうして一二六四年の五月にアンダルシーアのムデハルが一斉蜂起する。マリーン朝の援軍を得たムハンマド一世は、アルフォンソ一〇世との臣従関係を反故にして反旗を翻した。カスティーリャの保護領となり、生きながらえていたムルシアのフード家もこの乱に乗じて、カスティーリャから離脱した。

　アルフォンソ一〇世は、義父でもあるアラゴン王ジャウマ一世と共同戦線を張り、アンダルシーアとムルシア地方で勃発した騒擾に対処した。かたやムハンマド一世は、母方の有力家門アシキールーラ家との確執が表面化して、全面戦争を継続することができなくなった。結局、約三年後の一二六七年の五月末頃に和解が成立したが、カスティーリャ王とナスル朝君主とが「牧歌的」な君臣関係に復帰することはなく、腹の探り合いが続いた。

アンダルシーアで蜂起に加担した多数のムデハルたちの処遇は、史料が残っていないため不明なままである。カスティーリャ王国の内陸部に強制移住させられたのか、あるいは身の危険を感じ自発的にナスル朝領域に逃亡したのか、あるいは大挙してキリスト教に改宗したのか、いずれかの選択を採ったのであろう。以後、アンダルシーア地方ではムデハル共同体は史料にほぼ登場しなくなってしまう、このことだけは事実である。

アルフォンソ一〇世は、これらと並行して、神聖ローマ帝国の皇帝の冠を得ようと動いていた。なぜなら生母ベアトリクスはホーエンシュタウフェン家の生まれで、有名な神聖ローマ皇帝兼シチリア王であったフリードリヒ(フェデリーコ)二世とも同じ親族関係にあったからである。皇帝選挙を有利に進めるため、莫大な「選挙資金」を国外に投じる姿勢に、王国改革に不満を募らせていた王族と聖俗貴族は強い反発を示して幾度も反乱を起こし、ナスル朝の宮廷にこぞって亡命する事件すら起きた。

一二七五年が、彼の治世における転機となる。アヴィニョンとアルルの間にあるボーケールで教皇グレゴリウス一〇世(在位一二七一~一二七六年)と面談するも、彼の神聖ローマ皇帝としての即位は結局認められなかった。皇帝に即位したのは、当時はまだオーストリアの田舎領主にすぎなかったハプスブルク家のルドルフである。彼がこの挫折を国外で味わっている頃、ナスル朝の同盟相手のマリーン朝軍がイベリア半島に上陸、カスティーリャ王国のアンダルシーアに進軍した。

七月末、マリーン朝軍を迎撃に向かう途上で、王の嫡子フェルナンドが病死した。九月、アンダルシーア内のエシハ近郊で両軍が衝突するが、アルフォンソ一〇世の竹馬《ちくば》の友ヌーニョ・ゴンサレス・デ・ララが戦死した。その翌月のマルトスの戦いでは、トレード大司教に就いていた義弟サンチョが捕らえられて亡くなった。これと連動して、カスティーリャでもアラゴン連合王国でもムデハル共同体が蜂起して、情勢は混迷の度を深めた。

アルフォンソ一〇世にとって「泣きっ面に蜂」となったのは、王位継承問題である。亡くなった嫡子フェルナンドの弟サンチョが継ぐべきなのか、あるいは亡くなったフェルナンドの遺子アルフォンソが継ぐべきなのか。ローマ法に重きを置いて長子相続を重視し、孫への継承を望む国王に対して、次男サンチョはこれまでの慣例を盾に反論した。結局サンチョに王国内の聖俗貴族のほとんどがなびいた。

こうして一二八一年以降、王位継承をめぐって内戦状態となったが、完全に孤立したアルフォンソ一〇世に救いの手を差し伸べたのは、皮肉にもマリーン朝君主アブー・ユースフ・ヤークーブ（在位一二五八〜一二八六年）であった。アルフォンソ一〇世は、最後まで彼に味方した都市セビーリャに滞在し、文化事業を執念で継続したが、一二八四年四月四日に亡くなった。

中世後期の危機とその影響

一三世紀とは、西欧文明世界すなわちラテン・キリスト教世界が成熟した時代である。封建制に基づいた国家機構が定着し、国際秩序も安定、人口の増加は止まらず、都市が各地で勃興し、それらを繋ぎ合わせて交易が活気づいた。異端を押さえ込んで正統カトリック教義が確立され、ローマ教皇権が絶頂を迎え、新たに創立されたフランシスコ・ドミニコ両托鉢《たくはつ》修道会の修道士たちが、西欧の外でも遊説した。イスラーム世界に住む人々を、武力のみならず対話を通じて改宗させることが可能であるという期待、アラゴン連合王国史の大家バーンズの言葉を借りれば、「改宗の夢」に満ちていた時代であった。イベリア半島でも「大レコンキスタ」が成功を収めて、アンダルスは急激に縮小、狭隘なナスル朝領域のみが生き残っているにすぎなかった。

しかし一三世紀の後半、状況が変化しはじめる。領域拡大を前提として成長を続けてきた西欧封建社会が、外に向かって拡大できなくなったのである。フロンティア拡大の停止に伴って、それまでのダイナミズムが停滞しはじめたが、人口の増加傾向はいきなり止められるものではない。この影響があらゆるところに波及して、その他の要因も絡み合いながら、一四世紀から一五世紀にかけてのいわゆる中世後期には、西欧世界全体が危機の時代を迎えた。これに追い打ちをかけたのが、一四世紀から始まる気候の寒冷期（小氷期）、これと連動して幾度も生じた飢饉《ききん》、そして何よりも一四世紀の半ばに猛威を振るい、定期的に流行を繰り返して多くの人命を奪ったペストであった。政治的には英仏百年戦争、社会的には各地で頻発する都市内部の派閥抗争やユダヤ人虐殺（ポグロム）、宗教的にはローマ教皇の権威の失墜（教会大分裂）に象徴される、あらゆる混乱と不和が顕在化した。

イベリア半島も例外ではない。一四世紀には各地で深刻な食糧不足が頻発して、一三四八年頃に上陸し猛威を振るったペストは、カスティーリャ王の命を奪った。一四世紀の後半には、キリスト教諸国同士の戦争が英仏百年戦争と連動して泥沼化したが、とりわけカスティーリャ王国は社会を二分した凄惨な内戦によって極度に疲弊した。また一三九一年には半島全土でポグロムも激化している。

アルフォンソ一〇世の不運も、ある程度はこの危機に左右されていた。事実、彼の治世のはじまりの年一二五二年から、既に経済的な混乱（インフレ）の兆候が確認されている。一二六八年の初春に、ヘレス・デ・ラ・フロンテーラで行われた王国集会のメインテーマは、経済政策と物資の欠乏への対応協議にあった。食糧不足と経済混乱と対外戦争、そして国内での反乱が深く関連していたことを示唆しているのである。

一三世紀の前半に急激な領土拡大を経験したアラゴン連合王国でも、状況は同じであった可能性が高い。一二五七年にジャウマ一世は、穀物価格の急騰に伴って生じた王国内商業の麻痺に対応すべく、穀物輸出の許可制を布いている。経済政策も含む王国の中央集権的改革を断行しようとするなか、さらにインフレが生じて、伝統的に特権を享受してきた貴族や教会、都市の組織的な抵抗を招き、アラゴン王権は多大な譲歩を迫られることになった。地方分権的で議会構成員の発言権が強い、いわゆるカタルーニャの「統治契約主義（パクティズマ）」的な国制成立のきっかけとなった時代である。

中世後期には、全地中海規模、全西欧規模で生じた危機の結果、社会不安が強まった。西欧のユダヤ人排斥に象徴されるように、異教徒に対する、より不寛容な姿勢が鮮明になる時代、このように一般的にはとらえられている。しかし原因を宗教対立そのものに求めてはいけない。それは、各地域や国家ごとに生じた複合的な政治・経済・社会的な危機に対する反応あるいは対処の結果、生じたことである。イベリア半島では、この時代もムデハルやユダヤ人は数を減らしながらも住み続け、これから話すように、キリスト教諸国とナスル朝やマグリブ諸王朝との同盟関係も一貫して見られる。

2　「海峡戦争」

ジブラルタル海峡に目を向ける諸勢力

ジブラルタル海峡は、地中海と大西洋を繋ぐとともに、イベリア半島とアフリカとの交流の要であった。半島側にはアルヘシラス、タリファそしてジブラルタルという港湾拠点が、アフリカ側にはタンジェとセウタがある。両岸の港湾拠点の確保と、海峡横断の主導権をめぐって争われたこの時期の国際紛争は「海峡戦争」と呼ばれている。

既に述べたようにカスティーリャ王アルフォンソ一〇世は、地中海進出の一環としてアフリカ侵攻を試みたが、これとナスル朝グラナダとの利害がぶつからざるをえず、結果、ナスル朝と手を結んだマリーン朝の軍事介入を招いた。しかし、その後もナスル朝はカスティーリャに服属する構えを完全に放棄せず、水面下での腹の探り合いが続いた。

アフリカ側（マグリブ）ではムワッヒド朝の瓦解に伴って、三つのベルベル人後継王朝が誕生している。マグリブの西ではマリーン朝が台頭してフェスに宮廷を置き、一二六九年にはマラケシュを征服してムワッヒド朝を滅亡させる。さらに一二七三年にはタンジェとセウタを手中に収めて、地中海への進出姿勢を明確に打ち出す。そして一二七五年から一二八五年にかけて、マリーン朝君主アブー・ユースフ・ヤークーブは、自ら大軍を率いて計五回に及ぶカスティーリャ王国南部アンダルシーアへの遠征を敢行した。このマリーン朝の侵攻が、ナスル朝の深謀遠慮とカスティーリャ王国内乱と連動していたことは、既に述べた。

現アルジェリアのトレムセンではザイヤーン朝が興ったものの、西のマリーン朝、東のハフス朝に挟まれて政情は不安定であった。ジブラルタル争奪戦やサハラ交易をめぐって、とりわけマリーン朝と争いを繰り広げ、イベリア半島のキリスト教勢力とは手を結ぶことが多かった。

現チュニジアのチュニスに居を構えたハフス朝のムスタンシル（在位一二四九〜一二七七年）

は、東西地中海の要衝の地でカリフ位を名乗る。アンダルスからの亡命者を多く受け入れて厚遇しており、イベリア半島での「大レコンキスタ」の進展で漁夫の利を得ている。ジェノヴァやヴェネツィア、そしてアラゴン連合王国とは賢く通商協定を結び、領内には一時滞在する商人に加えて、西欧出身のキリスト教徒の傭兵も多数住んでいた。これらマグリブ三王朝にとって、ジブラルタル海峡の確保は、サハラ以南と地中海とを繋ぐ交易ルート網の掌握と直結する。アフリカに食指を動かすカスティーリャとポルトガル、そしてアラゴン連合王国の思惑、西地中海と大西洋とを繋げた商業圏を創りあげたいイタリアのジェノヴァの野心、そしてマグリブ内の情勢、これらすべてが一二七〇年頃、ジブラルタル海峡をめぐる権益争いに収斂《しゅうれん》することになった。

目まぐるしく展開する合従連衡

カスティーリャ王アルフォンソ一〇世が失意のうちに死去し、次男サンチョ四世（在位一二八四～一二九五年）の時代を迎えた。機を見るに敏なナスル朝は、カスティーリャへの臣従を選択したようであり、カスティーリャ王の発行する文書に家臣として再び登場するようになる。マリーン朝君主アブー・ユースフ・ヤークーブによる五度目のアンダルシーア遠征は、大きな成果を上げられず、和平を結んで退却する途上でマリーン朝君主は亡くなる。次代君主アブー・ヤークーブ・ユースフ（在位一二八六～一三〇七年）は、マグリブ情勢への対処に忙殺されて、イベリア半島情勢には関与できなくなる。度重なる攻撃を受けて荒廃したアンダルシーア地方に、つかの間の休息がもたらされた。

ナスル朝を服従させ、フランス、アラゴンとは和平を結び、ポルトガルとも同盟を締結したサンチョ四世は、一二九一年にマリーン朝に対して攻勢に転じる。マグリブのザイヤーン朝もこれに呼応してマリーン朝領域に侵攻し、海からはジェノヴァ艦隊がマリーン朝に対して攻撃を加えた。一二九二年にカスティーリャは、マリーン朝の橋頭保となっていた海峡の港湾都市タリファを、四か月の包囲戦を経て征服することに成功した。ジェノヴァの歴史書によれば、当時のタリファは三〇〇〇名の武装兵に加え、八〇〇〇人近くの民が住んでいたとされる、大規模な港湾都市であった。事前の取り決めでタリファはナスル朝に譲渡されるはずであったが、この約束は反故にされる。そのためナスル朝はマリーン朝の側に寝返った。これ以後、キリスト教諸国の連帯も弛緩《しかん》してしまう。

タリファを奪取されたマリーン朝は、さっそく反撃に転じて、一二九四年にタリファに猛攻をかける。ここで城主として英雄的な防戦を展開したのが、後の大貴族家門メディナ・シドニア公家の始祖、アロンソ・ペレス・デ・グスマンであった。しかし面白いことにアロンソは、もともとマリーン朝君主に傭兵隊長として仕え、莫大な給金と名声を獲得した後、祖国カスティーリャに帰還してタリファ城主に抜擢《ばってき》された経歴を持つ。マグリブは、立身出世を目論む西欧キリスト教徒たちにとって、魅力的な場であり続けたのである。

サンチョ四世は攻勢を緩めず、一二九五年にはマリーン朝の半島最大拠点アルヘシラスの包囲を準備したが、その途上で病状が悪化し、四月二五日、トレードで亡くなった。いまだ三六歳であった彼の後を、九歳の幼少の嫡子フェルナンドが継承、生母マリア・デ・モリーナが摂政となった。

フェルナンド四世（在位一二九五～一三一二年）の治世は、波瀾に満ちたものとなる。幽閉先のイタリアから帰還し、幼少の王の後見役となった大叔父エンリケ（一二三〇～一三〇三年）と王の母マリアとの間で生じた権力闘争は、王族と聖俗貴族の思惑も加わって国政を麻痺させる。国際関係もカスティーリャに不利に展開する。アラゴンは、カスティーリャの王位継承に異議を唱えて、アルフォンソ一〇世の夭折《ようせつ》した長男フェルナンドの遺子アルフォンソの継承権を主張、両王国の国境ムルシア地方の領有権をめぐってカスティーリャと争う。ポルトガルもカスティーリャに反旗を翻す。一二九九年の夏には、孤立したカスティーリャに、マリーン朝・ナスル朝の連合軍が攻撃を加えている。この状況で漁夫の利を得たのは、ナスル朝であった。海峡対岸の重要拠点都市セウタを影響下に置き、自らの国際的地位を強めた。しかしこうなると、反ナスル朝で近隣勢力が連携しだす。

苦境にもかかわらず、母マリア・デ・モリーナは摂政として機敏に立ち回った。そしてフェルナンド四世も一三〇一年に自ら統治を行うことができる年齢に達して、政治的状況は少し安定を取り戻した。アラゴン王との和解プロセスが始まって、一三〇四年八月に和平締結が実現する。ムルシア帰属問題が最終解決を見て、王位継承問題でもフェルナンドの遺子アルフォンソが王位要求を断念することで決着する。この時代にアラゴン連合王国は、サルデーニャ・コルシカ両島を領有し、マグリブ・アンダルスの諸王朝と西欧との間の仲介役を果たして、地中海での権益を確保しようと動いていた。

一三〇八年一二月、カスティーリャとアラゴンが同盟関係に復帰すると、再び攻守が交代する。カスティーリャはアルヘシラスを、アラゴンはナスル朝の港湾都市アルメリアを同時に攻撃することで合意し、この翌年に、両面作戦が実行に移された。当初の目的であった二都市の征服は失敗に終わったが、ジブラルタルの征服には成功する。ナスル朝は再度、カスティーリャに服従することで一応の決着を見た。一三一二年の九月七日、フェルナンド四世は遠征の途上、アンダルシーアの都市ハエンで没する。二六歳の若さであった。

アルフォンソ一一世の征服活動

王位を継承したのは、わずか一歳の嫡子アルフォンソ（一一世。在位一三一二～一三五〇年）である。例に漏れず、今回も摂政たち（祖母マリア、叔父ペドロ、大叔父ファン）の間で権力争いが生じて、国内は大混乱に陥った。しかし今回は、近隣勢力も状況は似通っていて、介入ができない。マリーン朝はマグリブの覇権をめぐる争いに終始し、ナスル朝宮廷も混乱をきたし、アラゴンもまた地中海進出で苦戦を強いられて、結果としてジブラルタル海峡の情勢は、さしあたり沈静化した。自らの権力拡大を目論む叔父ペドロと大叔父ファンは、ナスル朝内部の混乱に乗じて、アラゴン王とも協力しながら一三一九年に対グラナダ戦を敢行したが、ペドロとファンの二人ともこの遠征で亡くなる。ペドロは戦闘開始時に落馬し、ファンも突如昏倒《こんとう》して命を落とした。

この結果、祖母マリア、叔父フェリーペ、高祖父フェルナンド三世の孫にあたるファン・マヌエル、そして戦死した大叔父ファンの同名の息子、この四名による摂政体制となった。祖母が一三二一年に亡くなると、摂政同士の抗争が再燃する。今回は、ナスル朝君主はカスティーリャ王国宮廷の麻痺状態を見逃さなかった。一三二四年からその翌年にかけて東部辺境で攻勢に転じて、前線の都市と城砦を複数奪うことに成功する。ちなみに、このときナスル朝軍が火砲を用いたと伝えられている。事実であれば、おそらくヨーロッパで最古の事例であろう。

一四歳（成年）に達したアルフォンソ一一世は、一三二五年になると親政を開始する。反抗する王族たちを排除し、貴族たちを懐柔するためにも、神に直接由来するカリスマを備え、正義を実現する存在としての王の権威・権力の強化が目指された。キリスト教のための聖戦を指揮する存在たらんと欲する彼は、一三二七年の夏から、対ナスル朝・マリーン朝征服戦争を実施した。しかしこれまでと同じく、この戦争も我々が考えるような非妥協的な殲滅戦争では決してない。休戦を頻繁に挟みながら、また場合によってはナスル朝を懐柔しながら進められた。

一三三〇年の夏にナスル朝の前線拠点テバの征服に成功し、おおむね戦況はカスティーリャ有利に展開した。しかしナスル朝とマリーン朝、そしていまだ王に不服従を貫いていたファン・マヌエルが連携して、一三三三年にはジブラルタルが奪取された。互いに疲弊した諸勢力は四年間という長期にわたる休戦に合意して、戦争は一段落する。しかしマリーン朝は、君主アブー・アルハサン（在位一三三一～一三四八年）の時代に領土拡張路線を打ち出して、海峡を渡ってカスティーリャ王国領域へ再び進軍する動きを見せる。これを危惧したカスティーリャとアラゴンは、手を結んで海峡の防備を厳重にする。

一三三九年の春から全面戦争状態となった。冬には陸上で大規模な軍事衝突が生じて、アブー・アルハサンの息子が戦死している。海戦ではカスティーリャとアラゴンの艦隊が劣勢に立たされる。一三四〇年四月には、ジブラルタル海峡でカスティーリャ艦隊が壊滅して、率いていたガリシア地方出身の海軍提督ホフレ・テノリオも命を落とした。ジェノヴァの艦船提供によって、艦隊は再建され、カスティーリャとポルトガルの同盟も成立した。教皇ベネディクトゥス一二世（在位一三三四～一三四二年）も十字軍教勅を発布して、人的・経済的な支援を約束した。こうして国際的十字軍の気運が高まった。

「海峡戦争」の終結

一三四〇年の八月、マリーン朝君主アブー・アルハサンは大軍を率いて海峡を渡り、アルヘシラス入りした。アルヘシラスから北上し、攻撃目標をヘレス・デ・ラ・フロンテーラからセビーリャにかけてのアンダルシーア西部に定める。まずは第一目標として、海峡沿いの都市タリファを九月下旬から包囲して、カスティーリャ艦隊にも手痛い打撃を加えた。

これに対して、これを迎え撃つマリーン朝軍と激突した。一三四〇年の一〇月三〇日、サラード会戦は、カスティーリャとポルトガルの連合軍は、包囲されているタリファを救出するために南下、一〇〇年以上前のラス・ナバス・デ・トローサ会戦に匹敵する規模の激戦となった。同時代の武勲詩『アルフォンソ一一世の詩』では、この戦いに参加したカスティーリャ王アルフォンソ一一世とポルトガル王アフォンソ四世（在位一三二五〜一三五七年）が獅子《しし》に、ナスル朝君主ユースフ一世（在位一三三三〜一三五四年）とマリーン朝君主アブー・アルハサンがヤマアラシに喩《たと》えられて、前者の勝利が称えられている。とりわけカスティーリャ王は、古代のアレクサンドロス大王や、エル・シッドと肩を並べる英雄として称揚されている。もっとも、カスティーリャ・ポルトガル連合軍は会戦で勝利を収めたものの、補給路が確保できず、それ以上の追撃は断念して、包囲攻撃を受けた都市タリファの修復を行って退却を選択した。

翌年一三四一年の春に、再び戦端が開かれ、八月にはナスル朝の前線都市アルカラ・デ・ベンサイデ（征服後アルカラ・ラ・レアルに改称）がカスティーリャによって征服される。一三四二年の五月から六月にかけての海戦では、キリスト教諸国の連合艦隊が勝利を収める。八月には、マリーン朝のイベリア半島上陸拠点となってきたアルヘシラスが、陸海両面から包囲される。降伏勧告、停戦和平の交渉も試みられるが同意に達せず、包囲戦は例外的に二〇か月にわたる長期間に及んだ。火砲も使用されるが、いまだ威力は微々たるものであった。

野営するカスティーリャ側は、大雨や嵐、虫の大発生、兵糧不足に悩まされ、資金も底をついて、疲弊が極限に達する。それでも包囲を継続して一三四四年の三月二五日、アルヘシラスの降伏協定とナスル朝、マリーン朝、アラゴン連合王国、そしてジェノヴァとの間での一〇年間にわたる和平が合意に達した。アルヘシラスに籠城していた住民と兵は、動産とともに近隣のジブラルタルへ移住することが許可された。

マリーン朝の上陸拠点アルヘシラスが占領されて、和平が結ばれたため、状況はひとまず沈静化した。しかしマグリブではマリーン朝支配領域内部で騒乱が起き、イベリア半島への介入どころではなくなった。この隙を見逃さなかったカスティーリャ王は、当時はどの勢力にも与せずに事実上の独立状態にあったジブラルタルに対して攻撃をかける。幸か不幸か、諸勢力間で結ばれた和平に違反するという誹《そし》りを受けることなく、攻撃できた。

一三四九年の六月頃からジブラルタルの包囲に着手するが、ここで歴史の気まぐれが起こる。ペストが陣中で流行してアルフォンソ一一世自身が罹患、退却のさなかの一三五〇年三月の二五日から二六日にかけて、彼は亡くなった。三八歳であった。一方、サラード会戦で敗北を喫したマリーン朝君主アブー・アルハサンは、一三五一年三月二三日に亡くなる。他方、ナスル朝君主ユースフ一世も一三五四年の一〇月一九日に殺害され、こうして一四世紀の半ばに「海峡戦争」の主役たちが相次いでこの世を去った。ジブラルタル海峡をめぐる激しいせめぎあいは、一気に沈静化した。特定の勢力が利権を独占する結果にはならず、いうなれば歴史の偶然によって、共倒れになったのである。

3　危機の本格的到来

突如として黒海からイタリアへ、そしてイベリア半島を含む全西欧域に上陸し猛威を振るったペストの大流行により、大幅な人口減少がもたらされた。こうして始まった一四世紀の後半期、イベリア半島は本格的な危機を経験する。王国間戦争と内戦が繰り返され、経済的かつ社会的な軋轢も頻発した。ペストが定期的に流行を繰り返すなか、戦乱と国内の不和が連動して極度に疲弊したカスティーリャ王国は、ナスル朝とことを構える余裕がなくなった。

トラスタマラ内戦

ペストで亡くなったカスティーリャ王の座を、当時一五歳の嫡子ペドロ（一世。在位一三五〇～一三六九年）が継承した。即位直後、ペスト禍での人口減少、そして経済・食糧危機への対応策を打ち出したと考えられるが、彼の治世は極度の混乱期となる。なぜなら、庶子で同年に生を享《う》けた異母兄エンリケをはじめとするトラスタマラ家との仲違いが、王国内貴族の党派抗争に発展し、さらに西欧諸勢力の全面介入を招いたからである。ちょうど英仏百年戦争が膠《こう》

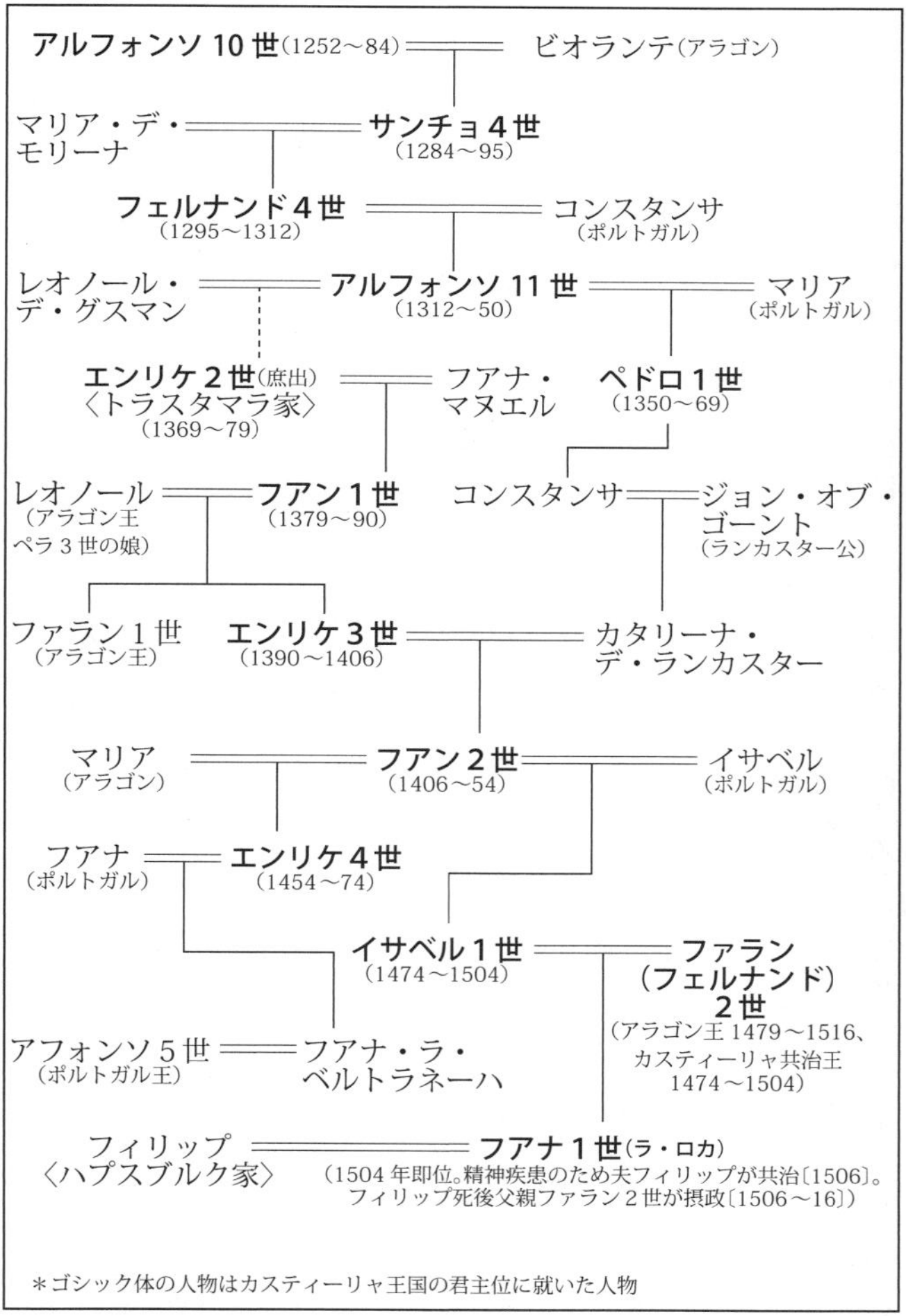

中世後期のカスティーリャ王家（立石博高・黒田祐我『図説 スペインの歴史』河出書房新社、2022年、155頁を参考に作成）

着《ちゃく》状態となっていた時期、カスティーリャ王国の内戦は、イングランドとフランスとの代理戦争の様相を呈した。

ペドロ一世側を、イングランドとポルトガル、ナバーラが支援した。またナスル朝最盛期を築きあげたムハンマド五世（在位一三五四～一三五九、一三六二～一三九一年）は、宮廷闘争の結果、追放されていた時期に援助の手を差し伸べてくれたペドロ一世と盟友関係にあった。地中海覇権をめぐってアラゴン連合王国とライヴァル関係にあるジェノヴァも、ペドロ一世陣営に加わった。これに対して庶子エンリケ側には、フランスとアラゴン連合王国が味方した。

一三五六年、カスティーリャ王ペドロ一世とアラゴン王ペラ三世（ペドロ四世。在位一三三六～一三八七年）との間での王国間戦争に発展する。ローマ教皇による休戦の執り成しも無駄に終わり、戦況は泥沼化する。一三六六年からは国際紛争と連動して、カスティーリャ国内で内戦が激化する。エンリケ側についたフランスからは、大元帥ベルトラン・ドゥ・ゲクラン率いる傭兵軍が侵入し、劣勢に立たされたペドロ一世は、ポルトガルを経由して南仏ガスコーニュに渡航する。彼はイングランドのエドワード黒太子と結託、再びカスティーリャに舞い戻ってエンリケ・フランス連合軍を撃破した。今度は敗北したエンリケが、逆にフランスへ亡命する。

態勢を立て直して再度半島に進軍するエンリケ軍と、迎撃のため王国南のアンダルシーア地方から北上するペドロ一世軍は、モンティエル（現シウダー・レアル県）で、一三六九年三月一四日に激突した。ペドロ一世は敗走し、退路を確保するための交渉の最中の三月二三日、ペドロ一世とエンリケとが鉢合わせして口論となり、殺されたもようである。三四歳であった。亡くなる経緯については諸説あり、真相は誰にも分からない。

こうして内戦に勝ち残った庶子エンリケが、唯一のカスティーリャ王となった（エンリケ二世。在位一三六九〜一三七九年）。以後の歴代王位は、傍系であったエンリケ二世の子孫が継承することになる。これをもって、トラスタマラ朝が成立した。

この凄惨な内戦は、カスティーリャ社会を分断した。同一都市内でも派閥争いが起こり、戦後も大きな禍根を残すことになった。新王エンリケ二世は、自身に協力した聖俗貴族を優遇して盛り立て、逆に敵対した家門を処断した。こうして有力貴族層が交代することとなる。

ところでナスル朝君主ムハンマド五世は、一貫してペドロ一世の側に立って共闘していた。内戦時にエンリケ二世陣営は、ナスル朝と同盟を結ぶ「親ムスリム」というレッテルをペドロ一世に張り、彼が正統なキリスト教徒の王として相応《ふさわ》しくないとのプロパガンダを展開していた。よって本来であれば、異教徒の仇敵ナスル朝に対して攻勢に出るべきである。しかしエンリケ二世は内戦終結後の一三七〇年から一貫して和平を選択し、グラナダとは一切戦争を行わなかった。アンダルスに対する遠征、すなわち対異教徒戦争を行う正義の王をアピールする余裕すら、カスティーリャ社会にはなかったのである。

カスティーリャ王国の立て直し

一三七九年の五月三〇日にエンリケ二世は亡くなった。四六歳であった。内戦が終結したとはいえ、カスティーリャにとって不利な状況は改善されずに、混乱は続いた。ファン一世（在位一三七九〜一三九〇年）の治世期の政策で優先されたのは、カスティーリャ国内の立て直し、西欧諸勢力内での地歩を固めるための外交交渉と戦争であった。とりわけポルトガル王位の継承をめぐって隣国ポルトガルとの関係が悪化する。国際関係の仲介役を担えるのはローマ教皇のはずであるが、ちょうど教会大分裂の時期を迎えていた。カスティーリャとポルトガルのそれぞれが、相手に対する十字軍を勝手に宣言して武力衝突に至った。

一三八五年八月一四日のアルジュバロータ会戦で両軍は衝突したが、ポルトガルの側には同盟相手のイングランドが、カスティーリャ側にはフランスが加勢しており、これもまた英仏百年戦争の代理戦争であった。軍勢の多いカスティーリャ側が大敗北を喫して、有力諸侯の多くが戦死する大惨事となった。当然ながらこのような状況で、ナスル朝への攻勢を計画する余裕は一切なく、事実、和平協定が更新され続けている。

ファン一世は一三九〇年一〇月九日に、落馬が原因で三二歳の若さで亡くなり、嫡子でいまだ一二歳のエンリケ（三世。在位一三九〇〜一四〇六年）が即位した。即位の翌年の一三九一年、大事件が起こる。六月六日のセビーリャでの反ユダヤ人暴動が火種となって、混乱がイベリア半島全土の都市に飛び火したのである。この結果、多くのユダヤ人が虐殺された。原因をひとつに特定することは不可能である。少なくともいえるのは、社会的危機が深刻化したこの時代、都市内の経済的利害の衝突がその背景にあったという事実である。ユダヤ人迫害が激化する一方で、ムデハル共同体に対する同様の迫害に連鎖することは、なぜかなかった。

先に紹介したテオフィロ・ルイスとエチェバリアの両研究から、カスティーリャ王国北部の二つの都市ブルゴスとアビラでの対照的な状況が見てとれる。中近世の大西洋羊毛交易の一大拠点となった金融都市ブルゴスでは、ユダヤ人迫害が凄惨なものとなったが、それはキリスト教徒の有力都市民とユダヤ人共同体との間で、金融と交易をめぐる利害が真っ向から衝突していたからであった。一方のアビラも、ブルゴスやセビーリャに匹敵する規模のユダヤ人とムデハル両共同体を抱えていたが、中世後期でも穏健な異教徒間関係が維持されて、おそらくカスティーリャで最も異教徒比率が高い都市であり続けた。市壁内の狭い空間で、ムデハル、ユダヤ人とキリスト教徒とが隣人同士であり続け、「他者」とはなりえなかったから、そして都市内の社会経済において欠くべからざる役割を、異教徒たちも担うという互恵的関係が維持されていたからではないか。このように考えられている。むしろ一三九一年の迫害以降、ユダヤ教徒人口が増加するという稀有《けう》な事例が、都市アビラであった。

とはいえ迫害が激化したことは紛れもない事実であり、殺害を逃れようとして多くのユダヤ人が、このときにキリスト教へと改宗した。「コンベルソ（改宗者）」と総称されるユダヤ系キリスト教徒をめぐる妬《ねた》み嫉《そね》みと表裏一体の差別問題は、中世末期から近世にかけて、スペイン社会がずっと引きずることになるが、その起源はこの事件にある。

さて、話を戻そう。一三九三年には成年に達した国王エンリケ三世が親政を始めるが、再び頭を悩ませる事件が起こった。一三九四年の春、アルカンタラ騎士修道会の総長マルティン・ヤーニェスが、ナスル朝領域に独断で攻め込もうと動いたのである。和平協定の更新に署名したばかりの王は、前線の諸都市に指令を送って、この常軌を逸した遠征に加わらないようにと伝達し、和平の維持を命じた。最前線都市アルカラ・ラ・レアルの城主も「国王と王国、とりわけこのアンダルシーア地方に甚大な損失と損害が再び生じることになりかねない」と諭したが、総長は遠征を強行し、結局戦死した。ナスル朝に攻撃を仕掛けるほど、王国社会の体力は回復していなかったのである。

しかし一五世紀に入ると、対グラナダ戦を再開する動きが出てくる。近隣のナバーラ・アラゴン両国との共同遠征を提案するが、結局足並みはそろわなかった。というのも、地中海交易に関心を寄せるアラゴン連合王国は、伝統的に、むしろナスル朝と手を結ぶことが多かったからである。遠征準備中の一四〇六年の一二月のクリスマス、エンリケ三世は二七歳の若さで病死した。後継者は、いまだ二歳の嫡子フアン（二世。在位一四〇六〜一四五四年）である。

フアン一世とエンリケ三世はどちらも若くして亡くなっており、王国を取り巻く情勢も厳しいものであった。しかし彼らは、ただの若輩者ではなかった。新たな王朝（トラスタマラ朝）に忠実な中小貴族を積極的に盛り立て、国王行政機構を整備し、近世スペインの中央集権的な王国システム（「強権的王政」とも呼ばれる）の枠組みを着々と創りあげていた。

エンリケ三世は、地中海の東で勃興し、急激な勢力拡大を遂げたオスマン朝に大勝利を収めたティムール（在位一三七〇～一四〇五年）に注目し、使節クラビーホを派遣して軍事同盟の締結を試みている。クラビーホの外交記録は帰国後に広く読まれ、日本語にも訳されている。ちなみにエンリケ三世はまた、一四世紀の後半から探索が始まっていた大西洋カナリア諸島にも注目して、カスティーリャ主導の入植計画を模索していた。エンリケ三世が長生きをしていたら、大航海時代の幕開けとアメリカ大陸への到達は、より早まっていたのかもしれない。

アラゴン連合王国の地中海進出と停滞

ここで、いま現在の国民国家の枠組みとまったく相いれないものであった中世後期のアラゴン連合王国の動きについてまとめておきたい。ピレネー山脈南北の交流は古代から活発であり、一二世紀に成立したアラゴン連合王国と南仏は、文化的にも政治的にも極めて同質な空間を形成していた。しかしアルビジョワ十字軍での敗北の結果、南仏への進出を閉ざされたアラゴン連合王国は、地中海側への拡大路線を採った。バレンシア地方の征服をもってイベリア半島での領域拡大はほぼ完了したが、ペラ二世（ペドロ三世。在位一二七六～一二八五年）の時代から、地中海進出が本格化する。

ドイツのホーエンシュタウフェン家と歴代ローマ教皇との、南イタリアをめぐる争いの結果、

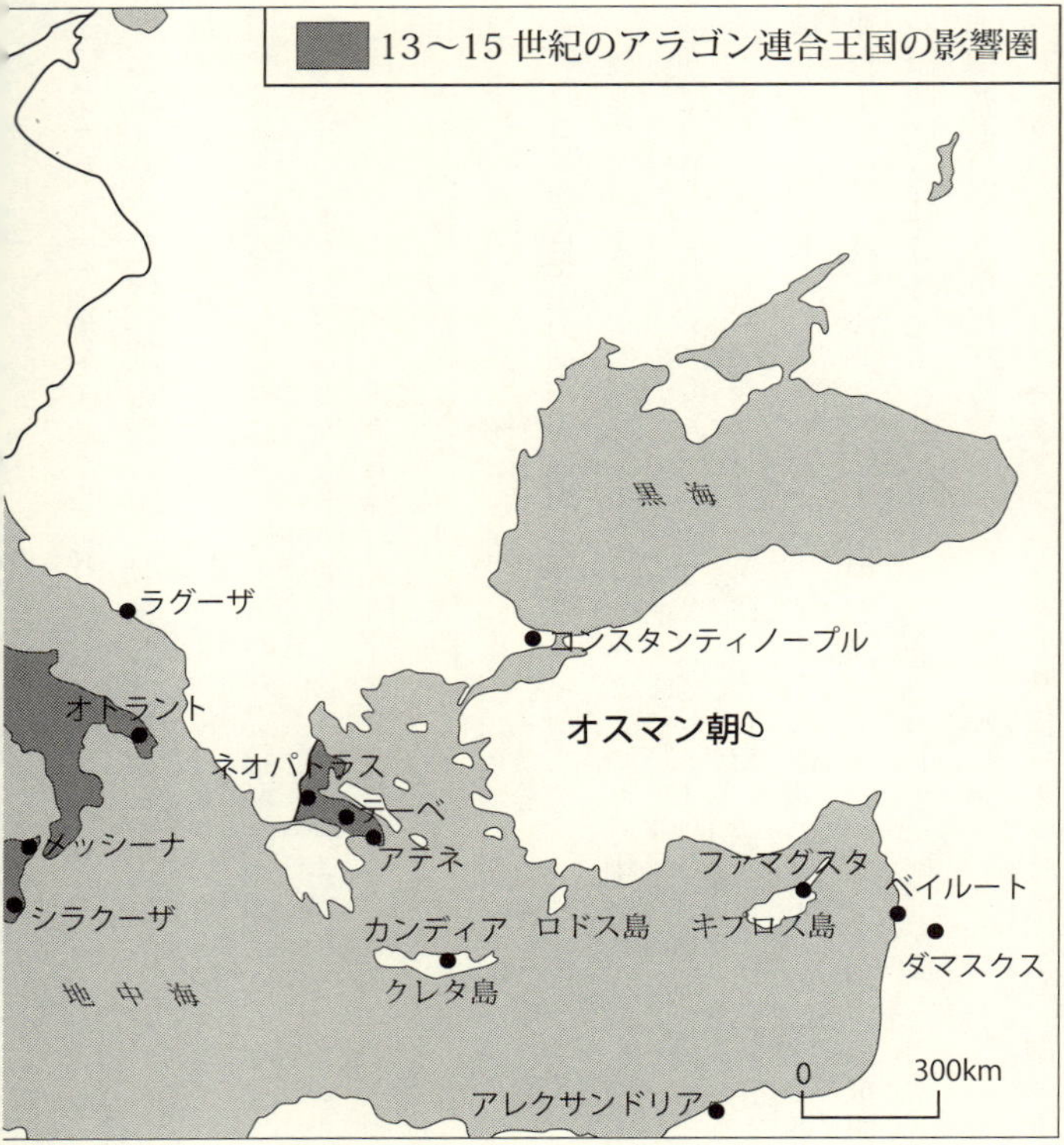

フランス王ルイ九世（在位一二二六～一二七〇年）の弟、アンジュー伯シャルル（シャルル一世。シチリア王在位一二六六～一二八五年）が教皇と同盟を結び、ナポリ・シチリア領域の統治を委ねられた。しかし、一二八二年の三月末、シチリアで大反乱が勃発する。いわゆるシチリアの晩《ばん》禱《とう》（晩鐘）事件である。この混乱を利用してペラ二世は夏にシチリアに上陸、その支配権を

「地中海帝国」としてのアラゴン連合王国　コンスタンティノープルからアレクサンドリア、大西洋に至るまでの交易網を形成したが、商売敵のジェノヴァとは激しく対立した（Ferreres i Calvo, E. and J. Llorens i Vila, *Història de Catalunya*, Barcelona: Grup Promotor, 1992, p. 104の地図を参考に作成）

確立した。これと並行して、マグリブの三王朝（マリーン、ザイヤーン、ハフス）と通商協定を結んで交易関係を維持するとともに、キリスト教徒の傭兵団を派遣して、斡旋料《あっせんりょう》の名のもと、「外貨」の獲得にいそしんだ。のみならず、北アフリカでの拠点獲得を目論み、一二八四年にはトリポリ西方のジェルバ島（現チュニジア）を確保した。

バルカン半島への進出と十字軍再開の野望を抱いていたとされるシャルル一世、彼の本家のフランス王、そしてローマ教皇との正面衝突は避けられず、アラゴン王はビザンツ皇帝と結び、戦況を有利に進めた。一三〇二年にカルタベロッタ和約を締結してシチリア支配を確定させ、さらに東地中海への進出を企てる。エジプトのマムルーク朝とは通商・軍事協定を締結し、東方イスラーム世界との直接交易を展開した。「アルモガバルス」と呼ばれたカタルーニャ・シチリア傭兵団がビザンツ帝国領に向かい、ビザンツと急拡大を遂げるオスマン朝との間を渡り歩きながら隙を窺って一三一九年、アテネ、ネオパトラスの征服に成功した。中世後期のバルカン半島は、カタルーニャ傭兵団、ナバーラ傭兵団、ガスコーニュ傭兵団など南仏からイベリア半島の戦士たちが活躍する舞台となる。さらにヴェネツィア、フィレンツェといったイタリアの都市国家が自らの権益を拡大する場となり、これにビザンツ帝国と、台頭著しいオスマン朝の思惑が入り混じるという、錯綜した政治情勢となる。一三九〇年にフィレンツェのアッチャイウォーリ家に征服されるまで、アラゴン連合王国はこの半島でも存在感を示し続けた。

バレアレス諸島、サルデーニャ島、シチリア島、そしてアテネ・ネオパトラスといった「海外領土」とイベリア半島内の領域は、固有の政治秩序と社会を有する政治単位をそれぞれが形作っていた。時勢に応じて複数の君主のもとで分割されたり、再度の統合がなされたりを繰り返した（ゆえに連合王国と呼ばれている）。とはいえ、極めて近しい関係にある王族が君臨していて相互交流は容易であり、いわば全体でひとつの運命共同体、まさに地中海史研究の権威アブラフィアが指摘するように、商業ネットワークを土台にした「地中海帝国」が目指されていたのである。

とはいえ、一四世紀の前半から後半にかけて君臨したペラ三世の時代に、転機が訪れる。ペストで甚大な被害を受けた連合王国の中心地カタルーニャの立て直しに苦心するなか、カスティーリャとの戦争に加えて、西地中海圏では同じかたちでの地中海覇権を模索していた先駆者ジェノヴァとの抗争、そして東地中海ではバルカン半島の勢力争い、これらのすべてに同時に対処せねばならなくなった。飛び地で形成されたこの「地中海帝国」の維持のためには、莫大な戦費を調達せねばならない。ペラ三世は、政治単位ごとの議会で大幅に譲歩せねばならず、全体の連合王国を運営するにあたっての主導権を次第に取れなくなった。国王の主導権をむしろ増す方向、いうなれば中央集権的な国家を目指していくカスティーリャと対照的であったのが、アラゴン連合王国であった。

ナスル朝の最盛期——奇妙なねじれ現象

ナスル朝君主は「海峡戦争」で、マリーン朝との連携を重視しながら「主君」のカスティーリャ王を牽制《けんせい》し、自らの勢力維持を目指した。しかし既に述べたように一三四〇年のサラード会戦で大敗北を喫し、一三四四年にはマリーン朝軍の上陸拠点であった港湾都市アルヘシラスも陥落した。ナスル朝の海峡周辺領域の一部も、カスティーリャによって奪われるという手痛い結果に終わった。それでもユースフ一世（在位一三三三～一三五四年）の時代に国内経済は潤い、学問も奨励されて、続くムハンマド五世期の繁栄の下準備を整えることができた。

イベリア半島への軍事介入を断念したマリーン朝では、これ以後、各地で内乱・独立運動が相次ぎ、自らの権勢の維持で精いっぱいとなった。王朝自体は存続するものの、長い混乱期に入り、結局そこから脱することはなかった。ムラービト朝時代から数えれば、約二五〇年近くにわたって波状的に繰り返された、マグリブのベルベル諸王朝による大規模な軍事介入が終わりを告げたのである。

では、孤立してマグリブの軍事援助に頼れなくなってしまったナスル朝グラナダが、座して滅亡を待つことしかできなくなったのかといえば、そうではない。既に述べたように、ペスト禍がキリスト教諸国の拡大路線を強制的に停止させることになったからである。

疫病は人間の政治信条など考慮しない。マグリブでもアンダルスでも、ペストは蔓延した。一三四八年の春にペストはチュニスに上陸していると考えられる。ナスル朝領域でも、同時代を生きた大歴史家イブン・ハルドゥーン（一三三二〜一四〇六年）や、ナスル朝最盛期の名宰相イブン・アルハティーブ（一三一三〜一三七四年）は、ナスル朝領域のアルメリアやマラガといった港湾都市で大きな人的犠牲が生じたことを伝えている。

一三五四年の一〇月一九日、モスクでの祈禱中《きとうちゅう》にユースフ一世が暗殺されると、息子ムハンマド五世が即位した。一三五九年、対アラゴン戦争を行うカスティーリャ王ペドロ一世の盟友として、自身の領域内の港の利用の便宜を図っている。ムハンマド五世は国内での政情不安とクーデタによりマリーン朝に亡命するが、ペドロ一世の援助もあって一三六二年の三月、再びナスル朝君主として返り咲いた。ちなみにグラナダに一時期君臨したムハンマド六世（在位一三六〇〜一三六二年）はアラゴンと同盟を結ぼうとしたが、最終的にはセビーリャにいるペドロ一世に助けを求め、交渉に失敗して殺されている。ナスル朝宮廷の内紛にも、カスティーリャ対アラゴンという勢力関係が反映されているのである。

以後、カスティーリャでは内戦が激化して、ペスト・戦禍・社会不安による極度の混乱期が到来する。これとは対照的にナスル朝は、ペスト禍にもかかわらず、ムハンマド五世のもとで政治的、社会的、そして文化的に最盛期を迎えた。マグリブ三王朝に加えて、エジプトのマムルーク朝との外交関係を安定化させ良好な関係を維持した。盟友ペドロ一世の死後は、歴代のトラスタマラ朝の治めるカスティーリャと和平を維持し続け、かたやアラゴン連合王国とも同盟に近い関係を維持することに成功したのである。

アルハンブラ宮殿の諸王の間の肖像画　ムハンマド５世時代の廷臣あるいは歴代の君主ではないかといわれる（筆者撮影）

ナスル朝は、もうひとつの勢力を味方につけている。ジブラルタル海峡自体にさして関心を示さない、いや正確にいえば、関心を持つ余裕のなかったカスティーリャに代わって、ナスル朝に接近したのが、地中海と大西洋とを繋ぐ交易ルートを開拓する商人国家ジェノヴァである。ナスル朝は、ジェノヴァ商人に海峡域での活動拠点を与えて、自らの港湾都市での商業活動を奨励した。ジェノヴァ商人はナスル朝商人と手を携え、ナスル朝の君主や有力者とも関わりながら、西欧で高額で取引される砂糖や乾燥果実、絹の増産を積極的に奨励した。見返りとしてジェノヴァは、ナスル朝に金銀を貸し付け、国際商業網でのナスル朝の代理人として活動した。また半島キリスト教諸国との仲介役として、ナスル朝の外交を手助けしている。アンダルスの歴史の最後を飾るナスル朝は、バグダードやカイロを擁し、常にイスラーム文明の中心であった東方世界ではなく、むしろ西欧世界との繋がりに活路を求める稀有な王朝に変容を遂げていった。

それを可視化した美術作品がある。かの有名なアルハンブラ内のナスル朝宮殿は、ムハンマド五世時代にその基盤が整えられて、その後改築がなされていく。同宮殿は、マムルーク朝エジプトと共通するところの多いイスラーム建築様式として、スンナ派のアラブ的空間を見事に演出している。しかし宮殿内の「諸王の間（裁きの間）」には、ムハンマド五世治世の末期に制作されたと推定されている、興味深い天井画が三点残されている。ひとつはムハンマド五世時代の廷臣たち（あるいはナスル朝歴代の正統君主とも）の一〇名のムスリム人物画である。より論争の的になっている他の二つには、「貴婦人と一角獣」などの騎士道文学、そして「君主鑑」（統治指南書）に関連するモチーフがちりばめられている。

当時のアンダルスを含む西方イスラーム世界で、偶像崇拝に繋がりかねない人物画が残されることは稀であった。ましてや西欧文学を題材にしたこれらの「西洋画」を、いったい誰が制作したのであろうか。論争はいまだに続いている。イベリア半島のキリスト教諸国のムデハル絵師かもしれないし、フランスのアヴィニョンやイタリア、あるいはドイツ出身で、絵心のあるキリスト教徒の捕虜であったのかもしれない。

ちなみにこれとは逆に、マグリブ・アンダルスのイスラーム建築様式に着想を得たムデハル建築様式がイベリア半島のキリスト教諸国で流行するのも、一四世紀であった。ナスル朝の建築様式をダイレクトに反映したセビーリャの王宮（アルカサル）内のペドロ一世宮殿は、彼と盟友であったムハンマド五世の造営したナスル朝宮殿と姉妹関係にある建築である。戦乱と危機が常態化し、ユダヤ人迫害も激化した混迷の一四世紀、逆説的ではあるが、文化的な交流はむしろ促進されたのである。

第八章　アンダルスの黄昏

1　攻勢に出るカスティーリャ王国

第一次グラナダ戦役——摂政フェルナンドの時代

一五世紀のはじめにカスティーリャ王エンリケ三世は、ナスル朝に対する攻勢準備の途上で早逝した。この遺志を受け継いだのは、幼少の王フアン二世の摂政を務める叔父フェルナンドである。後述するように、長らく忘れ去られていたレコンキスタ・イデオロギーが再び唱えられ、これに応えるように、カスティーリャ社会も為政者の主導するアンダルス攻撃に賛同する。これは、人口が回復傾向に転じていちはやく中世後期の危機から脱却し、カスティーリャ社会の活力が蘇《よみがえ》りだしたことを示す兆候であった可能性が高い。

フアン二世の摂政は、生母カタリーナ・デ・ランカスターと叔父フェルナンドの二人が務めた。新王の即位間もない一四〇七年の二月二四日木曜にセゴビアで議会が開かれ、先王エンリケ三世が実現できなかったグラナダ戦争の実施の可否について議論される。結論からいえば開戦が決せられるのであるが、議会で摂政フェルナンドが述べる論拠を、同時代に書かれた歴史書から引用しよう。

まず摂政が次のように述べた。正統信仰の敵どもが、かほど不当にもキリスト教徒と国王の領土を保有しており、それは多大なる暴力を伴う不正な占拠といえる。また、我らが主君たる国王が幼少のいまこそ、然《しか》るべき忠誠を示すときである。信仰に対しての大いなる侮蔑、王権に対しての侮辱のなか、これまでの対モーロ人戦争で被ってきた没落と不運のすべてを、我々は来るべきモーロ人との戦争において挽回しようではないか。

摂政は再開されるべき対グラナダ戦争が、「ムハンマド信奉者」による侮辱に対抗するため、カトリック信仰を称揚して、正義への愛により突き動かされる聖戦である点を強調する。固有の領土を奪還するという世俗的な戦いであり、かつキリスト教の聖戦でもあるという論調は、まさに連綿と語り継がれてきたレコンキスタ・イデオロギーの再燃といえる。

こうして戦端が開かれた。最前線のあちこちで小競り合いが続くなか、摂政フェルナンド自ら軍を率いて、同年の九月三〇日にはナスル朝領域の西部前線の城砦都市サアラの占領に成功、降伏した住民と守備兵を退去させた。その後、近隣の都市セテニルを攻囲するも征服できず、冬になり休戦となった。翌年に戦争を再開するが小競り合いに終始し、再び休戦協定を締結する。以後、一四一〇年の春まで、短期間の休戦を繰り返し膠着状態となった。

一四一〇年二月、摂政フェルナンドは再び前線に向かい、四月末から西部前線の重要都市アンテケーラを包囲した。包囲を阻止するためにナスル朝君主ユースフ三世（在位一四〇八～一四一七年）は自身の兄弟が率いる救援軍を派遣、五月六日に両軍は衝突した。同じく同時代の歴史書は、その会戦のはじまりを次のように語る。

親王［＝摂政フェルナンド］は自身の陣営の兵のすべてを動員して、戦列を整えるよう命じた。戦列にすべての軍旗がはためいていたが、中心には、磔刑《たっけい》に処せられた我らが主たるイエス・キリストの死を記念し、十字架の印が置かれた。その目的は、人々に次のことを理解させるためであった。すなわち、イエスが我々のために亡くなられたのと同じく、イエスと我々の信仰のため、我々も異端者で不信心なるモーロ人の者どもを壊滅させて死ぬべきなのである。この十字架の印を、シトー会の修道士が持参した。

勝利を収めた摂政率いるカスティーリャ軍は、アンテケーラ包囲を続ける。ついに九月二四日にアンテケーラ住民は降伏した。歴史書によれば、八九五名の兵士、七七〇名の女性、八六三名の子供からなる生き残った住民のすべては、ナスル朝の支配する近隣都市アルチドーナまで財産を伴っての退去が許された。この後、ユースフ三世と交渉が持たれて、同年の一一月一〇日付で和平が締結された。

以上、一五世紀の第一次グラナダ戦役は、一四〇七年から略奪の応酬と小規模拠点をめぐる小競り合いを経て、一四一〇年の末にアンテケーラの征服でもって終結した。ちなみにこの戦役で摂政フェルナンドは、攻城兵器として大砲を数門運搬し用いているが、まだ城壁を破壊するほどの威力は得られていない。

第二次グラナダ戦役——フアン二世の時代

一四一〇年、隣国のアラゴン連合王国の君主マルティ一世（在位一三九六〜一四一〇年）が嫡子を残さずに亡くなり、王が不在となった。新たな君主を選出するために開かれた会合の結果成立した「カスペの妥結」（一四一二年六月二八日）で、アンテケーラの征服に成功して自らの権勢を強めることに成功したカスティーリャの摂政フェルナンドが、王として推戴される（フェラン一世。在位一四一二〜一四一六年）。カスティーリャ王国を去る必要が生じた彼は、対グラナダ戦争を再開する暇がなくなった。ナスル朝との辺境領域での小競り合いは、後述するように常に生じていたが、それが国家間戦争に発展することはなかった。

フアン二世自ら統治を行える年齢に達したものの、王国の内外で連動する党派抗争に翻弄され続けた。特に頭を悩ませたのは、かつての摂政でアラゴン王として即位したものの早逝したファラン一世の遺子たちとの権力闘争であった。加えて国王側近の大元帥アルバロ・デ・ルナの野望、国内諸貴族たちの思惑が絡み合い、カスティーリャ王国宮廷は混乱し続けた。

しかし後述するように、ナスル朝もこの時期、複数の君主が乱立して相争う混乱期を迎えている。一四三〇年の七月、ナスル朝君主ムハンマド九世（在位一四一九～一四二七、一四三〇～一四三一、一四三二～一四四五、一四四七～一四五三年）との休戦の更新をファン二世は拒み、開戦が宣言された。第二次グラナダ戦役のはじまりである。

カスティーリャ国内の不和を払拭する狙いがあって開戦を決断したのであろう。カスティーリャはナスル朝宮廷の跡目争いに干渉するかたちで戦争を始めているが、これは後述するように、カスティーリャが対ナスル朝政策で伝統的に用いてきた手法である。カスティーリャに助力を求めたナスル朝王族のひとりユースフを即位させる目的で、グラナダ遠征が実施され、一四三一年の七月一日、グラナダ近郊の会戦で勝利を収めた（ラ・イゲルエラの戦い）。こうして一四三二年初頭、グラナダに入城した王族ユースフが、ユースフ四世として即位する。しかし同年四月には早くもムハンマド九世が返り咲き、ユースフ四世は処刑された。

これ以後、王や大元帥が陣頭指揮を執ることはなかったが、各辺境方面軍によって戦争は継続される。敗北を喫して多くの人的損害が出ることもあったが、全体としてはカスティーリャ側が有利に戦争を進め、交渉の末、一四三九年の四月から三年間の和平が締結される。この和平が更新され続けたため、ファン二世の時代に再び対グラナダ戦争が実施されることはなかった。

レコンキスタ・イデオロギーが再燃し、社会全体がその完遂に応えようとしはじめた時代であっても、ナスル朝とカスティーリャが全面戦争の継続を望んだわけではない。むしろ大半の時期は、休戦あるいは和平状態に置かれていたのである。スペインのハエン大学の歴史学者ロドリゲス・モリーナは、一三世紀から一五世紀末におけるカスティーリャとナスル朝グラナダとの関係について総括するなかで、約八割の期間にわたって平和が維持されており、約二割程度の期間に戦争がなされたにすぎないと結論付けた。しかしだからといって、それはただの牧歌的な平和ではない。一見平和に見える時期であっても、それは外交的、経済的に別形態の「戦争」が、水面下で継続している期間であるにすぎない。

休戦あるいは和平を結ぶ際、恒久的な平和が確約されることはなく、常に期限つきとなる。その期限を迎えれば、双方が更新に同意しない限り戦争状態に突入してしまう。交易関係が再開されたとしても、公式には麦・馬・武器といった軍需物資の売買はできなかった。そして何よりもナスル朝側にとって不利になったのが、家臣として貢納金を支払い続けなければならない点、そして場合によってはナスル朝領内に捕縛されているカスティーリャの民や兵士、あるいはキリスト教徒捕虜を無償で返還せねばならない点である。

意図的か偶然かは議論の余地もあろうが、これまで考えられてきた以上にカスティーリャの政策は首尾一貫しているように思われる。一四三九年に締結された和平協定をめぐる交渉について、大元帥アルバロ・デ・ルナと、交渉の全権を委任されたイニーゴ・ロペス・デ・メンドーサ、そして派遣された使節との間の往復書簡が例外的に残されている。それを読むと、カスティーリャ側は可能な限り多くの貢納金を支払わせようとし、また状況に応じて前線の城砦の割譲を強制しようとした。伝統的に食糧不足に悩まされるナスル朝領域との交易を全面的に禁止して、いつでも戦争が再開できるように、なるべく短期間の休戦にするよう動いている。かたやナスル朝の側は、これを回避しようと躍起になっているさまが、ありありと表現されている。双方の妥協の結果、期間三年の休戦協定が結ばれた。

ナスル朝宮廷の混乱に乗じて、戦争を短期間実施した後で休戦協定を締結し、貢納金あるいは捕虜の無償返還を義務付ける。異教徒（キリスト教）の王に服従するナスル朝君主に対する不満がナスル朝社会で高まり、君主の対立候補が立てられて反乱が勃発する。この内紛に再度、カスティーリャは介入して傀儡政権を樹立しようとする……。戦争と外交政策が駆使されることで、ナスル朝グラナダは内部抗争を繰り返し、経済的に疲弊していった。カスティーリャ側の真意は、グラナダを「窒息」させることであった。

結局フアン二世は再度の開戦に踏み切ることはなかったが、常にその機会を窺っていた。たとえば一四五三年八月四日付で、フアン二世は最前線の都市アルカラ・ラ・レアル宛に書状を送り、先の七月にムハンマド九世が亡くなり、彼の娘婿ムハンマド一〇世（在位一四五三〜一四

五四、一四五五年）が即位したとの情報、そして休戦の維持継続を新王が望んでいるとの情報の伝達に感謝の意を表している。ファン二世は休戦の継続を命ずるが、次の命を付言している。

貴方がたに書状を持参したモーロ人が述べ伝えたところによれば、モーロ人らの多くが王族の「セディーサ」に好意を寄せているため、彼らの間で大きな動乱が予想されるとのことであった。余は貴方がたに以下のことを命ずる。もし余に尽くしたいのであれば、グラナダ情勢に関して知りえたすべての謀略や策謀を余に知らせ、即座に余がその件について対応できるよう取り計らってほしい。

この「セディーサ」とはのちの君主サード（在位一四五四〜一四五五、一四五五〜一四六二、一四六二〜一四六四年）を指す。ファン二世は、ナスル朝内乱の勃発を虎視眈々と待っていた。一四五四年の七月にファン二世が亡くなり、次の王エンリケ四世（在位一四五四〜一四七四年）が、結局開戦に踏み切る。これが第三次グラナダ戦役となる。

なお、この頃、イタリアではルネサンスが花開いていた。東地中海では、ビザンツ帝国がついに滅亡した。アナトリア半島からバルカン半島までを併合し、さらなる拡張路線を採るオスマン帝国に対して、西欧諸国は対応を迫られる。新たな時代が始まりつつあった。

第三次グラナダ戦役――エンリケ四世の時代

エンリケ四世ほど、不当に貶められてきたカスティーリャ王はいない。ある歴史家は、彼の治世期を「英雄精神の欠如」と断じているし、あだ名は「不能王」という不名誉なものである。確かに国内統治で多くの困難を抱え、それに対処し切れなかった王ではあったが、対ナスル朝政策については、先代の王たちと同様の方針を貫き、賢く動いている。

彼は、ナスル朝宮廷をめぐる内乱に乗じて開戦を決意した。即位の翌年一四五五年の二月二二日付でエンリケ四世は、アンダルシーア地方における前線の都市ヘレス・デ・ラ・フロンテーラに、来るべき軍事遠征の準備を行うことを命じ、加えて先に登場したナスル朝の王族サード陣営を援助するように伝える。

余に伝えてきているところによれば、上述のムハンマド王が、サード王を包囲しているとのことであるが、彼は余と交渉を行っているところである。この交渉の最中に彼が損害を被らないよう、彼に何らかの好意と援助を与えるように。こう余が命じるのが理に適《かな》うと思う。

こうして一四五五年から一四五八年までの四年間、遠征シーズンである春から秋にかけてグラナダ攻撃が毎年実施された（第三次グラナダ戦役）。とはいえ重要拠点を征服できず、広範囲にわたる略奪攻撃に終始した。そして頃合いを見て冬、先に述べたようなナスル朝側に不利な条件でもって、休戦を締結している。一四五六年にはナスル朝領域の都市ジブラルタルが、自らカスティーリャ王の側に保護を求めていることから考えても、グラナダの分断を誘い、漸次的な疲弊を狙う政策は着実に効果を上げているといえる。

これ以後エンリケ四世は、カタルーニャ、ナバーラ情勢へ介入することを優先して、ナスル朝との和平を選ぶ。しかしそもそもナスル朝領域が極度の内乱状態のままであり、それに関与するかたちで辺境領域同士の小競り合いは続いていた。一四六二年の秋にはカスティーリャ辺境の軍事貴族たちが率いる軍によって、ジブラルタルとアルチドーナが征服される。しかし内乱で生き残りを果たした君主アブー・アルハサン・アリー（在位一四六四〜一四八二、一四八三〜一四八五年）のもとで、ナスル朝はつかの間の政治的安定を取り戻した。こうして大局的には一四八二年まで和平が続き、君主自らが関与する大規模な軍事的衝突が起きることはなかった。とはいえ繰り返しになるが、局地的な戦闘は君主同士が締結した和平協定違反には該当しないため、いたるところで発生していた。

一方でエンリケ四世は国内問題で窮地に立たされ、ついに一四六五年、貴族党派との対立が頂点に達した。エンリケ四世の政策に不満を抱く貴族らが六月五日、都市アビラでエンリケ四世の廃位を宣言し、王弟アルフォンソを推戴、ここに王国全土が内戦状態に陥ったのである。この大混乱のなか、王国内の貴族や都市有力者らは、自らの影響の及ぶ領域内で互いに党派を結成し、相争った。ちなみにこのとき、ナスル朝君主アブー・アルハサン・アリーもコルドバの貴族家門同士の抗争に便乗して、カスティーリャ内戦に関与しているのが面白い。

一四六八年七月五日、対立国王に推戴されたアルフォンソが急死し、からくもエンリケ四世は難を逃れることができた。しかし彼とその娘フアナ、そしてエンリケの腹違いの妹イサベルとの間で、王位継承をめぐるプロパガンダ合戦と「口論」は継続しており、それに応じて貴族の派閥争いも続いた。結局、九月のギサンド条約で合意に達し、イサベルが王位を継承することが決まる。しかしイサベルは、兄王と交わした条約の取り決めを無視し、彼に相談することなく、当時ナバーラ（在位一四二五〜一四七九年）とアラゴン連合王国（在位一四五八〜一四七九年）双方の王位を兼ねていたジュアン（フアン）二世の嫡子、既にシチリア王位にあったファランと一四六九年の一〇月一九日に結婚した。この夫妻が、のちのカトリック両王である。

2　近隣諸国と辺境の動向

ナスル朝の衰退とカスティーリャの介入

一四世紀の後半、ムハンマド五世の安定した統治のもとで最盛期を迎えたナスル朝であったが、一五世紀に入ると深刻な国内の不和に悩まされはじめる。ナスル朝王族内部の対立が激化して、クーデタと復権が繰り返され、場合によっては複数の王族が君主として国内で並び立つ

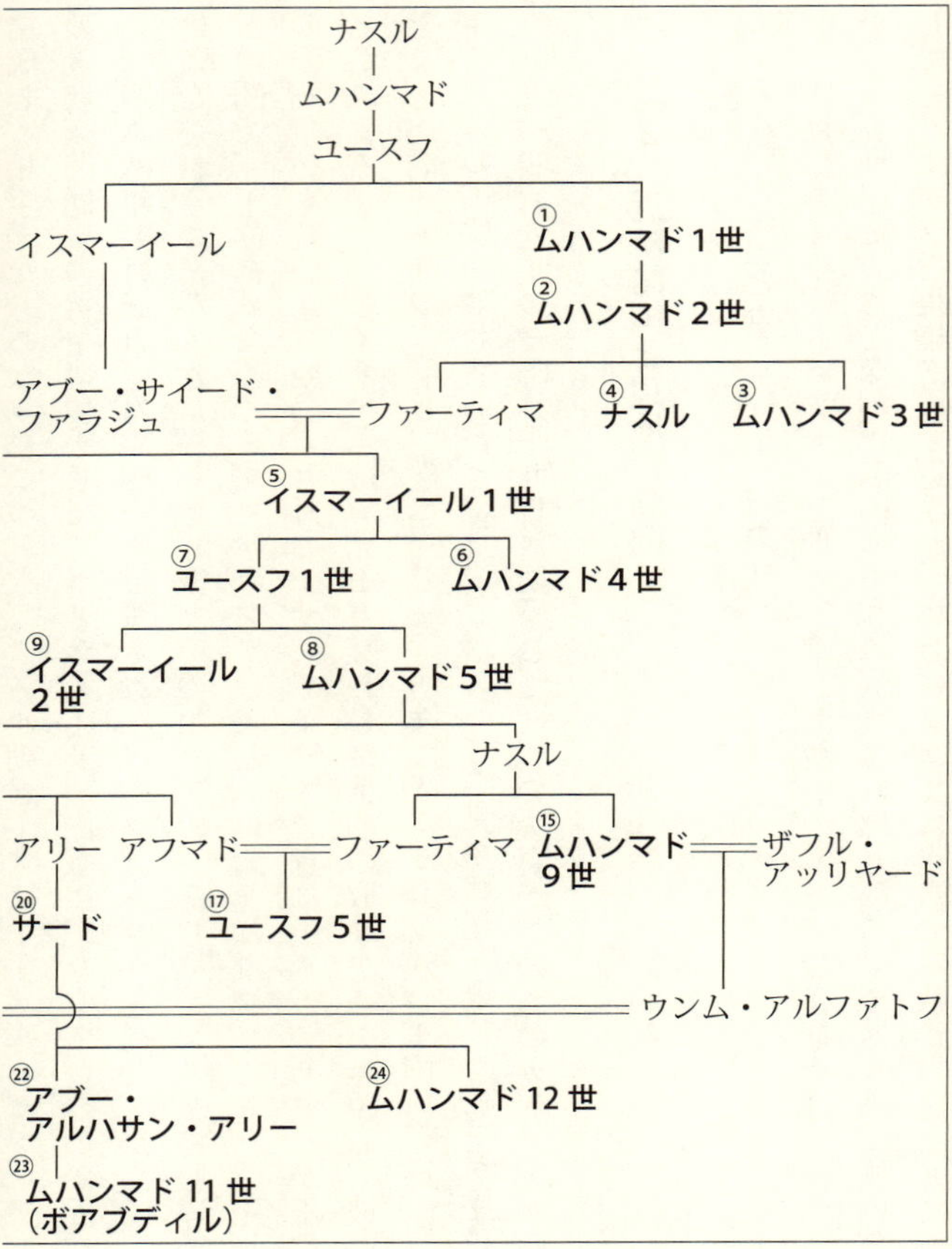
ナスル
ムハンマド
ユースフ
イスマーイール
①ムハンマド1世
②ムハンマド2世
アブー・サイード・ファラジュ
ファーティマ
④ナスル
③ムハンマド3世
⑤イスマーイール1世
⑦ユースフ1世
⑥ムハンマド4世
⑨イスマーイール2世
⑧ムハンマド5世
ナスル
アリー
アフマド
ファーティマ
⑮ムハンマド9世
ザフル・アッリヤード
⑳サード
⑰ユースフ5世
ウンム・アルファトフ
㉒アブー・アルハサン・アリー
㉔ムハンマド12世
㉓ムハンマド11世（ボアブディル）

事態すら生じた。これに、ナスル朝の有力家門であるアミーン家、サッラージュ家、クマーシャ家、バンニガシュ家などの党派対立が連動する。それぞれの党派はグラナダ、マラガ、グアディクスやアルメリアなどの有力都市を根城にして相争うばかりで、党派抗争を収拾すること

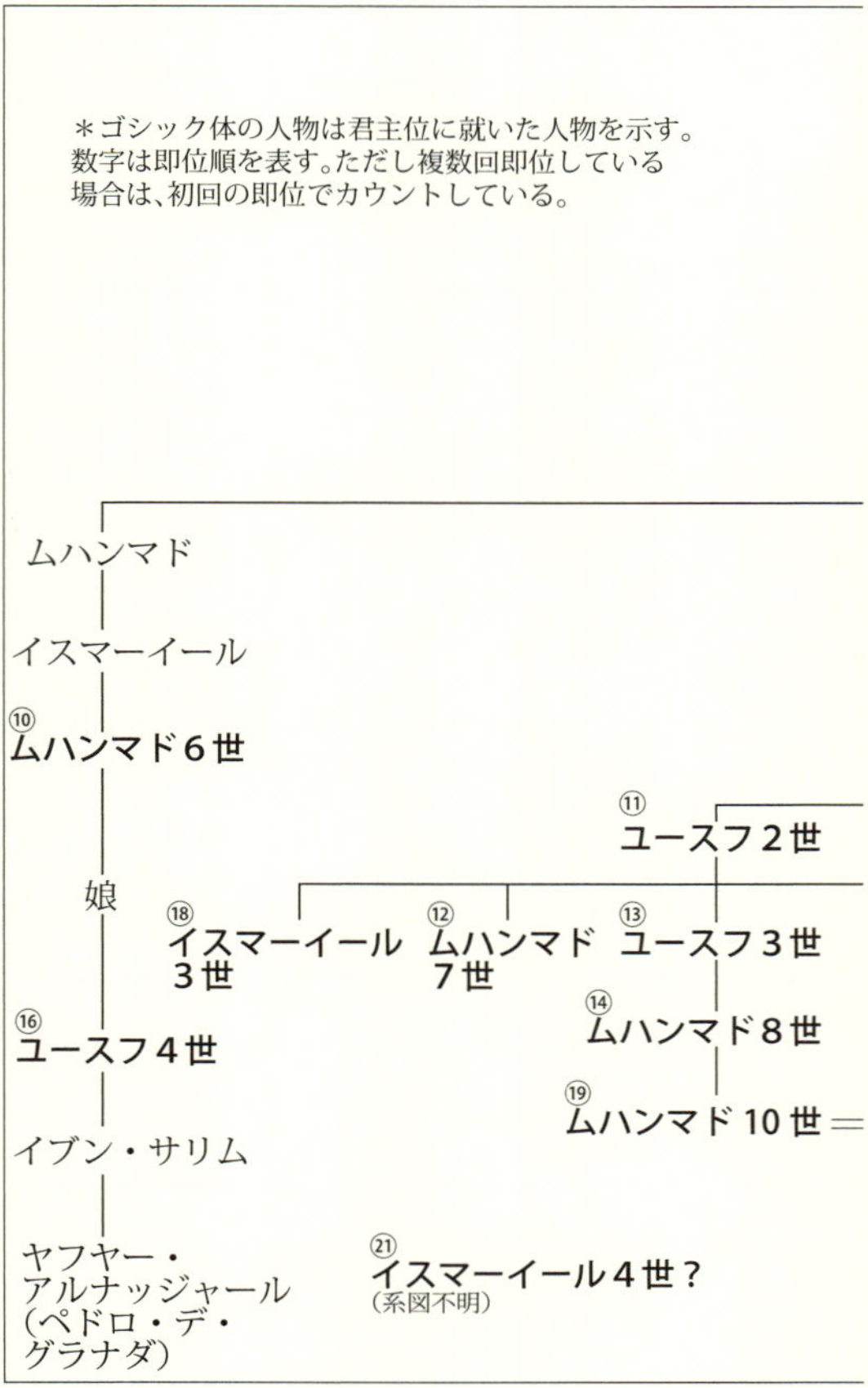

ナスル朝君主の家系図　とりわけ15世紀になると代交代が激しく、未だ家系図は確定していない（Echevarría Arsuaga, A., *Caballeros en la frontera: la guardia morisca de los reyes de Castilla (1410-1467)*, Madrid: UNED Ediciones, 2006, p.37の図を参考に作成）

は、もはや不可能となった。おそらく最も混乱した時代を象徴する君主が、ムハンマド九世であろう。彼は幾度も君主の座を追われて復位を繰り返すこと、通算三回にのぼっている。

対ナスル朝攻勢を再開しようとするカスティーリャは、ナスル朝社会の分断工作を積極的に行い、場合に応じて君主候補者のひとりを援助するという口実で開戦に訴えた。一四三〇年代にはユースフ四世派に加担する名目で軍事介入を開始している。一四五〇年代後半にも、サード派に援助を行うかたちで、意図的な軍事・外交的介入が行われた。これと並行して和平協定を通じ、法外な貢納金支払いを課して経済的搾取を試みた。

このカスティーリャによるナスル朝領域を意図的に「窒息」させようとする政策にとって最もネックとなるのが、ナスル朝に肩入れするジェノヴァの存在であった。宮廷都市グラナダに加えて、地中海沿岸部の港湾都市で複数の居留地を構えるジェノヴァにとって、砂糖や絹、乾燥果実などの利潤の高い奢侈品を調達する市場として、また大西洋と地中海との間を横断する交易ルートの中継貿易港として、ナスル朝は重要なパートナーであった。かたやナスル朝社会にとっても、国内市場を潤してくれるばかりか、必要時に食糧を調達してくれ、有力家門スピノーラ家が中心となって西欧諸国とのパイプ役を務めてくれるジェノヴァは、生命線となる存在であった。

ジェノヴァは、第一次グラナダ戦役（一四〇七〜一〇年）においてナスル朝を支援していた。一四三〇年代の第二次グラナダ戦役においてカスティーリャは、このジェノヴァ・ナスル朝関係に楔《くさび》を打ち込もうと画策する。カスティーリャはローマ教皇を巻き込んだ外交戦略を展開して、ジェノヴァが異教徒と交易を行っていることを非難するとともに、アラゴンのアルフォンス四世（アルフォンソ五世。在位一四一六～一四五八年）にも個別に使節を派遣して、グラナダへの食糧輸出をやめさせるよう働きかけている。これが功を奏したのかは分からないが、ナスル朝とジェノヴァとのそれまでの蜜月関係が、次第に険悪なものに変質していった。

かといってナスル朝は、一四世紀のようにマグリブのマリーン朝と連携することも、もはやできない。長い衰退期に入って久しいこのマリーン朝は、一四六五年についに滅亡した。またエジプトのマムルーク朝から援助を引き出そうとして使節をカイロに派遣しているが、西地中海情勢に関与する気のない同王朝からは、当然ながら色よい返事は返ってこなかった。

それでもなお、アブー・アルハサン・アリーの治世期には、つかの間の政治的安定を取り戻す。対カスティーリャ強硬策を打ち出し、自らの政治的求心力を維持しようとするも、結局は社会的・経済的安定と政治的安定のジレンマから逃れることはできなかった。晩年には経済状態が悪化し、社会不和が王家の内紛へと連動した。この内紛を端緒として、ナスル朝はついに息を引き取ることになる。

アラゴン連合王国とその他の諸国

一三世紀にバレアレス諸島を征服して、東西地中海の結節点にあたるシチリア島を確保、アフリカと東地中海圏とを繋ぎ、地中海交易の立役者としてその存在感を示したアラゴン連合王国であったが、一四世紀の後半、ペストによる急激な人口減少に苦しんだ。ペストによる被害は地理的な差が激しいといわれるが、海上交易で急激に疫病が拡大したことは明らかであり、この点でイベリア半島の内陸国家カスティーリャに比べると、地中海沿いに大都市が林立するアラゴン連合王国は、より甚大な被害を受けた。加えて、地中海の各地で同時に発生する戦争や抗争に対応を迫られ続け、政治・財政危機が深刻化した。一五世紀になると人口回復に転じたカスティーリャとは対照的に、アラゴン連合王国の中枢を担ってきたカタルーニャは、近世まで続く長期的な没落フェーズに苦しみ続けている。

一四一〇年の五月末、アラゴン連合王国のマルティ一世が亡くなった。彼の嫡子は皆早逝しており、後継者をめぐる論争が起こったが、前述したように一四一二年の六月に第一次グラナダ戦役で戦功を上げていたカスティーリャ摂政フェルナンドが選出された。一四一六年に彼が早逝すると、その嫡男アルフォンス四世がシチリア王位を兼ねるかたちで後継者となった。彼は自らの支配領域をイタリア半島に広げることに専念し、ついに一四四三年に半島南部の大国ナポリの王位を獲得することに成功した。以後、彼はナポリ統治に専念するため、イベリア半島に帰国することはなかった。

アラゴン連合王国が拡大したこの時期、皮肉なことに軍事支出の増加により経済危機がさらに悪化した。そして中心都市のひとつバルセローナでは、都市内部の党派抗争が激化した。領地を持つ封建貴族と商人層の対立とが絡み合って、カタルーニャでは西欧世界で類例のない過酷な農民支配（レメンサ農民）が放置される結果となる。

アルフォンス四世の死後、既にナバーラ王となっていた弟がジュアン二世として、アラゴン連合王国の王位を兼ねることになった。この時期からピレネー山脈の北側に位置するルションとセルダーニュ地方の支配をめぐってフランスとの対立が表面化していくが、ジュアン二世の対応に反対するカタルーニャは王に反旗を翻してカスティーリャ王エンリケ四世に接近、国内情勢はさらに乱れる。中世アラゴン連合王国の本拠となったカタルーニャとその都バルセローナの失墜は明白となる。代わりに経済の中心として躍り出たのが、同じく地中海に面した海港都市バレンシアであった。

ちなみにカスティーリャとカタルーニャの明暗を分ける兆候は、人口の推移にはっきりと示されている。推計にすぎないが、一三〇〇年頃のカスティーリャ人口は約四五〇万、カタルーニャが約五五万（アラゴン連合王国全体で一〇〇万）とされる。ペストやあらゆる点での危機的状況を経た一四八〇年頃、カスティーリャは一八〇年前の人口を取り戻したが、カタルーニャは二六万程度に落ち込んだままであった。近世のスペイン帝国と大航海時代の主役は、カスティーリャにならざるをえなかった。

その他の勢力の状況を見ておこう。一四一五年の夏に、ポルトガルはジブラルタル海峡のアフリカ側の要衝セウタの占領に成功した。以後、ポルトガルはカスティーリャと競いあいながらマグリブ権益を得ようと動き、西アフリカ沿岸を南下する新たな航路の開拓に邁進した。中世後期のナバーラ王国は、アンダルスとの直接の利害関係をほとんど持たず、一三世紀からはフランス系王朝（シャンパーニュ、カペー、エブルー）になっていたが、一四二五年からはカスティーリャ、アラゴンと同じくトラスタマラ朝の血統になっていた。

カスティーリャ辺境領域

「西部劇」のアメリカ・フロンティア社会がそうであるように、所与の文明圏のはずれに位置する辺境は、弱肉強食の場であった。これは古今東西変わらない事実であろう。本書で検討した後ウマイヤ朝治下アンダルスの北方領域もそうであったし、一一世紀にカスティーリャ・レオン王国によって征服されたトレードのような多文化の都市も、そうであった。複数の宗教を信じる者たちが共に暮らし、宗教的な偏見が薄く実利で動くかと思えば、かといって相互に尊重しあっているわけでもなく寛容精神に満ちているわけでもない。憎悪や暴力が日常茶飯事となる世界であった。ここで、中世後期に長らくカスティーリャとナスル朝がせめぎあった最前線地帯、現在のアンダルシーア、ムルシア地方の辺境社会の特徴をごく簡単に紹介しておきたい。

当然ながら、イスラーム世界と西欧世界の境目であるため危険な地帯であった。国家間の戦争になれば、真っ先に人的・物的損害を被る場であるばかりか、財政負担も重くのしかかる。

しかし和平が結ばれているときであったとしても、日々の生活は危険に満ちていた。辺境都市の運営に関する当時の史料に目を通すと、農民から羊飼い、はたまた街道を歩く女性や子供に至るまで、誘拐や強盗、そして殺人の犠牲となっていたことが分かる。中央政権の統制が及ばない辺境は、犯罪者が身を隠し、一攫千金を望むならず者や山賊・夜盗が跋扈する地帯になった。また双方の為政者は、殺人や裏切り、あるいは主人の妻を強姦《ごうかん》するといった重罪を犯した者であっても、最前線に住み軍役奉仕に一定期間従事すれば無罪放免とする特例措置を講じて、人材不足に対処しようとした。皮肉なことに、粗暴な者たちが闊歩するますます暴力の絶えない場所となり、結果、人口の過疎状態がますます進行するという負のループに陥った。

略奪や誘拐の危険にさらされる場では、経済活動を安心、安全に行うことはできない。よって必然的に生活物資が不足する地帯となる。また戦争の再開に伴い、伐採や放火に巻き込まれる可能性の高い最前線の土地は農耕に適さず、いざという時には城壁内に匿《かくま》うことのできる家畜の飼育に特化した領域となった。一四一〇年に摂政フェルナンドによってカスティーリャ領に併合された最前線都市アンテケーラで実施された近年の動物考古学研究は、それでもなお家畜が不足していたと推測されるという興味深い分析結果を報告している。家畜となるヤギや羊の骨は相対的に少なく、鹿など野生動物などの骨も多数交じっている。これと比較して移動や軍用、そして食用にも役立つ馬の骨が多数出土しているとのことである。

このように軍事優先の場で人々を束ね、カリスマを発揮できたのは、戦争を生業とする騎士や下級貴族身分の都市有力者、広大な領地を保有する封建貴族たちであった。また辺境は生活するのに過酷な状況であるが、修行や修練を志す者にとってはうってつけの「訓練場」になった。最前線の局地戦は、王国間の和平に関わりなく遂行されていたことは既に述べた。中世後期になり、当初の十字軍理念が失われていく時代にあってこれらの地域は、武勲を求め、神のために死ぬという栄誉を獲得することができる最後のフロンティアとして重宝された。宗教的熱意と、世俗的な個人、一族の名誉心とが分かちがたく結びつき、イベリア半島の外の騎士たちも「物見遊山《ものみゆさん》」と「腕試し」を目的として、このグラナダ境域を訪れた。それはナスル朝側でも同じであり、辺境はジハードを実践しようとする者たちを惹きつけていた。

しかしこれまで述べたことと矛盾すると思われるかもしれないが、辺境社会は、率先して和平を求める「優しい世界」であろうとした。国家間で締結された和平や休戦を無視して略奪や誘拐に手を染める者が跡を絶たなかったからこそ、辺境の都市や拠点・砦の人々は、報復や復讐の連鎖を回避するために粘り強く交渉を繰り返し、誘拐の犠牲者を救出したり、捕虜交換式を定期的に開催したり、被った損害を文明の境を越えて相互に補塡《ほてん》しあったりした。食糧が不足するからこそ、互いの牧草地を貸し借りすることもあった。戦略物資に該当するため禁止されているはずの食糧の売買を行うことも多く、非合法交易が常態化した。

カスティーリャ側の住民も、ナスル朝側の住民も、騒乱と暴力に満ち、物資の欠乏にあえぐ場であるからこそ、これらの欠点をなるべく解消して平穏に生活できるよう、政治と信仰の境界を越えて協力しあったのである。場合によってはカスティーリャ王やナスル朝君主の命令を無視して、あえて国家間戦争で沈黙を守ることすらあった。現状維持を旨とする社会が辺境領域には存在し、この「にらみ合い」は、永遠に続くかに思われた。

3 「グラナダ戦争」（一四八二〜一四九二年）

歴史の偶然か必然か？——カトリック両王の登壇

一四六九年、既にギサンド条約で王位継承が確約されているカスティーリャ王女イサベルと、アラゴン連合王国兼ナバーラ王ジュアン二世の嫡子ファランが結婚した。イサベルが一八歳、ファランが一七歳であった。一四七四年一二月一一日、エンリケ四世が亡くなると、先の条約の取り決めに則り、異母妹にあたる王女イサベルが二三歳で即位した（イサベル一世。在位一四七四〜一五〇四年）。

しかしここで骨肉の争いが勃発する。イサベル一世とアラゴン王子ファランの夫妻と、先王エンリケ四世の娘ファナと彼女の夫でポルトガル王のアフォンソ五世（在位一四三八〜一四八一年）との間の武力衝突である。これは国際的紛争であると同時に、カスティーリャ王位をめぐる王国貴族派閥の党派抗争であった。イサベル一世の治世初期は波瀾万丈の展開となった。よってナスル朝に対する攻勢を開始することはできなかったし、またその意図も、彼女にはなかったようである。辺境アンダルシーア・ムルシア地方の貴族や都市との書簡のやり取りを読むと、彼女がグラナダとの和平の維持を最優先していたことがよく分かる。

例を挙げよう。一四七七年の春、和平状態にあるにもかかわらず、東部辺境ムルシアの町シエサが突如としてナスル朝軍によって占領、破壊され、住民は捕らえられ捕虜として連行された。この事態に辺境の有力者たちは被害の実態調査を命じ、イサベルも外交を通じた解決を開始する。しかし強硬路線を採るナスル朝君主アブー・アルハサン・アリーとの捕虜返還の交渉は決裂する。それでもイサベルはあきらめず、辺境の最有力貴族のひとりカブラ伯ディエゴ・フェルナンデスに全権を委任して、再度の調査とナスル朝宮廷との交渉を命じる。この粘り強い交渉の結果、住民は解放され、三年にわたる和平協定が再締結されるに至った。

イサベル一世による命令書の行間からにじみ出ているのは、この事件がカスティーリャとナスル朝との間の全面戦争に発展してしまうことに対する強い危機感である。ポルトガルとの争い、王国内貴族の不服従を抱えている彼女は、さらにナスル朝との戦争に対応する余裕がなかったと考えるべきであろう。

しかし状況は彼女に有利に展開した。一四七九年九月四日、アルカソヴァス条約で合意に達し、ファナとポルトガル王に対するイサベル側の勝利が確定した。ちょうどこの年、イサベルの夫ファランが、父の跡を継いでアラゴン連合王国の君主として即位した（ファラン二世。在位一四七九～一五一六年）。こうして夫妻の各々が、故国の君主となった。

カスティーリャ女王イサベル一世とアラゴン連合王国の君主ファラン二世。のちにカトリック両王と呼ばれる国王夫妻がナスル朝を滅ぼし、レコンキスタ・イデオロギーで受け継がれてきたカスティーリャの悲願を成就することになる。

対異教徒認識の変化?

レコンキスタ・イデオロギーが継承されていたとはいえ、これまで本書で何度も指摘してきたように、当初から理念と現実は大きく乖離し続けていた。同イデオロギーに照らせば、ナスル朝は、西ゴート王国に属した土地を不当に奪うかたちで本来成立したアンダルス最後の王朝である。よって滅すべき対象である。しかしナスル朝君主は同時にカスティーリャ王の封建家臣として遇されていた。キリスト教諸国同士の争いが激化する時代には、むしろナスル朝は貴重な同盟者となることもあった。ナスル朝、あるいはアンダルスが生き残り、近世から近代、そしていま現在に至るまで命脈を保つという選択肢は、本当に存在しなかったのであろうか。

この問いは、中世スペイン史にほんの少しでも関心を持ったことのある人であれば、誰しも一度は抱くものであろう。当然ながら、これまでも数多くの研究者がこの問いに答えを出そうとしてきた。とはいえ、その答えはローマ帝国の滅亡原因と同様、ひとつではありえない。数多《あまた》の必然と偶然が解きほぐしがたいほどに絡み合って作用しあい、アンダルスの存続を不可能にしたと考えるのが妥当であろう。そのなかでも特に重要な要因とされるものが、一五世紀における国際情勢の変化と異教徒認識の変化であろう。

イギリスの西洋中世史家ムーアがかつて論じたように、西欧文明世界は、自らのアイデンティティを確立するために内外に暮らす他者との差別化を図ろうとした。一一世紀以降、西欧の「迫害社会」は、キリスト教異端を撲滅し、ユダヤ人やムスリムといった異教徒の排除と引き換えに自らのアイデンティティの構築を目指した。

これまで論じてきたように、イベリア半島の状況はより複雑であった。その異教徒との距離が、あまりに近かったからである。確かに一三世紀以後、イベリア半島でも理念・法規上は、異教徒の公職追放が明記され、信仰の違いを可視化するために衣服規制が設けられている。一三世紀後半にカスティーリャ王アルフォンソ一〇世が編纂させた包括的法典『七部法典』ではユダヤ人の公職追放を明記し、また彼らに衣服規制を導入して、キリスト教徒との接触を可能な限り避けさせようとしている。しかしこれは逆にいえば、彼らを見た目だけで判断できなかったということでもあるし、肉体的接触を恐れていたということは、実際には多く接触が存在していたことの裏返しともいえる。法的にもユダヤ人とムデハル共同体は、イベリア半島のキリスト教諸王権の庇護のもとで自治権を持ち続けてきた。ペストの流行期である一四世紀であっても、異教徒迫害は一三九一年のユダヤ人に対する半島全域規模のポグロムを例外として、ピレネー山脈以北と比較すると局所的なかたちでしか起きていない。

しかし一五世紀、状況が変化する。まずマクロな情勢としては、西欧世界全体がそれまでの危機的状況の克服への道筋を見出しはじめた。混乱をきたしていた宗教的権威としてのローマ教皇庁と聖職者団体からなるカトリック教会は、再び社会を教導する力を回復し、東欧の異端フス派に対する十字軍を主導した。一四五三年、コンスタンティノープルが陥落してビザンツ帝国がついに息を引き取る。帝都を征服したオスマン朝の勢威はますます強まり、同王朝の攻勢に対して西欧世界は危機感を募らせていく。オスマン帝国のスルタンをアンチ・キリスト（反キリスト）と解釈し、この世の終わりが近いと喧伝する終末思想も高まりを見せた。

このマクロな情勢の変化は、イベリア半島社会にも確実に影響を与えたはずである。一四五三年のビザンツ帝国滅亡の情報が伝わると、アラゴン連合王国のバレンシア地方ではムデハルに対する迫害が生じている。カスティーリャ王エンリケ四世が維持していたムスリムからなる護衛部隊も、議会での反発を受けて解散せざるをえなくなっている。東地中海でのイスラーム帝国としてのオスマン朝の進撃が現実味を帯びだすのに伴い、ムスリム全般に対する認識が変化してきているのではなかろうか。

ユダヤ人に対する認識についても、変化が見られる。一三九一年のポグロムの結果、イベリア半島に住むユダヤ人の約三分の一がキリスト教への改宗を選択したといわれる。この改宗ユダヤ人すなわちコンベルソも一枚岩ではない。その最上層は王家や大貴族とのコネクションを持つほどに身分上昇を遂げた。また教会の高位聖職者や、後述する異端審問官も多数輩出している。中層コンベルソも、王国役人や都市エリートとして活躍する者が多数に及ぶ。こうなると、代々キリスト教徒であった層に妬まれたり、彼らとの利害関係が衝突することになったりしかねない。ユダヤ教を隠れて信仰し続けているのではないかという疑いの目が、コンベルソに注がれることになった。

社会全体で生じつつある異教徒認識の変化に応じるとともに、王国統治に利するかたちで導入されたのが、異端審問制である。一四七八年に、ローマ教皇はイサベル一世とファラン二世に対して、新たな異端審問所の設立を許可する。一四八〇年から、セビーリャに設置されて運用が開始された。また同年四月にトレードで開催された議会で、カスティーリャ王国に暮らすすべてのユダヤ教徒とムデハルに対し、二年間のうちに特定の街区に集住するように命じている。理念と現実が一致することはなかったイベリア半島にも、いわば「ゲットー化」の波が押し寄せてきていた。

ナスル朝の滅亡

ナスル朝への全面攻勢をかけるのに有利な状況が、整いつつあった。とはいえ、その引き金となったのは、歴史においては往々にしてあることであるが、ほんの些細《ささい》な事件にすぎなかった。一四八一年の一二月二七日、辺境西部のナスル朝の拠点都市ロンダの兵が、カスティーリャ領サアラを急襲して占拠した。このような小競り合いの応酬は、辺境では日常茶飯事であった。一四八二年の二月末、和平違反に対する報復として、アンダルシーア地方の有力貴族のロ

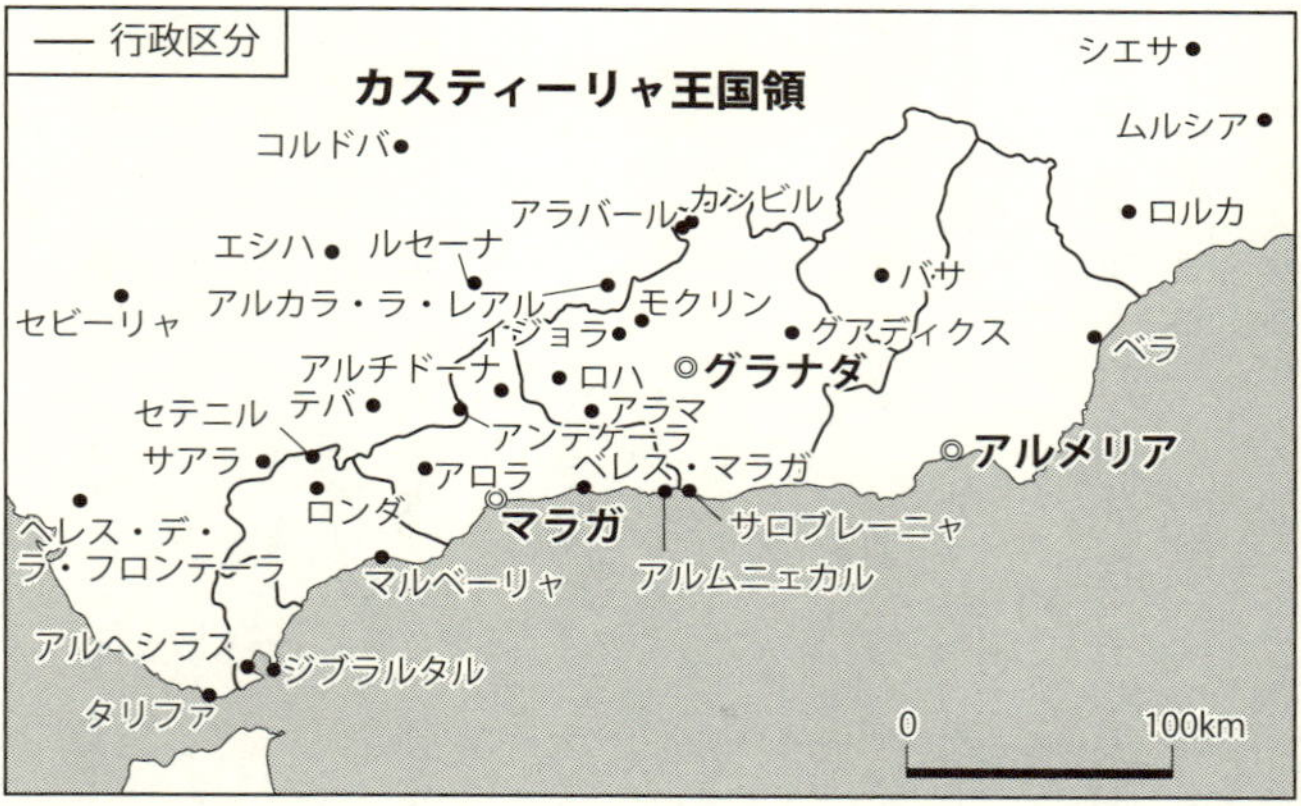

15世紀のナスル朝領域（Echevarría Arsuaga, A., *Caballeros en la frontera: la guardia morisca de los reyes de Castilla (1410-1467)*, Madrid: UNED Ediciones, 2006, p.35の地図を参考に作成）

ドリーゴ・ポンセ・デ・レオンが手勢を率いてナスル朝の拠点アラマを征服した。好戦的なナスル朝君主アブー・アルハサン・アリーは、宮廷のあるグラナダに近い要衝アラマを奪還するべく反撃を繰り返す。こうした小競り合いが、ナスル朝の完全消滅を意図した全面戦争に発展したのは、歴史の偶然であったのかもしれない。

アラマをめぐる攻防は続くが、これにナスル朝の内紛が重なる。アブー・アルハサン・アリーと彼の息子ムハンマド一一世（在位一四八二～一四八三、一四八七～一四九二年。アブー・アブド・アッラーが転訛《てんか》したあだ名「ボアブディル」で知られる）との親子対立が生じ、さらにボアブディルの叔父にあたるムハンマド一二世（在位一四八五～一四八七年）と三《み》つ巴《どもえ》の骨肉争いに陥った。これをイサベル一世とファラン二世の両王は好機と考えて、自ら陣頭指揮を執ることを決意する。

一四八三年の春、マラガ遠征には失敗したが、コルドバ南部のルセーナでの軍事衝突で、ボアブディルを捕らえることに成功した。彼は臣従を余儀なくされた後、七月に解放された。ナスル朝領域ではいまだ内紛が続いており、ボアブディルを傀儡としたイサベル一世とファラン二世の両王は、彼を擁護するという名目で、ナスル朝領域への攻撃を継続した。

事ここに至って両王は、ナスル朝を完全に滅ぼすことを決意した可能性が高い。一四八四年の春、各辺境の有力者の率いる軍によって、略奪消耗戦が継続する。初夏から秋にかけて両王自ら戦陣に立ち、辺境西部のアロラとセテニルを占領した。ちなみにイサベル一世は、アロラ攻撃に際して、六つのテントからなる「野戦病院」を設置している。

ところでこの頃、イタリア半島南部に対してオスマン朝が快進撃を続けていた。一時的ではあれ、プーリアのオトラントが一四八〇年に占領されている。ローマ教皇はオスマン朝の勢いを削ぐために、対ナスル朝戦線も十字軍として認定して人的・財政的支援を約束した。こうしてナスル朝に対する攻勢は国際的な十字軍のひとつとなり、数は少ないながらもスイス人傭兵やドイツ人、イギリス人の騎士も参戦している。

一四八五年も辺境西部に対する集中攻撃を続けて、五月ついに拠点都市ロンダを征服、六月には地中海に面した港湾拠点マルベーリャを獲得する。一四八六年の五月には東西アンダルシーアを繋ぐ要衝ロハを征服した後、モクリン、イジョラを占領する。一四八七年四月には、地中海に面したベレス・マラガを征服、五月からはナスル朝の最大港湾都市マラガを包囲、八月一八日にマラガの征服に成功した。守備兵と住民との間の意思疎通がうまくゆかず、不幸にも降伏勧告に従わなかったマラガ住民は身柄を拘束され、奴隷として売却された。とはいえ、後に住民の多くは身代金を支払って買い戻されて、自由を獲得している。

両王は、一四八八年からその翌年にかけて、矛先を転じて辺境東部に集中攻撃をかける。半年に及ぶ包囲戦の後、一四八九年の一一月末に東部の要衝バサがついに降伏、翌一二月に入城した。次々と支配領域を失い窮地に立たされたナスル朝は、東地中海のマムルーク朝、オスマン朝へ救援要請を送るものの無駄であった。一四八九年の年末、ボアブディルの叔父でいまだ東部戦線で抵抗を続けていたムハンマド一二世が降伏し、彼に服していた拠点都市アルメリア、グアディクス、地中海沿岸部のアルムニェカル、サロブレーニャなども降った。両王は、アルメリアへ赴き、その後グアディクスで年を越している。

ちなみにこの戦争は、大砲が組織的に利用されて、その威力をいかんなく発揮したイベリア半島ではじめての事例である。王室付き年代記作者プルガールのものした同時代史料『カトリック両王年代記』が語る、一四八五年に征服されたロンダの事例を見てみよう。

都市ロンダは、深い渓谷に立地する自然の要害であるばかりか、堅固な城壁を備えており、かつ人口も多く、それまで難攻不落を誇ってきた。陣頭指揮を執るファラン二世は、まず郊外区を取り囲む城壁に三方からの砲撃を命じた。四日間にわたって熟練の砲手たちの操る大砲に

グラナダ降伏儀礼を表現した19世紀絵画　左にムハンマド11世（ボアブディル）が、右にカトリック両王夫妻が描かれている（フランシスコ・プラディーリャ作、1882年、スペイン上院議事堂所蔵）

よって、胸壁と塔が破壊しつくされたため、立てこもることが不可能となる。郊外区を占拠すると、次の目標は「本丸」の市街地と城砦である。これらを取り囲む防備施設を破壊するために、大砲と様々な重火器が配置されて砲撃を繰り返した。籠城するロンダの兵と民は爆音によって互いに意思疎通もできず、眠ることもできなかった。城壁が破られ、塔が倒れ、家屋が燃え、死傷者が増える混乱のなか、籠城側はどうすることもできない。こうして、わずか一〇日後に降伏の話し合いが始まったという。圧倒的に性能が向上した重火器の使用によって、それまでの戦争スタイルが変貌しはじめたのである。

さて一四九〇年、唯一残った傀儡ボアブディルは、自らの王朝の存続を図ろうとするも、交渉に失敗して、戦争状態となった。イサベル一世とファラン二世の両王は着々と宮廷都市グラナダの包囲網を縮め、グラナダ包囲のための陣営都市としてサンタ・フェ（「聖なる信仰」の意）を新たに建設する。孤立無援のボアブディルは、全面降伏へ向けて水面下での交渉を、一四九一年の夏ごろから始める。双方が合意に達して、一一月の末、降伏協定に署名がなされた。一四九二年の一月二日月曜日、君主三名が集い、開城降伏の儀礼が執り行われる。一月六日に両王はグラナダへの入市儀礼を厳《おごそ》かに執り行い、この戦争の勝利を可視化した。

一四九二年のグラナダ征服の報《しら》せは西欧世界の全域に伝えられ、ヴェネツィアやローマ、シチリア、ナポリ、ブルゴーニュの諸都市、さらにロンドンなど西欧各地で、西方イスラーム世界に対する大勝利が大々的に祝われた。一四九六年、アラゴン連合王国の貴族であったボルジア家出身の教皇アレクサンデル六世（在位一四九二〜一五〇三年）は、この勝利を称えてイサベル一世とファラン二世に「カトリック両王」の称号を授与した。

終章　レコンキスタの終わり？

中世と近世のはざまにあった戦争

一四九二年、八〇〇年近くにわたって続いたアンダルス社会が、ナスル朝の滅亡とともに消滅した。しかしそれは建て前の話であって、征服領域の実態とは大きな隔たりがあった。最後の対グラナダ戦争に至る経緯とその結果について、もう一度整理してみよう。

まず、カスティーリャ王の封建家臣でもあったナスル朝君主の治める領域を、なぜ征服する必要があったのか。理由は複数考えられ、それらが複合的に絡み合って事態が推移したとみなすべきである。建て前としてはもちろん、レコンキスタ・イデオロギーに則った行動でありえた。たとえば一四八九年の秋、停戦を勧告するエジプトのマムルーク朝使節に対して「ナスル朝は我々に固有の領土を不法に簒奪しているため、攻撃をやめるつもりはない」、このようにイサベル一世とファラン二世の二人は主張している。西欧全体に関わる国際情勢の変化と異教徒認識の全般的変化が影響を与えた可能性については、既に述べた。

しかしイサベル一世には、本音にあたる理由が別にあったはずである。彼女は即位時に王位継承問題を乗り越えるために味方の貴族を盛り立て、対立する国内貴族を懐柔せねばならなかった。自らの王位の正統性を誇示しつつ、家臣の協力に報いるために、新たな領土を獲得して、その土地と様々な利権を「褒賞」として分配する必要があったのではないか。また一五世紀のカスティーリャ社会は、他の西欧諸国と比べても急激な人口増加傾向を見せていた。社会に広がる人口圧も、さらなる領土拡張政策を後押しした可能性が高い。

さて、この最後の対アンダルス戦争は、近世を予感させる戦術と、本書の第六章で扱った中世以来の征服過程とが混在する最初の事例となった。先に紹介したように大砲が組織的に利用されて、攻城戦の時間が圧倒的に短縮された。財政機構は未熟ではあったが、計画的に兵を動かし、長期にわたる戦時体制を維持しようとした点で、近世的な戦争といえる。しかしそれと同時に、ナスル朝社会の分断を誘い、寛大な降伏協定を提示しながら征服が行われた過程は、中世的な戦争スタイルを踏襲していた。

この戦争でのナスル朝の分断と懐柔の一端を示す書状を紹介したい。戦争も佳境に入ろうとしている一四九〇年に、両王の発布した面白いものである。

王と女王より

［空白］我々の軍団総長ビリェーナ侯の書状で、善意と熱意を持って貴方がたが我々へ

奉仕することを考え、それを実行に移したことを知った。我々はいたく感謝しており、我々への奉仕によって、貴方がたが恩恵を受けるであろうことは確実である。この件、あるいはその他の件に関しては、我々に代わってビリェーナ侯が貴方がたに書状を送付するので、我々の側から記し、あるいは述べるところのすべてに信頼を置いてほしい。セビーリャにて。

宛先の箇所に空白がある書状と、同じ文面で宛先が挿入されている書状が複数確認されている。宛先が挿入された書状には、法学者（アルファキーフ）の名前や軍司令（アルカーイド）の名前が入れられている。書状の意図は明らかである。何らかの理由で両王側に寝返ったか、あるいは早々に帰順するなどして、戦局を有利に進めるうえで貢献した人物に対する「感状」であろう。決して一枚岩ではないナスル朝社会、これにつけ入りながら両王は戦争を継続したのである。

同化か移住か？

両王の側になびいた人物の代表例が、ナスル朝の王族ヤフヤー・アルナッジャールである。カスティーリャ王の傀儡として短期間君主の座に就いたユースフ四世の孫にあたる彼は、領域東部のアルメリアを拠点にしており、両王にいちはやく接近した。彼はペドロ・デ・グラナダと改名してキリスト教への改宗を選択し、彼の子孫はカンポテハル侯爵家としてカスティーリャ貴族の仲間入りを果たす。

もう一人面白い同化事例を紹介したい。もともと捕虜であったキリスト教徒女性がイスラームに改宗し、ナスル朝君主アブー・アルハサン・アリーの妻のひとりになっていた。彼女はムスリムからキリスト教へと再改宗し、女王イサベル一世の名をとってイサベル・デ・ソリスと改名、少なくとも一五一〇年までセビーリャで暮らしている。一方、アブー・アルハサン・アリーとの間にもうけた二人の息子も改宗し、早逝するカトリック両王の嫡子の名とファラン二世の名をとって、それぞれファアン・デ・グラナダ、フェルナンド・デ・グラナダと改名、カスティーリャ貴族として遇された。

この戦争は、寛大な条件を提示して各地で降伏を促しながら進められた。宮廷都市グラナダの降伏協定の全文が残されていまに伝わっているが、信教の完全な自由と、多岐にわたる自治権が保障されている。一〇八五年のトレード征服時以来、連綿と受け継がれてきた降伏協定の集大成ともいえる内容となっている。

しかしムスリムが全員イベリア半島にとどまる選択をしたわけでは、もちろんない。ナスル朝君主であったムハンマド一二世は、自らに与えられた領地を売却してマグリブのトレムセンに亡命し、一四九四年に没した。ナスル朝最後の君主ボアブディル、すなわちムハンマド一一世は、降伏後に所領が与えられており、カスティーリャ社会で住み続けることも可能であった。

しかし彼もマグリブのフェスへの亡命を選択し、この都市で生涯を終えたとされる。人的コネクションと経済力を持つ有力者や知識人たちも、多くがマグリブへ、さらに東地中海への移住を選択した。

それでも約二〇万人に及ぶ旧ナスル朝の臣民たちが、ムデハルとして信仰の自由と財産所有の権利が認められた状態で居住を続けることになった。一四九二年の後も、アラビア語による司法と行政が機能していた。降伏協定の条項に則り、ムデハルたちはキリスト教王権の庇護下で平和裡に暮らしていけると期待していたのかもしれない。しかし状況は急激に変化していく。

「近世化」——ナスル朝滅亡後の急激な変化

イサベル一世とファラン二世両名は統治開始時期から、一連の王国改革案を提示し、それを実行に移している。一言でまとめれば、中央集権化の追求である。王国内の治安維持の名目で「国王常備軍」の先駆形態を模索した。諸騎士修道会を王権が管轄し、税制機構を整え、戦費調達のために「国債」を発行した。しかしこのような政策は、何もイベリア半島に限った話ではない。イタリア・ルネサンスを通じて、新たな政治理論が実践に移されようとする時代、イングランド王国であれフランス王国であれ、似たような中央集権化を模索していた。これは、いわゆる近世の主権国家体制へと結実する動きである。

統治の効率化を志向する西欧の王朝国家は、宗教の管理の厳格化にも着目する。均質な臣民を、効率よく、中央集権的に管理できる国家を構築するには、宗教的な他者や異分子を徹底的に排除する必要があった。このために、カスティーリャ王国に異端審問制が導入されたと考えることもできる。この悪名高い制度の最大の特色は、ローマ教皇ではなく、スペイン王権が異端審問官の任命権を保持した点にある。つまり、これは単純な異端撲滅のためではなく、円滑な統治のための監視機構として機能したのである。当初は辺境の都市セビーリャのみに常設されるはずが、その後増設されて、カスティーリャ王国の諸都市へ、さらにアラゴン連合王国へも導入された。

統治の効率化と宗教の管理というマクロな近世政治の傾向を考慮すれば、カトリック両王以後のスペイン帝国の施政方針も理解できる。アンダルスが消滅して間もない一四九二年の三月末、ユダヤ教徒に対して全面追放令が発布された。七月末までのキリスト教への改宗猶予期間が設定されたものの、大きく見積もって約一〇万人のユダヤ教徒が退去を選択したといわれる。多くは陸路でポルトガル王国に逃れるが、一四九六年にはポルトガル王国でも追放令が発布され、彼らは再度の移住を余儀なくされた。

一三九一年のポグロムを乗り越え、自らの信仰を維持してきたセファルディーム（イベリア半島系ユダヤ人）の歴史はここで終わらない。さらに彼らは北のフランドル、南のマグリブ、東のオスマン帝国へと離散していく。彼らの知的伝統は移住先に持ち込まれ、現在に至るまで、セファルディームの文化が各地で受け継がれている。この事実を忘れてはならない。

残る異教徒は、ムデハルである。とりわけ征服間もない旧ナスル朝領域は、圧倒的多数がムスリムのままであった。一四九九年にトレード大司教シスネーロスがグラナダ入りし、アラビア語書物の焚書《ふんしょ》を行い、キリスト教への強制改宗政策を企図するや、グラナダ市内のアルバイシン地区で、さらにアルプハーラス渓谷でムデハルの大暴動が起きる（第一次アルプハーラス反乱）。一五〇一年に鎮圧の後、ムデハル政策の抜本的見直しが断行された。一五〇二年の二月、カスティーリャで成年に達したムデハル（男：一四歳以上／女：一二歳以上）に対する全面追放令が発布された。国外退去の期限は同年の四月末までと極めて短く設定されており、実質的には強制改宗令といえる。

ほとんどのムデハルはキリスト教への改宗を選択し、洗礼を受けて新たなキリスト教徒、すなわちモリスコが誕生した。元来は「モーロ人風」を意味するモリスコは、キリスト教徒でありながら、かつてのアンダルス時代の言語（アラビア語）と信仰（イスラーム）にまつわる伝統を保持し続けた元ムデハルとその子孫たちを示す語句である。アラゴン連合王国で同様の措置が採られるのは一五二六年にずれこんだが、こうしてスペイン帝国の最盛期になると、理論上、臣民の皆がキリスト教徒ということになった。

モリスコ問題を経て、いま

全員がキリスト教徒臣民になったからといって、皆が平等に扱われたわけではない。様々な差別が残り、監視の機構も機能していた。まず既に述べた異端審問制である。無差別な拷問と火刑という通俗的な異端審問のイメージは、実態を反映していない。とはいえ、コンベルソ（改宗ユダヤ人）とモリスコ（改宗したムデハル）、そして宗教改革時代にはプロテスタントが異端の嫌疑で捕らえられ、場合によっては拷問にかけられて、改悛しない場合には極刑に処せられたことは事実である。異端審問における公開の判決宣告式（「アウト・デ・フェ」）は、時に国王や大司教、有力貴族が列席し、都市の中央広場で施行されたが、これは民衆のカトリック教化のための大規模な見世物としての機能も有した。さらにユダヤ人あるいはムスリムを祖先に持つ者を、社会の様々な団体から排除する仕組み（「血の純潔規約」）も存在していた。

一六世紀の宗教改革時代にカトリックの盟主たらんと欲したスペイン帝国は、イスラームにまつわる文化の全般を意図的に蔑視して排除するようになるが、これは中世には存在しない態度であった。アラビア語とアラビア語名、ムスリム風の衣服や浴場の使用が禁じられた。スペイン帝国のカトリック臣民としての自覚を養うため、モリスコの子弟に対する言語・宗教・文化教育も試みられた。

一五六八年、スペイン帝国の一角を占めたネーデルラントで反乱が起こる。旧ナスル朝領域に住み、帝国の政策に反発するイベリア半島のモリスコたちも蜂起するが、鎮圧される（第二次アルプハーラス反乱）。最大のライヴァルであるフランス、地中海の覇者オスマン帝国、そしてプロテスタント諸勢力との連携を恐れたスペイン帝国は、グラナダに多数居住するモリスコ

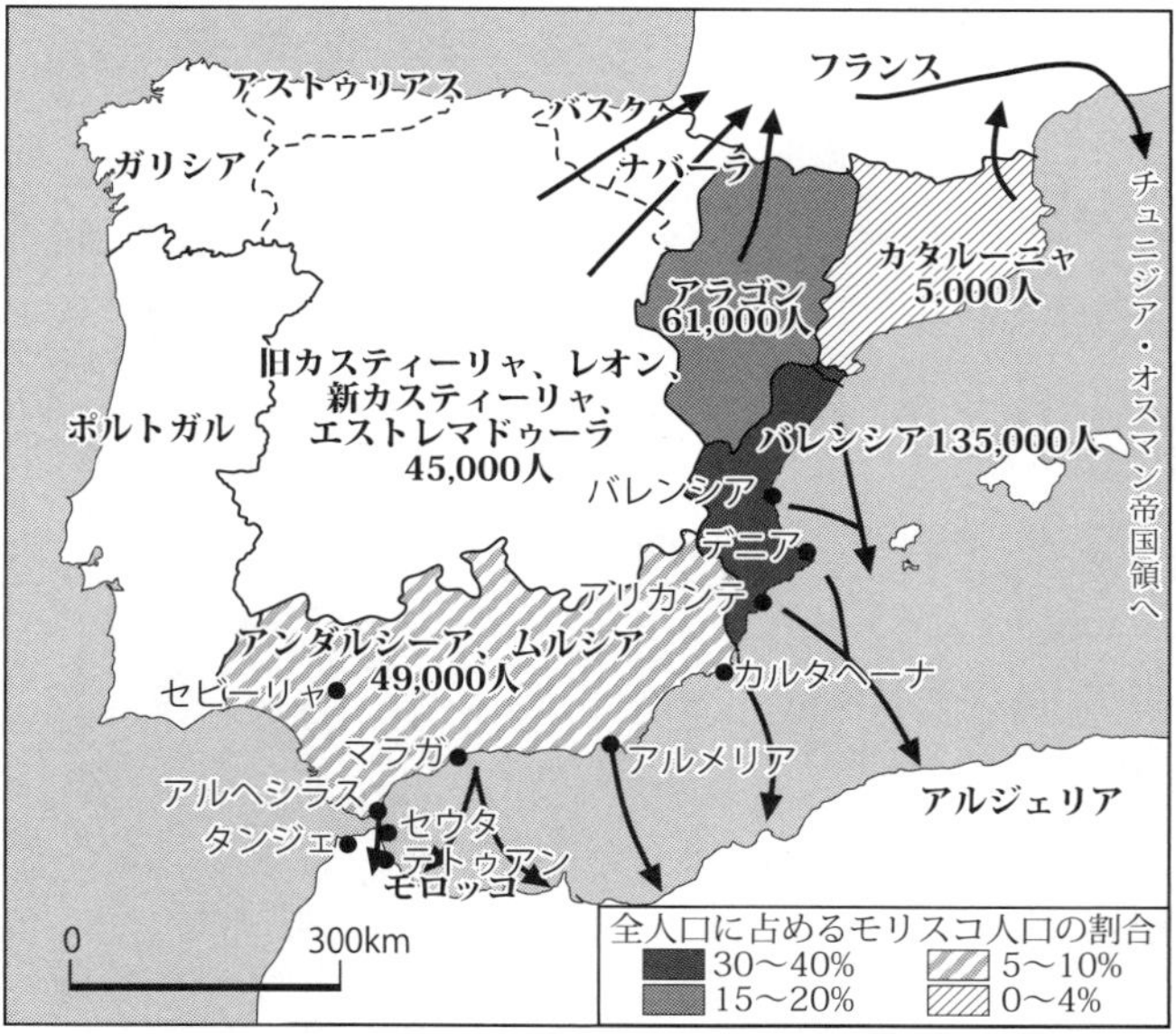

モリスコの追放とその規模（押尾高志『「越境」する改宗者――モリスコの軌跡を追って』風響社、2021年、38頁をもとに作成）

を、カスティーリャ内陸部に強制移住させた。

　ポルトガルを併合し、まさに「日の沈まぬ帝国」となったスペイン帝国最盛期の一五八〇年代、フェリーペ二世（在位一五五六〜一五九八年）の宮廷は、同化できないモリスコの処遇を論じはじめている。当のモリスコにも、外部勢力と内通して「スペインの軛」から脱しようと暗躍する者、他方で、アラビア語を話すキリスト教徒もまたスペイン帝国臣民たりうると主張して同化を望む者も存在しており、決して一枚岩ではなかった。

　一六〇九年九月二二日、フェリ

ーペ三世（在位一五九八〜一六二一年）は、最も多くモリスコが居住するバレンシアで追放令を発布する。漸次、他の地方でも同様の命令が下されて、追放が実行に移された。多くは、イベリア半島の海岸部に連行され、海路でマグリブ沿岸部に移送された。通説では、三〇万程度の人口が、この結果失われたとされる。スペイン帝国の覇権に陰りが見えはじめていた時代、この棄民政策をなぜ断行したのか。いまでもその理由については議論されている。地中海でのオスマン帝国との関係に加えて、オランダの事実上の独立達成をはじめとする西欧の国際情勢と連動していたことは、まず間違いなかろう。モリスコとの共存の可否をめぐっては、マドリード宮廷のみならず、当時のスペイン社会でも幅広い議論があったようである。たとえば劇作家として有名なロペ・デ・ベガと、不朽の『ドン・キホーテ』の作者セルバンテスは、それぞれ自ら創作した戯曲と文学作品のなかで、オスマン帝国の宗教的寛容と対比させるかたちで、スペイン帝国の政策に翻弄されるモリスコを登場させ、暗にスペイン帝国批判を展開する。

一七世紀の初頭、アンダルスとキリスト教諸国とが鎬を削った中世が、本当の意味で終わったかに見える。しかし中世の名残は、建築、食文化、スペイン語の語彙などに、はっきりと刻印されていまに至る。イベリア半島が主役となった大航海時代、追放されたセファルディームとモリスコは世界に拡散し、中世の記憶をいまにまで受け継いでいる。

本書で語ってきた中世イベリア半島の歴史をどう解釈するかは、スペインの現代政治にも大きな影響を与えている。スペイン政界で急速に勢力を伸ばしてきた極右政党VOXは、コバドンガの古戦場に詣で、レコンキスタ・イデオロギーの復興を掲げて、現代に新たに誕生した「アンダルス（＝ムスリム移民）」の脅威とその排斥を訴える。カタルーニャの独立支持派は、中世アラゴン連合王国時代の栄華を脚色して、カスティーリャとの差別化を図ろうとする。

スペイン文化に深い刻印を残すばかりか、後代の政治信条と歴史認識を左右しているという意味で、中世のレコンキスタは、完全に終わった過去などではないのである。

あとがき

高校世界史教科書では、中世スペイン史が多く取り上げられることはない。専門としているスペイン史研究者の数も少ない。結果、世界で進んでいる歴史研究の成果が反映されず、多くの誤解が日本ではいまだにまかり通っている。その最たるものが、本書で軸とした「レコンキスタ」をめぐる歴史である。いまのスペインを真に理解するためには、中世の歴史を知る必要があるのではないか。こういう問いかけで本書を書きはじめた。筆を擱《お》くにあたって、あらためてこの問いかけに対する筆者なりの見解を示しておきたい。

東西南北の結節点であったイベリア半島では、常に複数の民族や文化が混じりあい続けた。同半島で展開した歴史は常に、白黒に分けられるものではありえなかった。中世西欧世界に属するキリスト教諸国の社会も、イスラーム世界に属したアンダルスの社会も、それぞれ一枚岩ではなく、混淆し、利害が錯綜して、明確に線引きできない要素を抱え続けた。

とりわけ際立っていたのは、イベリア半島内で、いや、さらに半島を飛び越えてマグリブ・アンダルス、さらには東地中海で、縦横無尽に活動するキリスト教徒、ムスリム、そしてユダヤ人の生き様であった。互いに宗教的なライヴァルであったこれらの人々は、確かに猜疑心を抱いて対立と衝突を繰り返したが、しかし一方で、信頼しあい、共通の利害のもとに手を携えることが頻繁であった。中世の人々が紡ぎ出した歴史を、スペイン帝国は「近世化」の波のなか、拒絶しようとした。しかし拒絶し切ることはできなかった。この結果が、現在のスペイン文化の「割り切れなさ」を生み出しているのではないか。このように筆者はいまのところ考えている。

中世スペインの歴史を、どのように評価すべきなのか。現在、かつて過度に強調された、宗教戦争としての凄惨な暴力の側面を否定あるいは修正するため、中世イベリア半島に花開いた「宗教的寛容」の側面が強調されることが多い（なお、これはスペインの観光政策とも関連している）。当時の戦争が、単なる虐殺や文化の根絶に直結するものではなかったという事実を、本書でも強調したつもりである。とはいうものの、結局、それは暴力を伴う悲劇であったことも、紛れもない事実である。

歴史の分岐点の舞台となったジブラルタルは、それから約六〇〇年後の一三〇九年九月十二日、カスティーリャ王フェルナンド四世の攻撃を前に降伏した。一一二五名が助命されて退去したという。このうちのひとりのムスリム老人の台詞が歴史書に載せられている。

主君［＝フェルナンド四世］よ、ここから私を追放されるとのことですが、貴殿の曽祖父フェルナンド［三世］王がセビーリャを征服した際、私は追い出されてヘレスに居を構えました。その後、貴殿の祖父アルフォンソ［一〇世］王がヘレスを獲得した際、私は追い出されてタリファに居を構えました。安全な場に移住したと思っていると、貴殿の父サンチョ［四世］王が攻め込んできてタリファを占拠し、私は追い出されてここジブラルタルに居を構えました。この場所ほど、海峡手前のモーロ人の地で安全なところはないと判断してのことです。ですが、今や海峡手前のいかなる場にも私はとどまることができないと判断し、私は海峡を渡って、平穏に余生を過ごすことができる場所に移住するつもりです。

この老人は戦争で幾度も助命されて、確かに生き延びることができた。この意味では寛容精神のたまものであろう。とはいえ寛容を強調しすぎることは、領域拡大を目論むキリスト教徒による暴力行為から目をそらすことにもなりかねない。歴史的な事実は事実として、我々はそれを冷静に見つめる必要があるのではないか。

中世の当時、「スペイン」というひとつのくには存在せず、かといってキリスト教・ユダヤ教・イスラームという宗教カテゴリーごとに連帯するわけでもなかった。当時の人々は各々の思惑を持って懸命に生きたのであって、その割り切れない生き様を、単純化してしまってはならないと思う。国家や民族、信仰や善悪といった、後代の人間が創り出した「フィクション」で単純化して線引きすることが、どれほど多くの悲劇を生み出してきたのか、そして生み出し続けているのかを、現代に生きる我々は痛感している。この意味で、本書で扱った人々の生の軌跡が、(時に喧嘩しながらも)多様性を認め合う未来の社会のありようを模索していく、ほんの小さなきっかけにでもなれば、望外の喜びである。

さて、本来の専門が中世カスティーリャ史(一一～一五世紀)にすぎない筆者が、かような通史を書くという暴挙に出たことを、当初たいへん後悔した。それでも、文明間の辺境領域を専門としている縁で、複数の共同研究に誘っていただくなか、研究仲間たちの助言を頼りに着想を得て、何とか書きあげることができた。全員の名前をここに載せることはできないが、アラゴン連合王国史が専門の阿部俊大さん(同志社大)、マグリブ・アンダルス史が専門の野口舞子さん(信州大)、近世モリスコ史が専門の押尾高志さん(西南学院大)、中世シチリア史が専門の髙橋謙公さん(岡山大)、そしてビザンツ貨幣史が専門の西村道也さん(福岡大)には、草稿を読んでいただいたり、酒を飲みながら議論したりして、多くの助言をいただいた。あらためて感謝申し上げたい。

しかし本書の企画から刊行にいたるまでの最大の功労者は、どう考えても中央公論新社の酒井孝博さんである。博士論文をもとにした拙著をご覧くださり、近年の研究状況を反映したかたちでの平易に読めるレコンキスタ通史の執筆を打診いただいた。雑事にかまけて遅々として進まない本書の執筆であったが、酒井さんは毎年、情趣に富む駅舎風景の年賀状で激励してくださった。昨年に筆者の勤務先（神奈川大）から研究に専念する機会を得、何とか義理を果たすことができた。執筆・編集作業における細やかな配慮と助言に、感謝するとともに、執筆の時間を与えてくれた神奈川大スペイン語学科の同僚の方々にも頭があがらない。

大学院生・スペイン留学時代以来、私の研究生活を陰ながら支えてくれてきた妻、倫代に本書を捧げる。スペイン史を志した私に、スペイン語の教科書を最初貸してくれたのも、そういえば彼女であった。そのことを、昨日のことのように思い出した。

二〇二四年六月

黒田祐我

本書に関連する時代の略年表

年代	出来事
1526	アラゴン連合王国でムデハル追放令が発布
1545	対抗宗教改革としてのトレント（トリエント）公会議が開催（～1563）
1556	フェリーペ2世即位（スペイン・ハプスブルク朝のはじまり）
1561	フェリーペ2世、マドリードに宮廷を固定
1568	ネーデルラントで反乱勃発、オランダ独立戦争開始（～1648）。第2次アルプハーラス反乱（～1571）
1571	レパントの海戦でオスマン帝国に勝利
1580	フェリーペ2世、ポルトガル王として即位（フィリーペ1世）。「日の沈まぬ帝国」としてのスペイン帝国が成立
1609	オランダとの休戦が成立。モリスコ追放実施（～1614）

年代	出来事
1431	第2次グラナダ戦役の開始。ラ・イゲルエラの戦い
1436	アラゴン連合王国の君主アルフォンス4世、ナポリ継承戦争を開始
1443	アラゴン連合王国の君主アルフォンス4世、ナポリ王位を継承し、同地に宮廷を構える
1455	第3次グラナダ戦役の開始
1458	ナバーラ王フアン2世、アラゴン連合王国の君主（ジュアン2世）を兼ねる
1468	ギサンド条約で、カスティーリャ王女イサベル（後のイサベル1世）の王位継承が承認される
1469	カスティーリャ王女イサベルとアラゴン王太子ファラン（後のファラン2世〔フェルナンド2世〕）の結婚が成立
1474	カスティーリャ王エンリケ4世死去。カスティーリャ女王イサベルとポルトガル王とのあいだに王位継承をめぐる争い勃発
1479	イサベル1世・ファラン2世夫婦の本格的治世が開始
1480	イサベル1世、トレード議会で対異教徒隔離政策を打ち出す。セビーリャで異端審問所が開設
1482	最後の「グラナダ戦争」開始（～1492）
1492	グラナダが降伏し、ナスル朝グラナダが滅亡。ユダヤ教徒追放令発布。コロンブスのアメリカ到達
1494	トルデシーリャス条約で、スペイン・ポルトガル間の海外領土境界線が確定
1502	カスティーリャ王国内でムデハル追放令が発布
1504	カスティーリャ女王イサベル1世死去。フランドルで娘のフアナ即位（フアナ1世）
1506	フアナ1世の夫フィリップ死去
1512	アラゴン連合王国の君主ファラン2世、ナバーラ王国を占領
1516	アラゴン連合王国の君主ファラン2世死去。カスティーリャ女王フアナ1世の嫡子シャルル、フランドルで即位（カルロス1世）
1519	カルロス1世、神聖ローマ皇帝に選出（カール5世）

本書に関連する時代の略年表

年代	出来事
	が本格化
1292	カスティーリャ王サンチョ4世、タリファを征服
1302	アラゴン連合王国、カルタベロッタ和約によりシチリア領有問題を解決
1304	カスティーリャとアラゴン連合王国の両国間で和平成立
1309	カスティーリャ王フェルナンド4世、ジブラルタルを征服
1310年代〜	カタルーニャ人、シチリア人からなる傭兵団（アルモガバルス）のバルカン半島での活動が本格化
1323	アラゴン王子アルフォンス、サルデーニャ島征服
1324	ナスル朝、イベリア半島で初めて火砲を使用
1330年代	カスティーリャとナスル朝・マリーン朝との戦争激化
1340	カスティーリャ王アルフォンソ11世、サラード会戦でマリーン朝・ナスル朝連合軍に勝利
1344	カスティーリャ王アルフォンソ11世、アルヘシラスを征服。これをもってマグリブからの軍事介入に事実上の終止符が打たれる（「海峡戦争」終結）
1350	カスティーリャ王アルフォンソ11世、ペストに罹患し死去
1354	カスティーリャ王国でトラスタマラ内戦が勃発
1356	カスティーリャとアラゴン連合王国との間で戦争が勃発
1369	カスティーリャ王ペドロ1世、モンティエルで敗死。カスティーリャ王国にトラスタマラ朝が成立
1385	アルジュバロータ会戦でカスティーリャ王国軍、ポルトガル王国軍に敗北
1391	イベリア半島全域規模の反ユダヤ人暴動（ポグロム）が勃発
1394	アルカンタラ騎士修道会総長、ナスル朝領域に遠征し、戦死
1407	第1次グラナダ戦役の開始
1410	カスティーリャ王国摂政フェルナンド、アンテケーラ征服
1412	「カスペの妥結」により、カスティーリャ王国摂政フェルナンド、アラゴン連合王国の君主に選出され、ファラン1世となる
1415	ポルトガル王国、セウタに進出

年代	出来事
	トロニーラの婚約により、連合が成立（アラゴン連合王国のはじまり）
1143	ムラービト朝君主アリー・ブン・ユースフ死去。アンダルスが混乱（第2次ターイファ時代へ）
1147	ポルトガル王アフォンソ1世がリスボンを征服。カスティーリャ・レオン、アラゴンとジェノヴァがアルメリアを征服。マラケシュが陥落しムラービト朝滅亡
1157	カスティーリャ・レオン王アルフォンソ7世死去。分割相続によりカスティーリャ王国とレオン王国へと分裂
1172	ムワッヒド朝、アンダルスの再統合を完了
1177	カスティーリャ王アルフォンソ8世、クエンカを征服
1179	ポルトガル王国、国際的に認可される
1195	アラルコス会戦で、カスティーリャ王アルフォンソ8世、ムワッヒド朝軍に敗北
1212	ラス・ナバス・デ・トローサ会戦。キリスト教諸国の連合軍がムワッヒド朝カリフ率いる軍に勝利
1213	アラゴン連合王国の君主ペラ1世、ミュレの戦いで敗死
1224	ムワッヒド朝カリフ、ユースフ2世死去。後継者争い激化(第3次ターイファ時代へ)
1229〜	アラゴン連合王国の君主ジャウマ1世、バレアレス諸島とバレンシアの征服活動の開始
1230	カスティーリャ王フェルナンド3世、レオン王国を再統合し、カスティーリャ王国（コローナ・デ・カスティーリャ）が成立
1234	ナバーラ王家、フランス系王朝（シャンパーニュ朝）になる
1236	カスティーリャ王フェルナンド3世、コルドバを征服
1246	ナスル朝初代君主ムハンマド1世、ハエンを譲渡してフェルナンド3世に服従
1248	カスティーリャ王フェルナンド3世、セビーリャを征服
1264	アンダルシーアとムルシアでムデハル蜂起勃発
1275	マリーン朝による半島軍事介入本格化
1282	「シチリアの晩禱」事件。アラゴン連合王国の地中海進出

本書に関連する時代の略年表

年代	出来事
	の覇権を握る
1009	後ウマイヤ朝内部での抗争が勃発（～1031）
1031	後ウマイヤ朝滅亡。第１次ターイファ時代へ
1035	ナバーラ王サンチョ３世死去。その支配領域が分割相続される（ナバーラ、カスティーリャ、アラゴン他）
1037	タマロンの戦いでレオン王ベルムード３世とカスティーリャ伯フェルナンド１世が衝突。後者が勝利し、レオン王として即位（カスティーリャ・レオン王国の成立）
1050年代～	カスティーリャ・レオン王国による対アンダルス攻勢が強まる（パーリア制の展開）
1063	グラウスの戦いでアラゴン王ラミーロ１世敗死
1064	バルバストロ「十字軍」
1065	カスティーリャ・レオン王フェルナンド１世死去
1076	ナバーラ王サンチョ４世が殺害され、一時的に王朝消滅。支配領域はカスティーリャ・レオンとアラゴンによって分割
1085	カスティーリャ・レオン王アルフォンソ６世、トレードを征服
1086	ムラービト朝軍の半島上陸、ザッラーカ会戦でアルフォンソ６世に勝利
1090～	ムラービト朝、アンダルスの併合に着手
1094	エル・シッド、バレンシアを征服
1096	アラゴン王ペドロ１世、ウエスカを征服
1108	ウクレスの戦いで、アルフォンソ６世の嫡男サンチョ戦死
1109	アルフォンソ６世死去、娘ウラーカ即位
1118	アラゴン王アルフォンソ１世、サラゴーサを征服
1125	アラゴン王アルフォンソ１世、アンダルスへの大遠征を敢行（～1126）
1134	アラゴン王アルフォンソ１世、フラガでの戦傷がもとで死去。王位継承問題の勃発とナバーラ王国の独立
1135	カスティーリャ・レオン王アルフォンソ７世、都市レオンで皇帝戴冠式を挙行
1137	バルセローナ伯ラモン・バランゲー４世とアラゴン王女ペ

本書に関連する時代の略年表

年代	出来事
711	ターリク・ブン・ジヤード率いる兵が現在のジブラルタルに上陸。グアダレーテ河畔で西ゴート王ロデリック敗北。イベリア半島のほとんどをウマイヤ朝が支配
718頃	ペラーヨの即位、アストゥリアス王国成立
722頃	コバドンガの戦い
756	アブド・アッラフマーン1世、後ウマイヤ朝を興す
778	カロリング朝君主シャルル（シャルルマーニュ）、サラゴーサへ遠征する
792頃	アストゥリアス王アルフォンソ2世、オビエドに宮廷を置く
814〜820年代	サンティアゴ・デ・コンポステーラで聖ヤコブの遺骸が発見される
820頃	パンプローナ（ナバーラ）王国成立
850頃	コルドバの殉教運動（〜860頃）
880	ウマル・ブン・ハフスーンの乱（〜928）
881	アストゥリアス王アルフォンソ3世、ドゥエロ川流域に進出
910	アストゥリアス王ガルシア1世、オビエドからレオンに宮廷を移す
929	後ウマイヤ朝君主アブド・アッラフマーン3世、カリフを名乗る（カリフの鼎立時代へ）
936	宮廷都市マディーナ・アッザフラーの造営を開始
960〜	レオン王国内で政治的・社会的な混乱激化。カスティーリャ伯領の事実上の独立
978	マンスール、後ウマイヤ朝カリフヒシャーム2世の侍従となり実権掌握。以後ほぼ毎年、北部遠征敢行（〜1002）
985	マンスール、バルセローナを攻撃
988	マンスール、レオンを攻撃
997	マンスール、サンティアゴ・デ・コンポステーラを攻撃
1004頃	ナバーラ王サンチョ3世即位。以後、キリスト教諸国内で

Brill, 2009.]
Ladero Quesada, M. Á., *Castilla y la conquista del reino de Granada*, Granada: Diputación Provincial de Granada, 1993.
Moore, R. I., *The formation of a persecuting society: Authority and deviance in western Europe 950–1250*, 2nd ed., Oxford: Blackwell Publishing, 2007.
O'Callaghan, J. F., *The last crusade in the West: Castile and the conquest of Granada*, Philadelphia: University of Pennsylvania Press, 2014.
Peláez Rovira, A., *El emirato nazarí de Granada en el siglo XV: Dinámica política y fundamentos sociales de un estado andalusí*, Granada: Editorial Universidad de Granada, 2009.
Salicrú i Lluch, R., *El sultanat de Granada i la Corona d'Aragó, 1410–1458*, Barcelona: CSIC, 1998.
Salicrú i Lluch, R., *El sultanato nazarí de Granada, Génova y la Corona de Aragón en el siglo XV*, Granada: Editorial Universidad de Granada, 2007.
大原志麻「エンリケ4世の王位継承戦争におけるプロパガンダ（1457–74年）」『スペイン史研究』16 (2002)、23–36頁。
黒田祐我『レコンキスタの実像——中世後期カスティーリャ・グラナダ間における戦争と平和』刀水書房、2016年。

終章

Ladero Quesada, M. Á., *Los mudéjares de Castilla en tiempos de Isabel I*, Valladolid: Instituto Isabel la Católica de Historia Eclesiástica, 1969.

池北眞帆「VOXの反イスラム言説の論理と国民党への影響」『スペイン史研究』33 (2019)、15–28頁。

押尾高志『「越境」する改宗者——モリスコの軌跡を追って』風響社、2021年。

エリー・ケドゥリー編（関哲行、立石博高、宮前安子訳）『スペインのユダヤ人——1492年の追放とその後』平凡社、1995年。

関哲行、踊共二『忘れられたマイノリティ——迫害と共生のヨーロッパ史』山川出版社、2016年。

三倉康博「二大帝国の対立から融和へ——セルバンテスの『偉大なるスルタン妃』に関する一考察」『広島修大論集』53–2（2013）、17–30頁。

三倉康博「ロペ・デ・ベガ、モリスコ追放、オスマン帝国——「名誉ゆえの不幸」に関する一考察」『広島修大論集』57–2（2017）、19–31頁。

三倉康博「モリスコのリコーテとその娘アナ・フェリスのエピソード（『ドン・キホーテ』後篇）における改宗者」『広島修大論集』, 58–2（2018）、43–56頁。

関哲行『スペインのユダヤ人』山川出版社、2003年。

千葉敏之編『1187年——巨大信仰圏の出現』山川出版社、2019年。

林邦夫「中世スペインのマイノリティ——ムデハル」『岩波講座世界歴史 8 ヨーロッパの成長』岩波書店、1998年、125–143頁。

第七章

Agustí, D., *Los almogávares: La expansión mediterránea de la Corona de Aragón*, Madrid: Sílex, 2004.
Arié, R., *L'Espagne musulmane au temps des Naṣrides(1232–1492)*, Paris: De Boccard, 1990.
Echevarría Arsuaga, A., "Painting politics in the Alhambra", *Medieval Encounters*, 14 (2008), pp.199–218.
Echevarría Arsuaga, A., *The city of the three mosques: Ávila and its muslims in the middle ages*, Wiesbaden: Reichert Verlag, 2011.
Estow, C., *Pedro the Cruel of Castile, 1350–1369*, Leiden: Brill, 1995.
Fábregas, A. ed., C. López-Morillas trans., *The Nasrid Kingdom of Granada between East and West (Thirteenth to fifteenth centuries)*, Leiden: Brill, 2021.
García Fernández, M., *Andalucía: Guerra y frontera (1312–1350)*, Sevilla: Fondo de Cultura Andaluza, 1990.
González Jiménez, M., *Alfonso X el Sabio*, Barcelona: Editorial Ariel, 2004.
Harvey, L. P., *Islamic Spain 1250 to 1500*, Chicago: The University of Chicago Press, 1990.
Ladero Quesada, M. Á., *Granada. Historia de un país islámico (1232–1571)*, tercera edición, Madrid: Gredos, 1989.
Manzano Rodríguez, M. Á., *La intervención de los benimerines en la Península Ibérica*, Madrid: CSIC, 1992.
O'Callaghan, J. F., *The Gibraltar crusade: Castile and the battle for the Strait*, Philadelphia: University of Pennsylvania Press, 2011.
Ruiz, T. F., *Crisis and continuity: Land and town in late medieval Castile*, Philadelphia: University of Pennsylvania Press, 1994.
小林功、馬場多聞編著『地中海世界の中世史』ミネルヴァ書房、2021年。
F・サバテ（阿部俊大監訳）『アラゴン連合王国の歴史——中世後期ヨーロッパの一政治モデル（世界歴史叢書）』明石書店、2022年。
関哲行『旅する人びと』岩波書店、2009年。
S・ランシマン（榊原勝、藤澤房俊訳）『シチリアの晩禱——十三世紀後半の地中海世界の歴史』太陽出版、2002年。

第八章

Echevarría Arsuaga, A., *Caballeros en la frontera: La guardia morisca de los reyes de Castilla (1410–1467)*, Madrid: UNED Ediciones, 2006. [英語訳 : *Knights on the frontier: The moorish guard of the Kings of Castile (1410–1467)*, Leiden:

参考文献

阿部俊大『レコンキスタと国家形成——アラゴン連合王国における王権と教会』九州大学出版会、2016年。

尾崎明夫、ビセント・バイダル訳『征服王ジャウメ一世勲功録——レコンキスタ軍記を読む』京都大学学術出版会、2010年。

私市正年『サハラが結ぶ南北交流』山川出版社、2004年。

芝修身『真説レコンキスタ——〈イスラームVSキリスト教〉史観をこえて』書肆心水、2007年。

甚野尚志『中世の異端者たち』山川出版社、1996年。

R・フレッチャー（林邦夫訳）『エル・シッド——中世スペインの英雄』法政大学出版局、1997年。

第六章
Aillet, C., *Les mozarabes: Christianisme, islamisation et arabisation en Péninsule Ibérique, (IXᵉ–XIIᵉ siècle)*, Madrid: Casa de Velázquez, 2010.
Catlos, B. A., *The victors and the vanquished: Christian and muslims of Catalonia and Aragon, 1050–1300*, Cambridge: Cambridge University Press, 2004.
Catlos, B. A., *Muslims of medieval Latin Christendom, c.1050–1614*, Cambridge: Cambridge University Press, 2014.
Echevarría Arsuaga, A., *La minoría islámica de los reinos cristianos medievales: Moros, sarracenos, mudéjares*, Málaga: Editorial Sarriá, 2004.
García Fitz, F., *Relaciones políticas y guerra: La experiencia castellano-leonesa frente al Islam. Siglos XI–XIII*, Sevilla: Universidad de Sevilla, 2002.
García Sanjuán, A., "La conquista de Sevilla por Fernando III (646 h/1248). Nuevas propuestas a través de la relectura de las fuentes árabes", *Hispania*, 77 (2017), pp.11–41.
MacKay, A. and M. Benaboud, "Alfonso VI of León and Castile, 'al-Imbratūr dhū-l-Millatayn'", *Bulletin of Hispanic Studies*, 56 (1979), pp.95–102.
Molénat, J.-P., "Tolède à la fin du XIᵉ siècle et au début du XIIᵉ: Le problème de l'émigration ou de la permanence des musulmans", in C. Laliena Corbera and J. F. Utrilla Utrilla eds., *De Toledo a Huesca: Sociedades medievales en transición a finales del siglo XI (1080–1100)*, Zaragoza: Institución Fernando el Católico: CSIC, 1998, pp.101–111.
Nirenberg, D., *Communities of violence: Persecution of minorities in the middle ages*, Princeton: Princeton University Press, 1998.
Ray, J., *Jewish life in medieval Spain: A new history (Jewish culture and contexts)*, Philadelphia: University of Pennsylvania Press, 2023.
黒田祐我「さまざまな仲介者が活躍する世界——中世イベリア半島」『信大史学』41（2016）、1–33頁。
黒田祐我「「レコンキスタ」における降伏文書」『歴史と地理』724（2019）、25–32頁。
芝修身『古都トレド——異教徒・異民族共存の街』昭和堂、2016年。

Structures féodales et féodalisme dans l'occident méditerranéen(X^e–XIIe siècles), bilan et perspectives de recherches (école française de Rome, 10–13 octobre 1978), Rome: École française de Rome, 1980, pp.17–55.
Reilly, B. F., *The Contest of christian and muslim Spain*, 1031–1157, Oxford: Blackwell Publishers, 1992.
Turk, A., "Ibn Ammar: Una figura típica del siglo XI", *Revista de historia Jerónimo Zurita*, 63–64 (1991), pp.141–170.
Wasserstein, D., *The rise and fall of the Party-Kings: Politics and society in islamic Spain, 1002–1086*, Princeton: Princeton University Press, 1985.
伊東俊太郎『十二世紀ルネサンス――西欧世界へのアラビア文明の影響』岩波書店、1993年。［文庫版：『十二世紀ルネサンス』講談社学術文庫、2006年。］
黒田祐我「11世紀イベリア半島における政治状況――パーリア制を手がかりに」『西洋史論叢』26（2004）、1–13頁。
黒田祐我「11世紀スペインにおけるパーリア制再考」『西洋史学』216（2004）、24–44頁。
R・バートレット（伊藤誓、磯山甚一訳）『ヨーロッパの形成――950年―1350年における征服、植民、文化変容』法政大学出版局、2003年。
G・バラクロウ（藤崎衛訳）『中世教皇史』八坂書房、2012年。
堀越宏一『中世ヨーロッパの農村世界』山川出版社、1997年。
R・S・ロペス（宮松浩憲訳）『中世の商業革命――ヨーロッパ950–1350』法政大学出版局、2007年。

第五章

Buresi, P., *La frontière entre chrétienté et islam dans la Péninsule Ibérique, du Tage à la Sierra Morena (fin X^e – milieu XIIIe siècle)*, Paris: Publibook, 2004.
García Fitz, F., *Castilla y León frente al Islam: Estrategias de expansión y tácticas militares (siglos XI–XIII)*, Sevilla: Universidad de Sevilla, 1998.
García Fitz, F., *Las Navas de Tolosa*, Barcelona: Editorial Ariel, 2005.
Guichard, P., *Al-Andalus frente a la conquista cristiana: Los musulmanes de Valencia (siglos XI–XIII)*, J. Torró trans., Valencia: Universitat de València, 2001.
Kennedy, H., *Muslim Spain and Portugal: A political history of al-Andalus*, London: Routledge, 1996.
Martin, T., *Queen as king: Politics and architectural propaganda in twelfth-century Spain*, Leiden: Brill, 2006.
Reilly, B. F., *The Kingdom of León-Castilla under Queen Urraca 1109–1126*, Princeton: Princeton University Press, 1982.
Reilly, B. F., *The Kingdom of León-Castilla under King AlfonsoVII, 1126–1157*, Philadelphia: University of Pennsylvania Press, 1998.
Ubieto Arteta, A., *Historia de Aragón: La formación territorial*, Zaragoza: Anubar, 1981.

perspectiva arqueológica, Madrid: La Ergástula, 2018.

安達かおり『イスラム・スペインとモサラベ』彩流社、1997年。

K・B・ウルフ（林邦夫訳）『コルドバの殉教者たち——イスラム・スペインのキリスト教徒』刀水書房、1998年。

カロリーナ・ドメネク＝ベルダ（阿部俊大訳）「9世紀の西地中海——古銭学のデータから」『人文学（同志社大学人文学会）』202 (2018)、1–39頁。

M・R・メノカル（足立孝訳）『寛容の文化——ムスリム、ユダヤ人、キリスト教徒の中世スペイン』名古屋大学出版会、2005年。

第三章

Barbero, A. and M. Vigil, *Sobre los orígenes sociales de la Reconquista*, Barcelona: Editorial Ariel, 1974.
Barbero, A. and M. Vigil, *La formación del feudalismo en la Península Ibérica*, Barcelona: Crítica, 1978.
Barton, S. and R. Portass eds., *Beyond the Reconquista: New directions in the history of medieval Iberia (711–1085)*, Leiden: Brill, 2020.
Bronisch, A. P., *Reconquista y guerra santa: La concepción de la guerra en la España cristiana desde los visigodos hasta comienzos del siglo XII*, M. Diego Hernando trans., Granada: Editorial Universidad de Granada, 2006.
Chandler, C. J., *Carolingian Catalonia: Politics, culture, and identity in an imperial province, 778–987*, Cambridge: Cambridge University Press, 2018.
Deswarte, T., *De la destruction à la restauration: L'idéologie du royaume d'Oviedo-León (VIIIe–XIe siècles)*, Turnhout: Brepols, 2003.
García de Cortázar, J. A., et alii, *Organización social del espacio en la España medieval: La Corona de Castilla en los siglos VIII a XV*, Barcelona: Editorial Ariel, 1985.
Ríos Saloma, M. F., *La Reconquista: Una construcción historiográfica (siglos XVI–XIX)*, Madrid: Marcial Pons, 2011.
Ríos Saloma, M. F., *La Reconquista en la historiografía española contemporánea*, Madrid: Sílex, 2013.
Rodríguez Muñoz, J., coord., *Nuevas visiones del reino de Asturias: Actas del congreso internacional*, Oviedo: Real Instituto de Estudios Asturianos, 2021.
杉谷綾子『神の御業の物語——スペイン中世の人・聖者・奇跡』現代書館、2002年。
関哲行『スペイン巡礼史——「地の果ての聖地」を辿る』講談社、2006年。
レイチェル・バード（狩野美智子訳）『ナバラ王国の歴史——山の民バスク民族の国』彩流社、1995年。

第四章

Bisson, T. N., "The 'Feudal Revolution'", *Past & Present*, 142 (1994), pp.6–42.
Bonnassie, P., "Du Rhône à la Galice: Genèse et modalités du régime féodal", in

2000.
Castellanos, S., *The Visigothic Kingdom in Iberia: Construction and invention*, Philadelphia: University of Pennsylvania Press, 2020.
Collins, R., *Visigothic Spain 409–711*, Oxford: Blackwell Publishing, 2004.
Ruiz, T. F., *Spain's centuries of crisis: 1300–1474 (A history of Spain, vol.4)*, Oxford: Blackwell Publishing, 2007.
ワシントン・アーヴィング（平沼孝之訳）『アルハンブラ物語（上・下）』岩波書店、1997年。
マガリ・クメール，ブリューノ・デュメジル（大月康弘、小沢雄太郎訳）『ヨーロッパとゲルマン部族国家』白水社、2019年。
立石博高『世界の食文化⑭——スペイン』農山漁村文化協会、2007年。
田辺裕監修（田辺裕、滝沢由美子、竹中克行訳）『イベリア（図説大百科世界の地理⑩）』朝倉書店、1997年。
玉置さよ子『西ゴート王国の君主と法』創研出版、1996年。
P・ブラウン（後藤篤子編）『古代から中世へ』山川出版社、2006年。
F・ブローデル（浜名優美訳）『地中海〈普及版〉』（全5分冊）藤原書店、2004年。
宮嵜麻子「一章：変わりゆく地中海」南川高志編『B.C.220年——帝国と世界史の誕生』山川出版社、2018年、22–83頁。

第二章

Acién Almansa, M., *Entre el feudalismo y el islam: 'Umar b. Hafsūn en los historiadores en las fuentes y en la historia*, 2nd ed., Jaén: Universidad de Jaén, 1997.
Collins, R., *The Arab conquest of Spain 710–797*, Oxford: Blackwell Publishing, 1989.
Collins, R., *Early medieval Spain: Unity in diversity, 400–1000*, 2nd ed., Hampshire: Macmillan, 1995.
Fierro, M., *'Abd al-Rahman III: The first Cordoban caliph*, Oxford: Oneworld, 2005.
García Sanjuán, A., *La conquista islámica de la Península Ibérica y la tergiversación del pasado*, Madrid: Marcial Pons, 2013.
Gozalbes Cravioto, E., "El Comes Iulianus (Conde Julián de Ceuta), entre la historia y la literatura", *Al Qantir: Monografías y documentos sobre la historia de Tarifa*, 11 (2011), pp.3–35.
Guichard, P., *Al-Andalus: Estructura antropológica de una sociedad islámica en Occidente*, Barcelona: Barral Editores, 1976.
Manzano Moreno, E., *La frontera de al-Andalus en época de los Omeyas*, Madrid: CSIC, 1991.
Manzano Moreno, E., *Conquistadores, emires y califas: Los Omeyas y la formación de Al-Andalus*, Barcelona: Crítica, 2006.
Ortega Ortega, J. M., *La conquista islámica de la Península Ibérica: Una*

y se continuaba bajo Sancho IV en 1289, Tomo I. Texto, R. Menéndez Pidal ed., Madrid: Bailly-Bailliere é hijos, 1906.
The Tibyān: Memoirs of ʻAbd Allāhb. Buluggīn, last Zīrid amīr of Granada, A. T. Tibi trans., Leiden: Brill, 1986.
Treguas, guerra y capitulaciones de Granada (1457–1491): Documentos del archivo de los Duques de Frías, J. A. García Luján ed., Granada: Diputación de Granada, 1998.
Una descripción anónima de al-Andalus, L. Molina ed. and trans., 2vols, Madrid: CSIC, 1983.

通史・概説書

MacKay, A., *Spain in the middle ages: From frontier to empire, 1000–1500*, London: Palgrave Macmillan, 1977.
Manzano Moreno, E., *Historia de España. Volumen 2: Épocas medievales*, Barcelona: Marcial Pons, 2010.
Mínguez Fernández, J. M., *La España de los siglos VI al XIII: Guerra, expansión y transformaciones*, 2nd ed., San Sebastián: Editorial Nerea, 2004.
O'Callaghan, J. F., *Reconquest and crusade in medieval Spain*, Philadelphia: University of Pennsylvania Press, 2003.
D・アブラフィア（高山博監訳）『地中海と人間——原始・古代から現代までI 原始・古代から14世紀』藤原書店、2021年。
D・アブラフィア（高山博監訳）『地中海と人間——原始・古代から現代までII 14世紀から現代』藤原書店、2021年。
関哲行、立石博高、中塚次郎編『スペイン史１　古代～近世（世界歴史大系）』山川出版社、2008年。
立石博高、関哲行、中川功、中塚次郎編『スペインの歴史』昭和堂、1998年。
立石博高編『スペイン・ポルトガル史（新版 世界各国史16）』山川出版社、2000年。
立石博高、内村俊太編著『スペインの歴史を知るための50章』明石書店、2016年。
立石博高、黒田祐我『図説 スペインの歴史』河出書房新社、2022年。
Ch・E・デュフルク（芝修身、芝紘子訳）『イスラーム治下のヨーロッパ——衝突と共存の歴史』藤原書店、1997年。
アントニオ・ドミンゲス＝オルティス（立石博高訳）『スペイン　三千年の歴史』昭和堂、2006年。
デレク・W・ローマックス（林邦夫訳）『レコンキスタ——中世スペインの国土回復運動』刀水書房、1996年。

第一章

Caballero, L. and P. Mateos eds., *Visigodos y Omeyas: Un debate entre la antigüedad tardía y la alta edad media (Mérida, abril de 1999)*, Madrid: CSIC,

参考文献

引用史料

Al-Hulal al-Mawsiyya, crónica árabe de las dinastías almorávide, almohade y benimerín, A. Huici Miranda ed. and trans., Tetuán: Editora Marroquí, 1951.

Anales Toledanos I, II, III, en España Sagrada, theatro geographico-histórico de la Iglesia de España. Tomo XXIII, E. Flórez ed., Madrid: Antonio Marín, 1767.

Christians and moors in Spain. Volume I: AD 711–1150, C. Smith ed., Oxford: Liverpool University Press, 1988.

Christians and moors in Spain. Volume II: 1195–1614, C. Smith ed., Oxford: Liverpool University Press, 1989.

Christians and moors in Spain. Volume III: Arabic sources (711–1501), Ch. Melville and A. Ubaydli eds., Oxford: Liverpool University Press, 1992.

Chronica hispana saeculi VIII et IX, J. Gil ed., Turnhout: Brepols, 2018.

Chronica hispana saeculi XII. Pars I, E. Falque Rey, J. Gil, and A. Maya Sánchez eds., Turnhout: Brepols, 1990.

Chronica hispana saeculi XII. Pars III, Juan A. Estévez Sola ed., Turnhout: Brepols, 2018.

Chronica hispana saeculi XIII, L. Charlo Brea, J. A. Estévez Sola and R. Carande Herrero eds., Turnhout: Brepols, 1997.

Colección diplomática medieval de Alcalá la Real, Carmen Juan y Lovera ed., 2vols, Alcalá la Real: Esclavitud del Señor de la Humildad y María Santísima de los Dolores, 1988.

Crónica de los señores reyes católicos don Fernando y doña Isabel de Castilla y de Aragón (H. del Pulgar), Valencia: en la imprenta de Benito Monfort, 1780.

Crónica del rey Juan II de Castilla: Minoría y primeros años de reinado (1406–1420), M. García ed., 2vols, Salamanca: Ediciones Universidad de Salamanca, 2017.

Crónicas de los reyes de Castilla: Desde don Alfonso el Sabio hasta los Católicos don Fernando y doña Isabel (Biblioteca de autores españoles), C. Rosell ed., 3vols, Madrid: Atlas, 1953.

Documentos de Enrique IV de Castilla (1454–1474): Fuentes históricas Jerezanas, J. Abellán Pérez ed., Sevilla: Agrija Ediciones, 2010.

Early islamic Spain: The history of Ibn al-Qutiyah, D. James ed. and trans., London: Routledge, 2009.

Historia de al-Andalus (Kitāb al-Iktifā') (Ibn al-Kardabūs), F. Maíllo Salgado ed. and trans., Madrid: Akal, 1986.

Historia de rebus Hispanie sive historia gothica (Roderici Ximenii de Rada), J. Fernández Valverde ed., Turnhout: Brepols, 1987.

Primera crónica general: Estoria de España que mandó componer Alfonso el Sabio

モンティエル 228
モンペリエ 161

【や 行】

唯一神信仰（タウヒード） 142, 143
ユダヤ人虐殺（ポグロム） 215
ユダヤ人共同体（フデリア） 117, 154, 200, 201, 202, 231
傭 兵 31, 45, 93–95, 101–103, 131, 138, 143, 144, 155, 158, 175, 218, 219, 228, 236, 270

【ら・わ 行】

ラ・イゲルエラの戦い 247
ラス・ナバス（デ・トローサ）会戦 147, 155, 156, 160–162, 181, 224
ラティフンディオ 69
ラテン語 iv, 7, 16, 27, 36, 47, 62, 109, 116, 117, 130, 180–182, 191, 194, 205, 210
ラビ（知識人） 199, 202
ラメゴ 180
ララ家 128, 150, 162
リェイダ（レリダ） 41, 142
リオハ（地方） 56, 70, 129, 151
リスボン 71, 141, 142, 151, 170, 178, 184, 194, 198
リバゴルサ（伯領） 84, 105, 110
ルシタニア 9
ルシヨン 259
ルセーナ 270
レオン（王国） i, 21, 29, 54, 71, 72, 82–84, 89, 105–107, 128, 130, 139, 149–152, 156, 162–164, 166, 189, 203
レコンキスタ・イデオロギー 63, 74–76, 82–84, 114, 203, 209, 243, 244, 248, 265, 275, 285
レコンキスタ神話 60
レバンテ地方 96
ロハ 270
ローマ iv, 7, 9–12, 18, 66, 67, 69, 71, 73, 77, 85, 91, 93, 98, 107, 108, 111, 112, 125, 131, 135, 141, 142, 151, 154, 156, 160, 161, 169, 199, 213–215, 228, 230, 233, 236, 257, 265, 267, 268, 270, 273, 280
ローマ教皇 73, 85, 91–93, 107, 108, 111, 112, 125, 131, 135, 141, 142, 149, 151, 154, 156, 160, 161, 169, 214, 215, 228, 230, 233, 236, 257, 268, 270, 280
ロマネスク建築 108
ローマの平和（パックス・ロマーナ） 10
ローマ法 213
『ローランの歌』 78
ロンスヴォーの戦い 78
ロンダ 37, 96, 208, 268, 270–272
ワイン 47, 101, 103
ワジール（宰相） 199

アルファキーフ） 158, 186, 195, 205, 277
封建革命 89, 135
ポエニ戦争 9
ホーエンシュタウフェン家 212, 233
ポグロム 201, 215, 230, 266, 267, 280
ボーケール 212
ボバストロ 43
ボルジア家 273
ボルドー 154
ポルトガル ii, 4, 5, 7, 10, 71, 72, 106, 127, 141, 142, 146, 150–152, 156, 163, 164, 169, 171, 175, 178–180, 184, 187, 194, 198, 218, 219, 220, 223, 224, 228, 230, 259, 263, 264, 280, 283
ポルトガル語 7, 210
ボルハ 187
ポワティエ 21, 30, 78, 154

【ま 行】

マウラー（庇護民） 30, 40
マグリブ 94, 95, 119, 137, 138, 140, 142, 143, 147, 152, 155, 158, 175, 179, 191, 193, 194, 198, 200, 208, 211, 216–219, 221, 225, 236, 238, 239, 241, 257, 260, 278–280, 284, 286
マジョルカ（島） 153, 167, 209
マディーナ・アッザーヒラ 54, 94
マディーナ・アッザフラー 52, 54, 96
マディーナ・マユールカ 167
マドリード 4, 284
マフディー（救世主） 142, 143
マフディーヤ 90, 143
マフフーズ家 171
マムルーク 96
マムルーク朝 236, 239, 241, 257, 271, 275
マラガ 37, 159, 207, 208, 239, 255, 270, 271
マラケシュ 120, 137, 138, 143, 158, 217
マラゴン城砦 181
マラベディ 204
マーリク派（法学） 33, 120, 143
マリーン（朝） 158, 160, 208, 211, 213, 217–225, 236, 238, 239, 257
マリーン族 158
マルトスの戦い 213
マルベーリャ 270
ミュレの戦い 161
無人地帯 68, 69
ムデハル 133, 169, 187–189, 191, 195–200, 202, 203, 205, 211–213, 216, 231, 241, 266–268, 279, 281, 282
ムフタシブ（市場監督人） 186
ムラービト朝 52, 119–126, 128, 130–133, 136–140, 142–145, 147, 153, 158, 174, 175, 177, 178, 183, 184, 187, 191, 193, 194, 200, 204, 238
ムルシア 38, 96, 137, 140, 145, 158, 159, 164, 165, 168, 171, 211, 220, 221, 260, 264
ムワッヒド運動 158
ムワッヒド朝 138, 140, 142–148, 150–158, 160, 162, 163, 166, 167, 169, 174, 175, 178, 181, 194, 200, 207, 211, 217
ムワッラド 28, 34, 37–42, 60, 72, 76, 80, 95, 145
メキネンサ 134
メクネス 137
メスキータ 32, 47, 49, 54, 164
メセータ 4, 5
メッカ 34, 47
メディナ・シドニア公家 219
メノルカ島 167
メリダ 10, 20, 23, 31, 42
メルトラ 140
モアブ人 126, 139
モクリン 270
モサラベ 28, 29, 31, 32, 34–42, 47, 49, 51, 52, 60, 67, 71–74, 80, 108, 117, 137, 138, 184, 191, 193, 194, 200, 202, 205, 208
モスク 32, 33, 49, 50, 164, 190, 191, 197, 239
モリスコ 281–284
モレナ山脈（シエラ・モレーナ） 154
モレリア 195
モーロ人 126, 144, 170, 180, 185, 190, 244, 245, 250, 281, 288
モロン 96
モンソン 132

168, 217, 236
ハプスブルク家　213
パーリア（→貢納金）　103–105, 107, 122, 146, 179
バルカン半島　236, 237, 250
バルセローナ（伯）　56, 80, 81, 85, 89, 102, 103, 109, 130, 134, 135, 167, 258, 259
バルバストロ　110, 111, 132, 134
バレアレス諸島　100, 132, 141, 167, 236, 257
ハーレム　48
バレンシア　8, 96, 116, 125, 137, 145, 146, 150, 159, 162, 167–169, 187, 188, 197–199, 209, 233, 259, 267, 284
パレンシア　162
反ウマイヤ朝暴動　33
判決宣告式（アウト・デ・フェ）　282
バンニガシュ家　255
パンプローナ　78, 79
パンプローナ王国（→ナバーラ王国）　78, 80, 84
ハンムード家　94
東地中海　2, 7, 8, 15, 27, 77, 148, 236, 237, 250, 258, 267, 271, 279, 286
東ローマ帝国（→ビザンツ帝国）　13, 15
庇護民（→マウラー）　30, 40
ピサ　90, 135, 141
ビザンツ（帝国）　13, 15, 17, 19, 47, 236, 250, 267
ビスカヤ　162
ビスケー湾　5, 63
ヒスパニア　7, 9–12, 16, 22, 41, 64, 107, 108, 144, 170
ヒスパニア辺境領　81, 82, 85, 135
『ヒスパの書』　205
ヒスパノ・ローマ（系、人）　12, 13, 24
ビック司教　111
ヒホン　62–64
ヒメノ家　84
ピレネー（山脈）　3, 30, 66, 76–79, 91, 106, 108–111, 115, 131, 135, 154, 160, 181, 189, 233, 259, 266
ファーティマ朝　43–45, 54, 100
ファーロ　170
フィゲラス　8
フィレンツェ　209, 236
フェス　138, 217, 279
フェニキア人　7–9
フス派　267
フード家　171, 211
フード朝　95, 99, 100, 105, 110–112, 115, 124, 125, 130–132, 139, 158
フラガ　134
フラガ攻城戦　129
フランク王国　42, 73, 77–81
フランシスコ（托鉢修道会）　214
フランス　2, 3, 11, 30, 68, 76–78, 85, 91, 106, 115, 130, 161, 162, 190, 201, 219, 228, 230, 234, 236, 241, 259, 260, 279, 282
フランス人の道（カミーノ・フランセス）　91
プーリア　270
ブリアーナ　167
フリアン伝承　16
ブルゴス　231
ブルゴーニュ（伯家）　91, 92, 106, 107, 127, 190, 273
ブルボン家　ii
フルマンテーラ（フォルメンテーラ）島　167
プロヴァンス（地方）　77, 141, 154, 160
フロンテーラ　109
焚書　281
平民騎士（カバリェーロ・ビリャーノ）　83
ペスト（禍）　201, 215, 225, 226, 237–239, 258, 259, 266
ペニスコラ　167
ヘブライ語　47, 48, 200, 205
ベルベル（系、諸部族、人、部族）　3, 16, 17, 19, 20, 26, 29, 30–34, 37, 40–42, 44, 54, 56, 57, 63, 66, 68, 71, 79, 93–95, 98, 99, 101, 102, 120, 122, 139, 142, 143, 145, 147, 155, 158, 175, 179, 208, 217, 238
ヘレス（デ・ラ・フロンテーラ）　171, 185, 211, 215, 223, 251, 287, 288
ベレス・マラガ　271
法学者（ファキーフ、

タラソーナ　80, 132
タリファ　19, 216, 219, 224, 288
タンジェ　19, 26, 143, 217
地中海世界　2, 10, 18, 26, 98
中世商業革命　90
中世農業革命　88
チュニジア　90, 217, 236
チュニス　114, 133, 143, 158, 159, 217, 238
ディアスポラ　199
ティンマル　143, 158
「デスポブラシオン・レポブラシオン」（無人化・再植民化）テーゼ　68
デニア　96, 100, 137, 168
テンプル騎士修道会　134
トゥイ　72
ドゥエロ川　5, 29, 55, 68–72, 74, 152
トゥジーブ家　40
トゥジーブ朝　109
統治契約主義（パクティズマ）　216
トゥデーラ　80, 132, 186, 187, 197
トゥールーズ（伯）　130, 160, 161
トゥルトーザ（トルトーサ）　96, 142, 186, 188, 197
トゥール・ポワティエ間の戦い　21, 30, 77
ドミニコ（托鉢修道会）　214
トラスタマラ家　226
トラスタマラ朝　229, 232, 239, 260
トリポリ　143, 236
トルデシーリャス条約　152
奴隷　3, 31, 45, 54, 56, 86, 93, 96, 155, 180, 186, 196, 208, 271
トレード　13, 20, 31, 41, 42, 72, 95, 99, 105, 107, 116–118, 123, 124, 126, 131, 133, 136, 149, 154, 164, 178, 182–184, 189–196, 200, 204, 205, 213, 220, 260, 268, 278, 281
トレムセン　158, 217, 278
『ドン・キホーテ』　284

【な　行】

中辺境（区）　41, 99
ナスル朝　60, 159, 160, 165, 166, 171, 198, 207–214, 216–226, 228–230, 232, 238–241, 243–253, 255–257, 260, 262–265, 268–271, 275–279, 281, 282
ナバーラ（王国、地方）　i, 3, 55, 77–79, 82, 84, 89, 92, 102, 104, 105, 107, 109, 112, 115, 129, 130, 135, 141, 150, 151, 154, 171, 198, 228, 232, 252, 253, 259, 260, 263
ナバーラ傭兵団　236
ナフーザ族　30
ナポリ　234, 258, 273
ナルボンヌ　13, 154
ナント　154
ニエブラ　20, 38, 171, 211
西ゴート（王国）　ii, 12, 13, 15–28, 31, 32, 34, 36–38, 40, 41, 44, 45, 49, 60–63, 66–69, 73–75, 77, 79–81, 84–86, 95, 108, 118, 137, 193, 199, 208, 265
西フランク王　81
二宗教皇帝　117–119, 192
西ローマ帝国　11, 12, 73
ヌマンティア　10
ネオパトラス　236
農村　23, 28, 32–34, 45, 46, 88, 134, 186–189, 196, 198, 209
ノーマンズ・ランド（→無人地帯）　68
ノルマン人　92, 110, 111

【は　行】

バイリンガル貨幣　27
バエサ　144, 156
バエティカ属州　10, 11
パエリア　iv
ハエン　37, 159, 165, 166, 181, 207, 221
バグダード　34, 240
バサ　208, 271
ハージブ（侍従）　54
バスク（語）　5–7, 13, 20, 40, 41, 66, 70, 77–80, 86, 109
バダホス　42, 107, 120, 121
パックス・ロマーナ　10
ハフス（朝）　158, 159,

ジブラルタル　19, 216, 217, 221, 223, 225, 252, 287, 288
ジブラルタル海峡　ii, 2, 17, 19, 96, 120, 143, 208, 211, 216, 218, 221, 223, 225, 240, 259
シマンカスの戦い　54
下辺境（区）　41, 42, 121
シャティバ　168
シャハーダ（信仰告白）　27
シャンパーニュ　260
十字軍　93, 111, 112, 125, 132, 135, 141, 142, 148, 151, 154, 161, 174, 177, 181, 182, 184, 203, 223, 230, 236, 262, 267, 270
　アルビジョワ——　160, 161, 233
　羊飼い——　201
十字軍運動　92, 93, 115, 125, 174, 203
シュタウフェン朝　161
殉教（運動）　35–37, 41, 51, 72
ジュンド（正規軍）　31
常備軍　54, 56, 279
小氷期　18, 214
諸王の間（裁きの間）　241
シリア　21
ジーリー朝　98, 101, 112, 113, 121, 179, 199
シルヴェス　170
ジローナ　80
神聖ローマ（帝国）　ii, 47, 92, 108, 149, 161, 212
信徒共同体（ウンマ）　95
新ベルベル派閥　95, 98
ジンミー（啓典の民）　34, 47
スエヴィ王国　13
スース地方　143
スピノーラ家　256
スーフィー（神秘主義者）　140, 144, 208
スーフィー教団　144
スラヴ系　56
スラヴ系派閥　96, 100
スラヴ人（→サカーリバ）　86, 96
スンナ派　45, 241
ズーンヌーン朝　99, 105, 115, 116, 125
セイア　180
正統カリフ　19, 23
聖墳墓騎士修道会　134
聖ヨハネ騎士修道会　134
セウタ　17, 98, 120, 143, 217, 220, 259
セゴビア　10, 244
セテニル　245, 270
セビーリャ　11, 20, 31, 37, 38, 95, 97, 98, 100, 105, 107, 120, 121, 146, 148, 153, 166, 170, 185, 187, 188, 205, 213, 223, 230, 231, 239, 241, 268, 277, 278, 280, 287
セファルディーム（イベリア半島系ユダヤ人）　280, 284
セプティマニア（公）　80, 81
セルダーニュ　259
ソブラルベ（伯領）　105, 110

【た　行】

対異教徒戦争　92, 115, 229
『第一総合年代記』　165, 170, 189
大航海時代　ii, 2, 60, 152, 233, 259, 284
大西洋（交易）　2, 5, 8, 90, 209, 216, 218, 231, 233, 240, 256
対ナポレオン戦争　6
ターイファ　95–98, 100, 103–109, 112, 114, 115, 118, 119–121, 130, 132, 136, 140, 144, 145, 164, 165, 171, 179, 211
　第1次——時代　95, 96, 138, 140, 158, 163, 175, 178, 193, 199
　第2次——（時代）　140, 144, 150, 159, 163, 178, 204
　第3次——時代　147, 157, 158, 163, 179, 207
大砲　246, 271, 272, 276
大翻訳運動　191, 194, 200, 205
大レコンキスタ　163, 184, 186, 205, 214, 218
脱神話化　67, 68
タバノス修道院　35
タホ川　5, 41, 131, 141, 152, 169
ダマスクス　ii, 21, 26, 30, 49
タマロンの戦い　105
タラゴーナ（タッラコ）　10
タラコネンシス（属州）　10, 11, 13

グレゴリウス改革　92
クレルモン公会議　125
軍司令（アルカーイド）　277
啓典の民（→ジンミー）　34, 145, 200
ケサダ　181
ゲットー　192, 202, 268
ケルティベリア人　7, 9
ケルト人　7
ゲルマン（系部族、諸部族）　11, 22
建国神話　66
コインブラ　106, 182
後ウマイヤ朝　23, 30, 31, 33, 34, 36–44, 46, 48, 52, 53, 55–57, 67–72, 74, 78–80, 82, 83, 86–88, 93, 94, 96–98, 100–104, 109, 164, 174, 193, 260
貢納金（パーリア）　103, 107, 115, 116, 119, 122, 139, 146, 164, 165, 179, 248, 249, 256
貢納社会　46
降伏協定文書　186
古代ローマ　iv, 7, 12, 199
コバドンガの戦い　61, 62, 64, 66, 75
米　iv, 45
コーラン　22, 36, 121, 136, 138
コリア　131
コルシカ　90, 221
『ゴルツェ修道院長ヨハネス伝』　51
コルドバ（コルドゥバ）　10, 11, 19, 20, 28, 32–35, 37, 38, 40, 42, 43, 45, 47, 49, 51, 53–57, 62–63, 65, 94, 97, 102, 103, 136, 137, 140, 141, 164, 178, 185, 253, 270
コルドバの殉教運動　35, 72
コンスタンティノープル　110, 267
コンベルソ　201, 231, 267, 268, 282

【さ　行】

サアグン修道院　107
サアラ　244, 268
裁判官（カーディー）　32, 35, 38, 97, 121, 140, 186, 195
ザイヤーン（朝）　158, 217, 219, 236
サカーリバ（スラヴ人）　96, 100
サグル　39, 40
サーサーン朝　15
ザッラーカ会戦　120, 177
サッラージュ家　255
砂糖　209, 240, 256
サニェーラ　82
サハラ（交易）　120, 121, 217, 218
サフラン　iv
サラゴーサ（カエサル・アウグスタ）　10, 76, 78, 95, 99, 100, 105, 107, 109–112, 120, 124, 130–133, 137, 178, 186, 188
サラセン人　130, 131
サラード会戦　224, 225, 238
サルダーニャ伯　81
サルデーニャ（島）　90, 100, 221, 236
サルバティエラ　153
サルメディーナ（サーヒブ・アルマディーナ。警吏）　195
サレ　137
サロブレーニャ　271
サンタ・フェ　273
サンタレン　141, 146
サンティアゴ（聖ヤコブ）（信仰）　56, 71–75, 91, 203
サンティアゴ（・デ・コンポステーラ）　56, 72, 91,
サンティアゴ（聖ヤコブ）巡礼　90, 91, 108, 115, 128
サンティアゴ騎士団　152
三圃制　88
シーア派　45
シエサ　264
ジェノヴァ　90, 135, 141, 142, 161, 209, 218, 219, 223, 225, 228, 237, 240, 256, 257
ジェルバ島　236
ジズヤ（人頭税）　24
自治権　46, 186, 187, 189, 195, 198, 202, 266, 278
『七部法典』　266
シチリア（島、王国）　9, 92, 161, 212, 234, 236, 253, 257, 258, 273
ジッリーキーヤ　29, 65, 68
ジハード（聖戦）　53–56, 85, 93, 96, 120, 148, 159, 174, 175, 177, 203, 262

カスティーリャ・イ・レオン　196
カスティーリャ語　194, 202, 205, 210
カスティーリャ・レオン（王国）　92, 100, 105, 106, 109, 110, 112, 114–116, 121, 123, 124, 126, 127, 132, 134, 136, 138, 140–142, 144, 149, 177–180, 182, 183, 192, 204, 260
カストロ家　150, 162
カスペの妥結　246
カタリ派　153, 161
カタルーニャ（地方）　3, 6, 8, 56, 77, 79–82, 85, 89, 91, 109, 111, 112, 124, 134, 135, 138, 153, 160, 167, 197, 199, 203, 209, 216, 236, 237, 252, 258, 259, 285
カタルーニャ傭兵団　236
カッシウス家　40
カディス　8, 207
カトリック　12, 13, 28, 60, 194, 214, 244, 267, 282
カトリック両王　253, 265, 273, 278, 280
『カトリック両王年代記』　271
ガーナ　120
カナリア諸島　233
カピーリャ　184
カペー（朝）　85, 161, 260
貨幣　26, 27, 33, 38, 120, 203, 204
火砲　177, 222, 225
上辺境（区）　40, 79, 99
カラトラバ（騎士修道会）　152, 185
カラトラバ（城砦）　181, 183, 184
ガリア　11
ガリシア　4, 7, 21, 29, 65, 70, 71, 74, 106, 127, 164, 180, 210, 223
カリフ　21, 23, 30, 43, 45, 48, 52–57, 86, 93, 94, 101, 102, 104, 120, 143, 146, 147, 151, 153–155, 157, 158, 163, 166, 167, 175, 181, 199, 218
カリフ鼎立時代　43
カルタゴ　9
カルタヘーナ（カルタゴ・ノヴァ）　9
カルタベロッタ和約　236
カルモーナ　96, 187
カロリング（朝・帝国）　42, 73, 78, 81, 82, 85, 109
カロリング字体　108
柑橘類　iv, 45
乾燥果実　209, 240, 256
カンタブリア　5, 13, 66, 67, 70
カンタブリア山脈　11, 62, 66, 71, 77
カンタブリア戦争　10
監督官　195, 205
カンポテハル侯爵家　278
ギサンド条約　253, 263
騎士修道会　128, 134, 152, 164, 174, 198, 203, 204, 279
絹（糸）　33, 209, 240, 256
教会大分裂　215, 230
ギリシア語　27
ギリシア人　7, 8
キリストの戦士　36
キリスト養子説　31
金貨（ディーナール）　27, 45, 103, 122, 204
銀貨（ディルハム）　38, 45, 204
グアダルキビル川　5, 96, 131, 142, 156, 164, 166
グアダレーテ川　20
グアディアナ川　5, 41, 152
グアディクス　208, 255, 271
「空間の社会的組織化」　70
クエンカ　126, 150
クタンダ　133
クマーシャ家　255
グラウス　110, 131
グラナダ　i, 37, 38, 59, 60, 96, 98, 107, 112, 121, 137, 144, 146, 159, 160, 166, 171, 198, 199, 207–209, 217, 229, 238, 239, 246–252, 255, 257, 262, 264, 269, 273, 275, 277, 278, 281, 282
　——戦争　244, 246, 248, 275
　第1次——戦役　246, 256, 258
　第2次——戦役　247, 256
　第3次——戦役　250, 251
クラビーホの戦い　71
クリュニー（修道院）　91, 92, 107, 116

第2次——　282
アルヘシラス　19, 216, 220, 221, 223–225, 238
アルホーナ　159
アルムニェカル　30, 271
アルメリア　96, 141, 142, 144, 145, 159, 207, 208, 221, 239, 255, 271, 277
アルモガバルス　236
アルル　212
アロ家　162
アロラ　270
アンダルシーア　5, 20, 37, 39, 49, 96, 144, 187, 188, 196, 207, 211–213, 217–219, 221, 224, 228, 232, 251, 260, 264, 268, 270
アンダルス人　47, 48
アンダルス派閥　57, 94, 95, 97, 101, 102
アンダルス文芸　111
アンテケーラ　245, 246, 261
イェルサレム　92, 125, 128, 134, 141, 152, 161
イジョラ　270
イスラーム化　25, 32, 33, 35, 37, 39, 44, 48, 50, 52, 53, 70, 74, 86, 193
イスラーム法　104, 195
イタリカ　11
異端　142, 153, 161, 174, 214, 245, 266, 267, 280, 282
異端審問（制）　268, 280, 282
イドリース朝　94
イフリーキヤ　143, 147, 158
イベロ人　3, 7
イングランド　108, 162, 228, 230, 279
インペラトル（皇帝）　107, 108, 118, 130, 144, 149
ヴァンダル族　22
ヴィゼウ　180
ウエスカ　131, 132, 135, 193
ヴェネツィア　90, 209, 218, 236, 273
ウクレスの戦い　126
ウゾーナ　81
ウベダ　156
ウマイヤ家　30, 40, 94, 97, 98
ウマイヤ朝　ii, 13, 15–17, 19, 21–24, 26–28, 30, 38, 39, 45, 61, 63, 64, 67, 68, 77–80, 82
ウマイヤ・モスク　49
ウラマー（知識人）　33, 104, 114, 198, 208
ウルジェイ（伯）　80, 81, 103, 111
英仏百年戦争　215, 226, 230
エシハ　213
エジプト　17, 44, 45, 96, 100, 200, 236, 239, 241, 257, 275
エストレマドゥーラ　184
エデッサ　141
エブルー　260
エブロ川　5, 10, 20, 40, 41, 76–78, 80, 109–112, 126, 131–134, 136, 142, 186–188, 193, 197, 200
エメリタ・アウグスタ（→メリダ）　10
エルチェの貴婦人像　8
エンポリオン　8
オスマン朝　97, 233, 236, 267, 270, 271
オトラント　270
オビエド　71
オポルト　142
オレハ（城砦）　131, 183

【か　行】

海峡戦争　209, 217, 225, 238
改宗者（→ムワッラド）　28
海賊　100, 208
カイラワーン　20, 34
カイロ　240, 257
下級貴族（インファンソン）　83
カシー家　40, 41, 72, 76, 80, 109
ガスコーニュ　130, 154, 228
ガスコーニュ傭兵団　236
カスティーリャ（王国）　i, 5, 20, 55, 65, 68, 83, 84, 89, 101, 105, 106, 109, 117, 123, 129, 141, 146, 149–154, 156, 157, 159, 160, 162–166, 168, 170, 171, 179, 181, 184, 185, 187, 189, 195–199, 201, 204, 205, 207, 208, 210–213, 215, 217–226, 228–231, 233, 237–240, 243, 245–249, 251–253, 256–268, 275–278, 280, 281, 283, 285, 287

事項索引

【あ　行】

アイビサ（イビサ）島　167
アヴィニョン　212, 241
アウセバ山　63
アキテーヌ（公）　77, 111, 134
アシキールーラ家　159, 212
アストゥリアス（王国）　5, 10, 13, 29, 41, 42, 61–75, 77, 78, 82, 114, 203
アストゥリアス・レオン王国　56
アストルガ　72
アタプエルカの戦い　105
アッチャイウォーリ家　236
アッバース朝　30, 34, 43, 45, 68, 120, 158
アッバード朝　95, 97, 98, 100, 101, 119, 121
アテネ　236
アビラ　196, 197, 231, 252
アフタス朝　121
アブド・アルワード朝（→ザイヤーン朝）　158
アマルフィ　47, 90
アミール（君主）　31, 39, 41, 48, 70, 120
アミール・アルムスリミーン（ムスリムたちの長）　120
アミール・アルムーミニーン（信徒たちの長）　43, 118
アミーン家　255
アムルース家　40
アラゴン（連合王国）　i, 2, 3, 5, 77, 82, 84, 89, 92, 105, 107, 109–112, 115, 124, 128, 129, 131, 132, 134, 135, 137, 138, 141, 142, 150, 153, 154, 157, 159–163, 166–169, 171, 176, 179, 186–188, 193, 196–201, 211, 213–216, 218–223, 225, 228, 232, 233, 236, 237, 239, 246, 247, 253, 257–260, 263–265, 267, 273, 280, 281, 285
アラゴン・ナバーラ（王国）　127, 129, 131, 136
アラビア語　iv, 16, 21, 23, 27–29, 33, 34, 36, 39, 47, 48, 51, 56, 65, 69–71, 95, 116, 117, 119, 123, 130, 188, 191, 194, 197, 198, 200, 204, 205, 210, 279, 281–283
アラブ化　25, 28, 33, 35–37, 39, 44, 48, 50, 53, 70, 74, 86, 193
アラブ系　25–27, 29–34, 37–42, 44, 77, 93, 96, 147, 155
アラブ詩（歌）　34, 97, 101
アラブ文学　34
アラブ・ベルベル軍　20
アラマ　269
アラミン（監督官）　195
アラルコス（会戦・城砦）　146, 151
アリウス派　12
アリェルベ　131
アリカンテ　159
アリスタ家　79, 80, 84
アルカセル・ド・サル　169
アルカソヴァス条約　264
アルカラ・ラ・レアル（アルカラ・デ・ベンサイデ）　224, 232, 249
アルガルヴェ　5, 170
アルカンタラ（騎士修道会）　152, 232
アルコス　96
アルジェリア　158, 217
アルジュバロータ会戦　230
アルチドーナ　246, 252
アルハフェリア宮　100
アルハマ　195, 202
アルバラシン　95
アルハンブラ　241
『アルハンブラ物語』　1
アルプエンテ　167
『アルフォンソ皇帝年代記』　130, 139, 183
『アルフォンソ3世年代記』　41, 62, 64, 75
『アルフォンソ11世の詩』　224
アルプハーラス反乱
　第1次——　281

18, 35, 36, 43, 190, 244
ムハンマド1世（後ウマイヤ朝） 33, 35, 38, 42
ムハンマド1世（ナスル朝） 159, 165, 166, 207, 211
ムハンマド2世（マフディー） 94, 102
ムハンマド5世 228, 229, 238, 239, 241, 253
ムハンマド6世 239
ムハンマド9世 247, 249, 256
ムハンマド10世 249, 251
ムハンマド11世（ボアブディル） 269, 278
ムハンマド12世 269, 271, 278
ムハンマド・ナーシル 146, 153
ムハンマド・ブン・アビー・アーミル（→マンスール） 54
ムハンマド・ブン・ガーニヤ 141
ムハンマド・ブン・ユースフ・ブン・アルアフマル（ナスル朝。→ムハンマド1世） 159
ムハンマド・ブン・ユースフ・ブン・フード（→イブン・フード） 158
ムンジル 38
モーシェ・ベン・マイモン（マイモニデス） 200

【や 行】

ヤグムラーサン・ブン・ザイヤーン 158
ヤフヤー・アルナッジャール 277
ヤフヤー・ブン・ガーニヤ 140, 141
ユースフ1世（ムワヒッド朝。→アブー・ヤークーブ・ユースフ） 146
ユースフ1世（ナスル朝） 224, 225, 238, 239
ユースフ2世（ユースフ・ムスタンシル） 147, 157, 162
ユースフ3世 245, 246
ユースフ4世 247, 256, 277
ユースフ・ブン・ターシュフィーン 120, 121, 126, 177
ユリウス・カエサル 10
ユリヤン（→フリアン） 16, 17
ヨセフ（イブン・ナグレーラ親子） 199, 200
ヨハネス（聖アルヌルフ修道院長） 51

【ら・わ 行】

ラミーロ1世（アストゥリアス王） 71
ラミーロ1世（アラゴン王） 84, 105, 110, 131
ラミーロ2世 134, 135, 176
ラモン・バランゲー3世 135
ラモン・バランゲー4世 134
ラモン・ブレイ 102
ルイ（敬虔帝） 42, 80
ルイ9世 234
ルドルフ（神聖ローマ皇帝） 213
レヴェルテル 138
レオヴィギルド 13
レカフレドゥス 35
レーモン（ウラーカの夫） 127
レーモン6世 161
ロデリック（ロドリーゴ） 13, 16, 17, 19, 20, 26, 32, 62, 170
ロドリーゴ・ディアス・デ・ビバール（→エル・シッド） 123
ロドリーゴ・ヒメネス・デ・ラーダ 164, 194
ロドリーゴ・フェルナンデス 183
ロドリーゴ・ポンセ・デ・レオン 268
ロペ・デ・ベガ 284
ロベール 111
ワリード1世 19

ファラン２世　253, 263–265, 268–271, 273, 275, 278, 279
フアン（アルフォンソ11世の大叔父）　221, 222
フアン１世　230, 232
フアン２世　232, 243, 246–250
フアン・デ・グラナダ　278
フアン・マヌエル　222, 223
フェリーペ（アルフォンソ11世の叔父）　222
フェリーペ２世　283
フェリーペ３世　283
フェルナン・ゴンサレス　83
フェルナンド（アルフォンソ10世の子）　213, 220, 221
フェルナンド（フアン２世の摂政。のちアラゴン王ファラン１世）　243–246, 258, 261
フェルナンド１世　105, 106, 110, 180, 182
フェルナンド２世　149
フェルナンド３世　157, 159, 162–166, 170, 181, 184, 185, 187, 205, 211, 222, 287
フェルナンド４世　220, 221, 287
フェルナンド・デ・グラナダ　278
フリアン（ユリヤン）　16, 17, 19
フリードリヒ（フェデリーコ）２世　212
ブルガール　271
ブレイ２世　85
ベアトリクス　212
ペドロ（アルフォンソ11世の叔父）　221, 222
ペドロ１世（アラゴン王）　111, 132, 193
ペドロ１世（カスティーリャ王）　226, 228, 229, 239, 241
ペドロ・ゴンサレス　128
ペドロ・デ・グラナダ　277
ペトロニーラ　134, 135
ベネディクトゥス12世　223
ペラ１世（ペドロ２世）　154, 161, 166
ペラ２世（ペドロ３世）　233, 234
ペラ３世（ペドロ４世）　228, 237
ペラーヨ（バラージュ）　62, 63, 65, 66, 75
ベルトラン・ドゥ・ゲクラン　228
ベルナール　81
ベルナルド（トレード大司教）　107, 189, 190
ベルムード３世　105
ボアブディル（→ムハンマド11世）　269–273, 278
ホフレ・テノリオ　223
ポンペイウス　10

【ま　行】

マッラークシー　181
マハムート（マフムード）　71
マームーン　99, 115, 116
マリア・デ・モリーナ　220–222
マルティ１世　246, 258
マルティン・ヤーニェス　232
マンスール（ムハンマド・ブン・アビー・アーミル）　49, 55–57, 83, 85–87, 93, 94, 98, 100, 101, 103
マンスール（ムワヒッド朝。アブー・ユースフ・ヤークーブ）　146
ムクタディル　99, 111, 112, 131
ムーサー・ブン・ヌサイル　16, 17, 19–21, 23, 26, 30, 40
ムーサー・ブン・ムーサー　41
ムジャーヒド　100
ムスタイーン２世　131, 132
ムスタンシル　217
ムータマン　131
ムータミド　98, 100, 101, 120, 121
ムヌーサ（ナイッサ）　62–64
ムハンマド（預言者）

カルダブース　114, 116, 117, 133, 177
カルロス1世（→カール5世）　ii
ギフレ1世（多毛伯）　81, 85
ギヨーム8世　111
ギヨーム9世　134
クラビーホ　233
クリスティーナ　135
グレゴリウス7世　107, 112
グレゴリウス10世　212
ゴンサーロ　105, 110
コンスタンサ　189, 190

【さ　行】

サイフ・アッダウラ（サファドーラ）　130, 131, 139, 140
ザイヤーン・ブン・マルダニーシュ　159, 168
サード　250, 251, 256
サラーフ・アッディーン（サラディン）　148
サンショ2世　170
サンチャ（フェルナンド1世の妻）　105
サンチャ（アルフォンソ9世の子）　163
サンチョ（アルフォンソ6世の子）　126
サンチョ（ガルシア3世の子）　135
サンチョ（トレード大司教）　213
サンチョ1世　115, 131, 132
サンチョ（・ラミレス）1世　107, 111
サンチョ2世　106
サンチョ3世（カスティーリャ王）　149
サンチョ3世（ナバーラ王）　84, 102, 104, 109
サンチョ4世（カスティーリャ王）　213, 218–220, 288
サンチョ4世（ナバーラ王）　107
サンチョ7世　154
サンチョ・ガルシア　102
サンチョ・ガルセス1世　84
ジェラルド　151, 152, 175
シスナンド　114
ジャウマ1世　161, 163, 166–168, 211, 215
シャルル（禿頭王）　81
シャルル1世　234, 236
シャルルマーニュ　73, 78, 80
ジュアン（フアン）2世　253, 259, 263
ジルヤーブ　34
スライマーン　94, 102
セネカ　11
セルバンテス　284

【た　行】

ダイサム・ブン・イスハーク　38
ターシュフィーン・ブン・アリー　138
ターリク・ブン・ジヤード　16, 17, 19–21, 62, 63
タリーフ・ブン・マーリク　19
ディエゴ・フェルナンデス　264
ティムール　233
テオデミル（→トゥドミール）　20
テレーサ（アルフォンソ6世の子）　107, 127, 141
トゥドミール　20, 23, 24, 28, 32, 38
ドゥルセ　163
トゥルトゥーシー　118
トラヤヌス　11

【な　行】

ニケフォロス2世　47
ヌーニョ・ゴンサレス・デ・ララ　213
ネロ　11

【は　行】

ハカム1世　33
ハカム2世　47–49, 54
バクリー　110
パスカリス2世　125
ハスダイ・イブン・シャプルート　48
ハドリアヌス　11
ハンニバル　9
ヒシャーム2世　54, 57, 93, 94
ヒメーナ　125
フアナ（エンリケ4世の子）　253, 263, 264
ファラン1世　246, 247

162, 163
アルフォンソ10世（賢王） 165, 196, 205, 210–213, 215, 217, 218, 220, 266, 288
アルフォンソ11世 221, 222, 224, 225
アルマッカリー 190
アルメンゴル 103
アレクサンデル2世 111, 112
アレクサンデル6世 273
アロンソ・ペレス・デ・グスマン 219
アンリ（ブルゴーニュ伯家） 127
イエス・キリスト 31, 64, 190, 245
イサーク（修道士） 35
イサベル1世 253, 263–265, 268–270, 272, 273, 275, 276, 278, 279
イサベル・デ・ソリス 278
イシュマエル（イブン・ナグレーラ親子） 199
イニーゴ・アリスタ 79, 80
イニーゴ・ロペス・デ・メンドーサ 249
イブラーヒーム・ブン・ハッジャージュ 38
イブン・アブドゥーン 205
イブン・アルクーティーヤ 16, 28
イブン・アルハティーブ 239
イブン・アンマール 100
イブン・イザーリー 56, 101, 102
イブン・カシー 140, 144
イブン・トゥーマルト 142, 143
イブン・ナグレーラ 199
イブン・ハイヤーン 65
イブン・ハズム 101
イブン・バッサーム 190
イブン・ハムスク 145
イブン・ハムディーン 140
イブン・ハルドゥーン 239
イブン・フード 158, 159, 163, 164
イブン・マルダニーシュ 145, 146, 150, 204
イブン・マルワーン・アルジッリーキー 42
イブン・ヤーシーン 120
イブン・ルシュド（アヴェロエス） 137, 148, 153
インノケンティウス3世 153
ウィティザ 13, 16, 17, 20, 28, 31, 32, 62
ウィリアトゥス 9
ウマル・ブン・ハフスーン 37–39, 43
ウラーカ（アルフォンソ6世の子） 107, 126–129, 134
エギローナ（エヒローナ） 26, 32
エドワード黒太子 228
エル・シッド 101, 123, 125, 131, 135, 151, 175, 224
エンリケ（フェルナンド4世の大叔父） 220
エンリケ1世 162, 204
エンリケ2世 226, 228, 229, 230
エンリケ3世 230, 232, 233, 243, 244
エンリケ4世 250–253, 259, 263, 267
オットー1世 47
オッパス 63
オルドーニョ1世 42, 72
オルドーニョ2世 76

【か　行】

カタリーナ・デ・ランカスター 243
カーディル 116, 125
ガーリブ 55
カール5世 ii
ガルシア（・ラミレス） 130, 135
ガルシア1世 82
ガルシア2世 106
ガルシア3世 104, 105, 135
ガルシア・イニゲス 80

人名索引

【あ　行】

アイッソ　81
アーヴィング，W　1
アウグストゥス　10
アギラ　13, 19
アタウルフ　11
アニェス　134
アブー・アブド・アッラー（→ボアブディル）　269
アブー・アルハサン　223–225
アブー・アルハサン・アリー　252, 253, 257, 264, 269, 278
アブー・ザイド　157, 163, 167
アブー・ザカリーヤー・ヤフヤー　158
アブー・ヤークーブ・ユースフ（ムワッヒド朝。ユースフ1世）　146
アブー・ヤークーブ・ユースフ（マリーン朝）　218
アブー・ユースフ・ヤークーブ（ムワッヒド朝）　146
アブー・ユースフ・ヤークーブ（マリーン朝）　158, 213, 217, 218
アフォンソ1世　127, 141, 142, 151
アフォンソ2世　169
アフォンソ3世　170
アフォンソ4世　224
アフォンソ5世　263
アブド・アッラー（後ウマイヤ朝）　38
アブド・アッラー（ジーリー朝）　98, 101, 112, 114, 121, 179
アブド・アッラー・アルバイヤーシー　157
アブド・アッラフマーン（シャンジュール／サンチュエロ）　57, 94
アブド・アッラフマーン（1世）　30–32, 70
アブド・アッラフマーン2世　33, 35, 49
アブド・アッラフマーン3世（ナーシル）　39, 42, 43, 47, 48, 51, 52, 54, 55, 86, 94
アブド・アルアジーズ　20, 23, 26, 30
アブド・アルマリク　56, 57, 94, 101
アブド・アルムーミン　143, 146
アブドゥルアジーズ　144
アリー（ムラービト朝司令官）　183
アリー（・ブン・ユースフ）　126, 138, 140
アルダバスト　31
アルバイヤーシー　157, 163, 181
アルバロ・デ・ルナ　247, 249
アルフォンス1世（アルフォンソ2世）　150
アルフォンス4世（アルフォンソ5世）　257–259
アルフォンソ（フェルナンド3世の子）　170
アルフォンソ（アルフォンソ10世の孫。フェルナンドの子）　213, 220, 221
アルフォンソ（エンリケ4世の弟）　252, 253
アルフォンソ1世（アストゥリアス王）　68
アルフォンソ1世（アラゴン王）　127, 129, 132–134, 136, 137, 186, 187, 193
アルフォンソ2世　71, 72, 74
アルフォンソ3世　42, 62, 72, 74, 76, 82
アルフォンソ6世　100, 106–108, 113–120, 124, 126, 127, 130, 132, 136, 177, 179, 190–192, 204
アルフォンソ7世　127, 129–131, 138–142, 144, 145, 149, 183, 184, 192
アルフォンソ8世　146, 149–151, 154, 156, 162, 181, 204
アルフォンソ9世

黒田祐我（くろだ・ゆうが）

1980年，富山県小矢部市生まれ．早稲田大学第一文学部西洋史学専修を卒業．早稲田大学大学院文学研究科博士後期課程史学（西洋史）専攻に進学して博士（文学）学位を取得．この間，サラマンカ大学（2005～2006年），セビーリャ大学（2007～2010年）に留学．早稲田大学文学学術院助手，日本学術振興会特別研究員（PD），信州大学学術研究院（人文科学系）准教授，神奈川大学外国語学部准教授を経て，現在，同大学外国語学部教授．専門は中世スペイン・地中海交流史．

著書『レコンキスタの実像——中世後期カスティーリャ・グラナダ間における戦争と平和』（刀水書房，2016年）
『スペインの歴史を知るための50章』（立石博高・内村俊太編．分担執筆，明石書店，2016年）
『図説 スペインの歴史』（共著，河出書房新社，2022年）など．

レコンキスタ
——「スペイン」を生《う》んだ中世《ちゅうせい》800年《ねん》の戦争《せんそう》と平和《へいわ》
中公新書 *2820*

2024年 9 月25日初版
2024年10月20日再版

著　者　黒田祐我
発行者　安部順一

本文印刷　三晃印刷
カバー印刷　大熊整美堂
製　本　小泉製本

発行所　中央公論新社
〒100-8152
東京都千代田区大手町 1-7-1
電話　販売　03-5299-1730
　　　編集　03-5299-1830
URL https://www.chuko.co.jp/

Published by CHUOKORON-SHINSHA, INC.
Printed in Japan　ISBN978-4-12-102820-4 C1222

中公新書

世界史

e2

1045 物語 イタリアの歴史 藤沢道郎
1771 物語 イタリアの歴史 II 藤沢道郎
2595 ビザンツ帝国 中谷功治
2663 物語 イスタンブールの歴史 宮下 遼
2152 物語 近現代ギリシャの歴史 村田奈々子
2440 バルカン―「ヨーロッパの火薬庫」の歴史 M・マゾワー 井上廣美訳
1635 物語 スペインの歴史 岩根圀和
1750 物語 スペインの歴史 人物篇 岩根圀和
1564 物語 カタルーニャの歴史（増補版） 田澤 耕
2582 百年戦争 佐藤 猛
2658 物語 パリの歴史 福井憲彦
1963 物語 フランス革命 安達正勝
2286 マリー・アントワネット 安達正勝
2529 ナポレオン四代 野村啓介
2318 2319 物語 イギリスの歴史（上下） 君塚直隆

2696 物語 スコットランドの歴史 中村隆文
2167 イギリス帝国の歴史 秋田 茂
1916 ヴィクトリア女王 君塚直隆
1215 物語 アイルランドの歴史 波多野裕造
1420 物語 ドイツの歴史 阿部謹也
2766 オットー大帝―辺境の戦士から「神聖ローマ帝国」樹立者へ 三佐川亮宏
2801 神聖ローマ帝国 山本文彦
2304 ビスマルク 飯田洋介
2490 ヴィルヘルム2世 竹中 亨
2583 鉄道のドイツ史 鴋澤 歩
2546 物語 オーストリアの歴史 山之内克子
2434 物語 オランダの歴史 桜田美津夫
2279 物語 ベルギーの歴史 松尾秀哉
1838 物語 チェコの歴史 薩摩秀登
2445 物語 ポーランドの歴史 渡辺克義
1131 物語 北欧の歴史 武田龍夫
2456 物語 フィンランドの歴史 石野裕子

1758 物語 バルト三国の歴史 志摩園子
1655 物語 ウクライナの歴史 黒川祐次
1042 物語 アメリカの歴史 猿谷 要
2817 アメリカ革命 上村 剛
2623 古代マヤ文明 鈴木真太郎
1437 物語 ラテン・アメリカの歴史 増田義郎
1935 物語 メキシコの歴史 大垣貴志郎
2545 物語 ナイジェリアの歴史 島田周平
2741 物語 オーストラリアの歴史（新版） 竹田いさみ 永野隆行
1644 ハワイの歴史と文化 矢口祐人
2561 キリスト教と死 指 昭博
2442 海賊の世界史 桃井治郎
518 刑吏の社会史 阿部謹也
2820 レコンキスタ―「スペイン」を生んだ中世800年の戦争と平和 黒田祐我
2824 アメリカ黒人の歴史（増補版） 上杉 忍